JN074667

図解入門
ビジネス

Shuwasystem Business Guide Book

How-nual

中小企業の基本と仕組みがよくわかる本

役割、組織、経営課題までまるごと解説!

阿部 守 著

秀和システム

●注意
(1) 本書は著者が独自に調査した結果を出版したものです。
(2) 本書は内容について万全を期して作成いたしましたが、万一、ご不審な点や誤り、記載漏れなどお気付きの点がありましたら、出版元まで書面にてご連絡ください。
(3) 本書の内容に関して運用した結果の影響については、上記(2)項にかかわらず責任を負いかねます。あらかじめご了承ください。
(4) 本書の全部または一部について、出版元から文書による承諾を得ずに複製することは禁じられています。
(5) 商標
本書に記載されている会社名、商品名などは一般に各社の商標または登録商標です。

はじめに

企業には大企業と中小企業があります。大企業は商品や広告によって全国的に知名度も高いのですが、中小企業は地域の中で身近にある商店や企業以外はあまり知られていません。活動地域が限られていることや下請けや部品生産など、流通の中間に位置する企業も多く、一般消費者などの目に触れる機会が少ないためです。

しかし、中小企業は日本の事業者数の99.7％を占め、中小企業で働く従業者は全従業者数の約７割を占めるなど、日本経済を支える大きな存在です。日本の企業の生産性が改善されないのは生産性の低い中小企業が多いからであるとの議論もありますが、大企業が継続的に事業を行うことができるのも、それを陰で支える中小企業があるからで、地域の経済を支えているのも多くの中小企業があるからです。その業種や規模は様々であり、多様な企業が存在します。そのため、中小企業の実態がわかりにくいのが実情です。

そこで本書では、日ごろから中小企業の支援を行っている立場から、中小企業の多様な実態や課題、中小企業の可能性を解説しました。そして、中小企業経営者が自らの経営を振り返るきっかけになること、さらに中小企業診断士の基礎知識、資格取得のための副読本としても役立つ内容を盛り込んでいます。

大学進学率が55％になる現在、卒業生の多くが中小企業に就職しますが、多くの場合、大企業と中小企業の違いは、規模や知名度、労働条件の差といった理解にとどまっています。本書は中小企業への就職を考える就活生の参考にもなるよう配慮しました。

本書により中小企業への理解が進み、中小企業をこれまでよりさらに身近なものに感じていただければ、それに勝る喜びはありません。

2023年９月

MABコンサルティング代表　中小企業診断士　阿部　守

図解入門ビジネス
中小企業の基本と仕組みがよくわかる本

はじめに …… 3

1章　中小企業の現状

01　日本の経済を支える中小企業 …… 10
02　資本金と従業者数で決まる中小企業 …… 13
03　大企業と中小企業の違い …… 15
04　個人事業主と中小企業 …… 18
COLUMN　独立して個人事業主になる …… 19
05　中小企業の大半はファミリー企業 …… 21
06　多様な中小企業の存在 …… 24
07　中小企業の強みと弱み …… 26
08　生産性向上が求められる中小企業 …… 29
09　中小企業の創業と成長 …… 35
10　スタートアップと起業意識 …… 38
11　中小企業の経営悪化 …… 44
COLUMN　中小企業の事業再生 …… 49
12　中小企業基本法 …… 50
COLUMN　2010年に閣議決定された中小企業憲章 …… 52
COLUMN　中小企業の自己変革 …… 54

2章　中小企業の経営

01　中小企業を取り巻く環境変化 …… 56
02　中小企業の経営組織 …… 59
03　中小企業の経営規模 …… 61
04　中小企業の人材採用 …… 63
05　中小企業の人材育成 …… 68

COLUMN　中小企業の人材確保・育成 10 カ条 …… 73
06　中小企業の販路開拓 …… 74
COLUMN　販路開拓コーディネート事業 …… 76
07　中小企業の会計 …… 77
COLUMN　経営悪化を隠す粉飾決算 …… 78
08　中小企業の税制 …… 79
COLUMN　法人事業税の仕組みと資本金 1 億円企業の増加 …… 81
09　中小企業の資金調達 …… 82
COLUMN　担保と根抵当権 …… 87
10　中小企業の商品開発 …… 88
11　中小企業の相談相手 …… 91
12　中小企業を支える支援機関 …… 94
COLUMN　中小機構の共済制度 …… 97
13　商工会議所と商工会 …… 98
14　公設試験研究機関 …… 100
15　中小企業診断士 …… 101
COLUMN　中小企業診断士の実態と筆者の経験 …… 103
16　税理士は中小企業の身近な相談相手 …… 104
17　社会保険労務士 …… 107
COLUMN　特定社会保険労務士 …… 108
18　お金を借りるだけではない金融機関との関係 …… 110
COLUMN　経営者保証に関するガイドライン …… 114
19　日本政策金融公庫 …… 115
20　認定経営革新等支援機関 …… 119
21　中小企業は社長で決まる …… 121

3 章　業種別の中小企業

01　業種別の中小企業の特徴 …… 124
02　中小小売業をサポートする中小卸売業 …… 127
03　顧客満足がわかりやすい中小サービス業 …… 130
04　下請けとしての仕事が中心の中小製造業 …… 132

COLUMN　働き方改革 …… 137
05　中小建設業 …… 138
06　商店街の衰退 …… 144
07　チェーン店・フランチャイズ店と中小企業 …… 151
08　下請取引構造の実態 …… 154
COLUMN　下請けとの不正取引の例 …… 156
COLUMN　重層下請構造 …… 158
09　地場産業と産業集積による地域振興 …… 159
10　中小企業のネットワークと分業体制 …… 163
COLUMN　2023（令和5）年度の中小企業支援施策（抜粋） …… 165
COLUMN　中小企業支援施策の認知 …… 166
COLUMN　支援メニューの直近3年間の利用実績・理解度 …… 167

4章　中小企業の課題

01　経営者の高齢化と事業承継 …… 170
02　中小企業のM&A …… 176
03　社員の高齢化と技能承継 …… 181
04　労働環境と働き方改革 …… 184
05　経営者保証と担保 …… 188
06　融資を受けやすくする保証協会 …… 192
COLUMN　人手不足が続く中小企業 …… 194
07　デジタル化とICTによる効率化 …… 195
COLUMN　ChatGPT …… 198
08　ノウハウと知財戦略 …… 199
COLUMN　取引時の失敗と特許権侵害訴訟 …… 201
09　経済のグローバル化と中小企業 …… 202
COLUMN　海外展開に向けた支援策 …… 206
10　中小企業が活用できる多くの補助金 …… 207
11　ベンチャー企業と中小企業 …… 210
12　ビジネスインキュベーション …… 214
13　中小企業の新分野進出 …… 216

14　中小企業の経営診断 …… 219

5 章　中小企業の可能性

01　地域経済とコミュニティへの貢献 …… 222
COLUMN　日本で一番大切にしたい会社 …… 224
02　中小企業の経営力向上 …… 225
03　M&Aによる事業継続・事業拡大 …… 226
04　リスクと事業継続計画（BCP） …… 230
05　SDGsへの対応 …… 232
06　就職先としての中小企業 …… 235

参考文献 …… 237
索引 …… 240

① 中小企業の現状

中小企業の現状

日本の経済を支える中小企業

中小企業は、日本の全企業数のうち 99.7% を占めています。

◇中小企業の重要性

中小企業は日本の全企業の 99.7% を占め、日本の従業者 4,700 万人のうち約 7 割にあたる 3,200 万人が中小企業で働いています。大企業従業者が多いのは大都市であり、地方ではより多くの方が中小企業で働いています。このように中小企業は、日本の雇用の大部分を支え、そして私たちの生活に密着した商品やサービスを提供しています。

また中小企業の中には、地域の資源を活用して事業を行う会社、世界で活躍する会社など、多様な企業が存在しています。このような中小企業が我が国の経済活動に大きく貢献しています。付加価値で見ると、中小企業の比率は 53% になります。

中小企業数の割合

区分	大企業	中小企業	小規模企業	合計
数	11,157	529,786	3,048,390	3,589,333
比率	0.31%	14.76%	84.93%	100.00%

99.69%

中小企業の基礎データ（中小企業庁）より作成

業種別で見ると、中小企業の数が多いのは小売業、宿泊・飲食サービス業、建設業、製造業などです。大企業は、大規模なものを生産したり、多額の資金が必要な事業を行うだけでなく、飲食店や小売業のチェーンのように小規模な店舗を各地で展開している企業もあります。

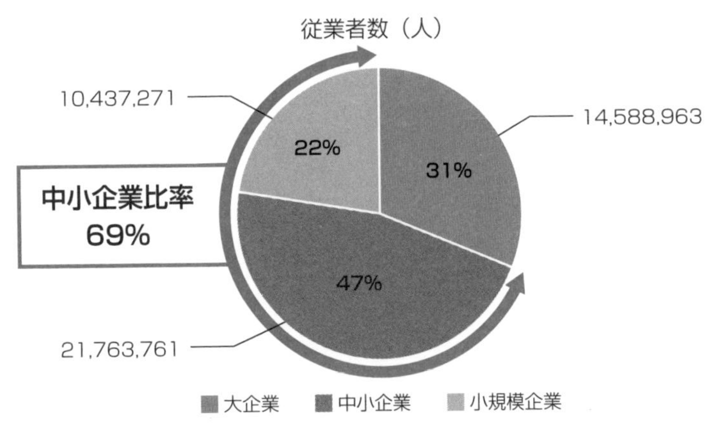

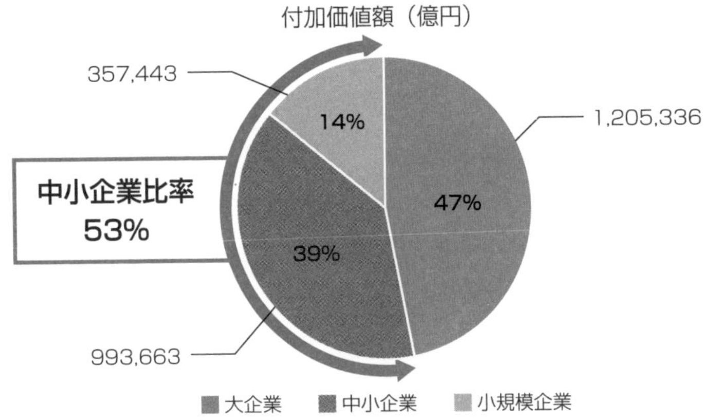

中小企業白書 2022 付属統計資料より作成

◇常用雇用者数の割合

東京・大阪・名古屋の３大都市圏では、総雇用者の４割以上が**常用雇用者**1,000 人以上の企業で働いています。3 大都市圏以外ではその比率は 14%となり、雇用者数 99 人以下の企業で働いている人が 6 割となります。鳥取県、奈良県、宮崎県などでは 9 割以上が中小企業で働いています。地方部で地域の雇用を支えているのは中小企業です。

企業規模別従業者割合ランキング（2016 年）

順位	中小企業比率の高い県		大企業比率の高い県	
1	鳥取県	94.2%	東京都	58.7%
2	奈良県	94.1%	大阪府	33.1%
3	宮崎県	93.1%	愛知県	29.2%
4	秋田県	92.5%	神奈川県	27.7%
5	島根県	92.5%	広島県	23.3%
全国平均		68.8%		31.2%

中小企業白書 2022 付属統計資料より作成

産業別中小企業数の内訳　（2016 年、個人事業者を含む）

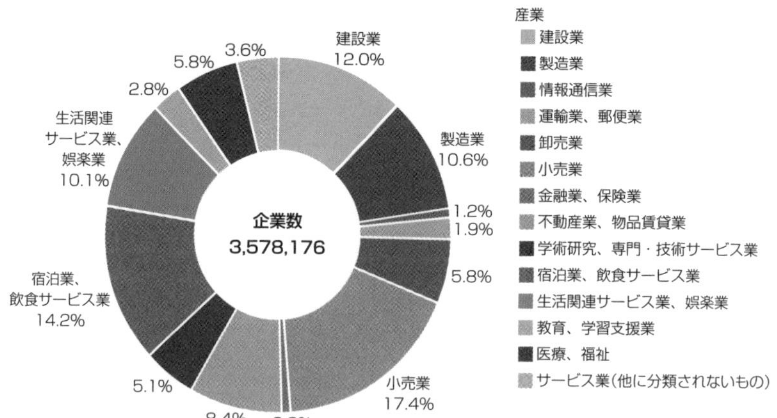

資料：総務省「平成 21 年、26 年経済センサス・基礎調査」、
総務省・経済産業省「平成 24 年、28 年経済センサス・活動調査」再編加工

02 中小企業の現状

資本金と従業者数で決まる中小企業

補助金や税制の優遇などの支援策を利用できる中小企業と小規模企業の範囲が、法律により定められています。

◇中小企業の定義とその目的

中小企業の範囲は**中小企業基本法**により業種別に定められています。「資本金の額又は出資の総額」、「常時使用する従業員の数」のいずれかで基準を満たせば、中小企業に該当します。**小規模企業**は従業者数が 20 人以下か 5 人以下となっています。

中小企業者と小規模企業者

業種	中小企業者		小規模企業者
	資本金の額又は出資の総額	常時使用する従業員の数	常時使用する従業員の数
①製造業、建設業、運輸業、その他	3 億円以下	300 人以下	20 人以下
②卸売業	1 億円以下	100 人以下	5 人以下
③サービス業	5,000 万円以下	100 人以下	5 人以下
④小売業	5,000 万円以下	50 人以下	5 人以下

中小企業の定義について（中小企業庁）
https://www.chusho.meti.go.jp/faq/faq/faq01_teigi.htm

※常時使用する従業員とは、正社員だけでなく、パート、アルバイト、派遣社員、契約社員、非正規社員及び出向者を含めて、あらかじめ解雇の予告を必要とする者が対象となります。会社役員及び個人事業主は予告を必要とする者に該当しないため、常時使用する従業員には含まれません。

一般的に規模の小さい企業は、大きな企業に比べて資金や人材などの面で弱みがあります。また、生産性も低い傾向にあります。しかし、中小企業の数は多く、我が国の雇用や経済を支えています。そこで、政策的な支援として補助金や税制の優遇などが行われています。これらを利用できる中小企業の範囲が明確に定義されているのです。

農林漁業は「その他の業種」に該当し、製造した商品をその場で販売するパン屋などは「小売業」に該当します。また、複数の事業を持つ場合は「主たる事業」の業種で判断されます。

社会福祉法人、医療法人、特定非営利活動法人、一般社団・財団法人、公益社団・財団法人、学校法人、農事組合法人、農業協同組合、生活協同組合、中小企業等協同組合法に基づく組合等は、中小企業基本法上の会社ではないため、中小企業者には該当しません。

「発行済株式の総数または出資金額の総額の2分の1以上を同一の大企業が所有している中小企業」、「発行済株式の総数または出資金額の総額の3分の2以上を大企業が所有している中小企業」などの場合は、中小企業の定義に該当しても、補助金の支援対象から除外されている場合があります。

法人税の特例を受ける中小法人

「資本金の額が1億円以下であり、資本金の額が5億円以上である法人等との間に完全支配関係がない法人」です。中小法人に該当する場合に、法人税の軽減税率、欠損金の繰越控除制度の特例、欠損金の繰戻還付、交際費等の損金不算入制度の特例などを受けることができます。**完全支配関係**とは、「一の者が発行済株式の100%を直接もしくは間接に保有する関係」のことです。

中堅企業も補助金の対象

事業再構築補助金では、中小企業だけでなく中堅企業も補助の対象となっています。この場合の中堅企業の定義は、「資本金の額または出資の総額が10億円以下、個人事業者の場合は常時使用する従業員の数が2,000人以下」です。

大企業と中小企業の違い

大企業と中小企業には、企業の規模の違いだけでなく、それぞれの特徴があります。

◇給与や福利厚生

大企業と中小企業の違いとしてまず挙げられるのが、給与や福利厚生です。大企業と中小企業を比較すると、大企業は平均給与が高い傾向にあります。2022（令和４年）の賃金構造基本統計調査では、55 ～ 59 歳の男性の場合、大企業で 48.4 万円、中企業で 41.0 万円、小企業で 35.1 万円となっています。

中小企業には多様な企業があり、中には大企業を超える給与の会社も見られるものの、一般的には厚生年金や休暇制度、社宅や家賃補助、育児支援なども大企業の方が整っています。大企業の場合は、住宅ローンも借りやすくなります。

企業規模別の賃金格差

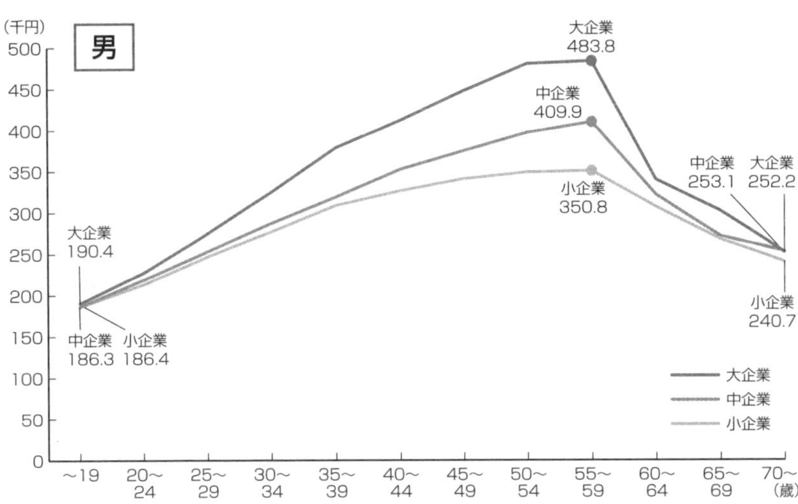

常用労働者 1,000 人以上を「大企業」、100 ～ 999 人を「中企業」、10 ～ 99 人を「小企業」に区分している。賃金は調査実施年６月分として支給された現金給与額から、超過労働給与額を差し引いた額で、所得税等を控除する前の額。

令和４年賃金構造基本統計調査 結果の概況（厚生労働省）より

◇仕事の内容

大企業では、部や課によって業務が細分化されているため、自分の担当する分野に特化した働き方をすることが多くなります。若手のうちは下積み期間として裁量権があまりないこともあります。

一方、中小企業は少人数で成り立っていることが多いため、若手のうちから営業や事務など幅広い分野の仕事に携わる可能性が高くなります。仕事に対しての手応えを感じ、スキルを高められる機会が多く得られます。

大企業より早く企業の主力として働くことができ、上司や経営者との距離も近いため、一人ひとりが評価されやすく、仕事のできる人には昇給や昇格のチャンスも増えます。ただし、教育制度は整っていないこともあります。

中小企業は、事業活動の地域が限られがちですが、最近はインターネットなどを活用して営業地域を広げている企業も多くあります。

◇勤務体制

大企業は、中小企業と比べて転勤に関する悩みが多い傾向があります。現在住んでいる地域を離れて、国内外の他の場所に転勤しなければならない場合が比較的多いといえます。

中小企業にも転勤のある会社がなくはないものの、多くは地域に密着して仕事をしています。

中小企業の多くは人材不足が課題となっています。社員の人数が少ないため、労働時間や休暇のとりにくさに不満を感じることがあるかもしれません。

◇人間関係

人間関係が密であることも中小企業の特徴です。社員があまり多くない中小企業は、アットホームな雰囲気で、勤務年数や役職にかかわらず親しくなれる機会が多くあります。また、社員が少ないために情報共有や業務の協力を行いやすく、円滑なチームワークにより業務効率を高めることも可能です。

職場の人間関係がよいとストレスが減ります。

逆に、転勤や異動が少ないため、同僚や上司との固定的な関係が長く続きます。大企業のような、同じ社内で新たな人間関係をつくる機会は少ないといえます。

◇その他

中小企業はオーナー企業が多く、会社の所有者と経営者が同一であるため、経営判断が迅速に行える反面、ワンマン経営になる恐れもあります。また、家族や親族といった小さな規模で経営している会社は、昔ながらの古いやり方で仕事を進めている場合もあります。

Term

● **自営業**

「自分で事業を営み、収入を得ている人」を指す言葉です。個人で事業を営む場合だけでなく、法人化して事業を営む場合もあります。従業員を雇用して事業を営む場合も自営業に分類されます。調査などで職業欄の選択肢として示された場合は、個人事業主やフリーランスの人が自営業を選択します。自営業者の総数は 1985 年の約 900 万人から 2020 年には 478 万人に減少しています。男性が 75%で女性が 25%です。従業員を雇っているのは 22%です。

● **フリーランス**

働き方を表す言葉で、自由業ともいいます。特定の会社に所属することなく独立して仕事を受注し、収入を得る人のことです。プログラマーやウェブデザイナー、ライター、カメラマン、翻訳家などが一般的です。自分のスキルを使って様々な顧客の仕事を請け負います。時間や場所に縛られない仕事に限られるため、飲食店や商店などの店舗で事業をしている場合はフリーランスとはいいません。

東証プライムの上場企業は 1,836 社

上場企業とは、株式を証券取引所で売買できる、社会的信用の高い企業のことです。例えば東京証券取引所にはプライム、スタンダード、グロースの市場があり、プライム市場には 2023 年 1 月 31 日時点で 1,836 社が上場しています。大企業のうちの 16% です。株主数 800 人以上、流通株式数 2 万単位以上、時価総額 100 億円以上、といった基準をクリアする必要があります。

中小企業の現状

個人事業主と中小企業

個人事業主とは「法人化せずに個人で事業を営んでいる人」で、198 万者あります。

◇ 個人事業主とは

「**個人事業主**」は税法上の言葉です。税務署に対して個人事業の開業届を提出して事業を行う個人のことです。個人という言葉から、1 人もしくは家族単位で事業を行っているイメージがあるかもしれませんが、そうとは限りません。事務所や店舗を構えて従業員を雇っている場合でも、法人を設立していなければ、個人事業主となります。ほとんどの個人事業主は、従業員数で中小企業の定義の範囲に含まれます。2016 年時点で個人事業主は、全事業者である 359 万者の 55%を占めています。企業の副業解禁で、会社に勤務しながら個人事業主となる人も増えています。

◇ 個人事業主になるには

個人事業主となるために必要なのは、税務署に開業届を提出することだけです。やめる場合は、税務署に廃業届を提出します。

法人を設立するときは、定款を作成し、商業登記を行います。株式会社の場合は、法務局への登記料などで 20 万～ 30 万円の費用が発生します。会社の実印（代表者印）も法務局に登録します。法人を解散する場合にも手続きが必要で、費用もかかります。

◇ 個人事業の税金

個人事業主では、売上高から必要経費を引いた利益が**事業所得**となり、それが自分の所得となります。その所得から控除を差し引いた課税所得に対して**所得税**が課せられます。所得税の税率は課税所得の金額に応じて 7 段階に区分されており、金額が大きくなるほど高い税率が適用されます。事業所得が 290 万円を超えた場合には、**個人事業税**という地方税を支払う必要があります。

個人事業主は、一定の控除が適用される**青色申告**を利用することができます。青色申告をすると、専従者給与や経費の面でも優遇されます。

法人の場合は、利益に対して国税である**法人税**ならびに地方税である**法人事業税・法人住民税**が課せられます。地方税の税率は自治体によって異なりますが、法人税と法人事業税・法人住民税を合わせた税率は、ざっと30%ほどです。個人事業主では所得金額ごとに税率が異なり、1,800万円を超える所得では40%以上の税率となります。所得が大きい場合は、法人の方が節税面でメリットがあるといわれています。

アドバイス

中小企業診断士として相談を受ける相手は、法人とは限りません。個人事業主からの相談を受けることもあり、時には人生相談のような内容になることもあります。

独立して個人事業主になる

事業や業務の内容を自由に決められるのが、個人事業主の特徴です。自分の好きなこと、得意なことを仕事にすれば、働く時間が長くてもストレスが少なくなります。ひとりで働いていれば、働く時間や休日も自分で決めることができます。

また、個人事業主の場合は、自分の仕事の成果が収入に直接反映されます。売上が伸びれば、それに比例して大きな収入を得られます。専門性を高めスキルを磨くことで、時間単価を上げることも可能です。

ただし、個人事業主は会社員のように定期的に安定した給与を得られるわけではありません。月による収入の増減が大きかったりして安定しないこともあります。さらに、個人事業主は、企業に雇用された労働者ではなく、独立した事業主です。仕事を断る自由もあれば、働く時間や場所を自分の判断で決めることもできるため、労働法で定められた最低賃金、法定労働時間、労働保険などの規定は、個人事業主には適用されません。したがって、自分の体調の管理に十分に気をつけることが大切です。オーバーワークや体調不良で仕事ができなくなると、すぐに収入減となります。ちなみに筆者は、個人事業主としてコンサルティングを行っています。

● **定款**（ていかん）

会社などの組織や運営に関する根本規則であり、「会社の憲法」ともいわれます。事業の目的や商号、住所、設立時の財産、発起人、事業年度、株主総会など、記載すべき事項が定められています。

● **青色申告**

青色申告は、確定申告の種類の1つです。「複式簿記で帳簿をつけ、それに伴う書類を保存する」という手間と引き換えに、税金の優遇措置を受けることができます。「最大65万円の青色申告控除」、「家族の給与（専従者給与）を必要経費にできる」、「赤字を最大3年間繰り越すことが可能」などです。

超過累進課税

累進課税とは、「課税標準（税金の対象となる金額）が高くなるほど税率が高くなる」課税方式のことです。日本の所得税では**超過累進課税**が採用されています。超過累進課税では、課税標準が一定額を超えた場合、超過した金額に対してのみ高い税率が適用されます。

取引にも課される消費税

あらゆる商品やサービスの取引に課される**消費税**も、納付すべき税金の1つです。「買う側が負担し、売る側がまとめて税務署に納付する」仕組みです。事業者の場合は、「事業を通じて受け取った消費税と、支払った消費税との差額」を納めます。「2年前の売上が1,000万円を超えた事業者」が課税事業者となり、消費税の納付義務が発生します。そのため、原則として開業から2年間は消費税の納付が免除されます。

中小企業の大半はファミリー企業

ファミリー企業とは、特定の家族や親族が大株主として社長や取締役になっている会社です。

◇ファミリー企業とは

中小企業のほとんどは、**ファミリー企業**です。**オーナー企業**、**オーナー経営企業**、**同族会社**とも呼ばれます。欧米では**ファミリービジネス**と呼ばれています。

同族会社は、法人税法により「上位3株主が株式や出資金額の50%超を所有する会社」と定義されています。ファミリー企業やオーナー（経営）企業についての明確な定義はありませんが、一般に創業家やその親族が所有権の大部分を持つ会社をオーナー企業と呼んでいます。

従業員数21～50人の企業では7割以上がオーナー経営企業で、規模が拡大するにつれてオーナー経営企業以外の比率が高くなっています。

同族会社の割合

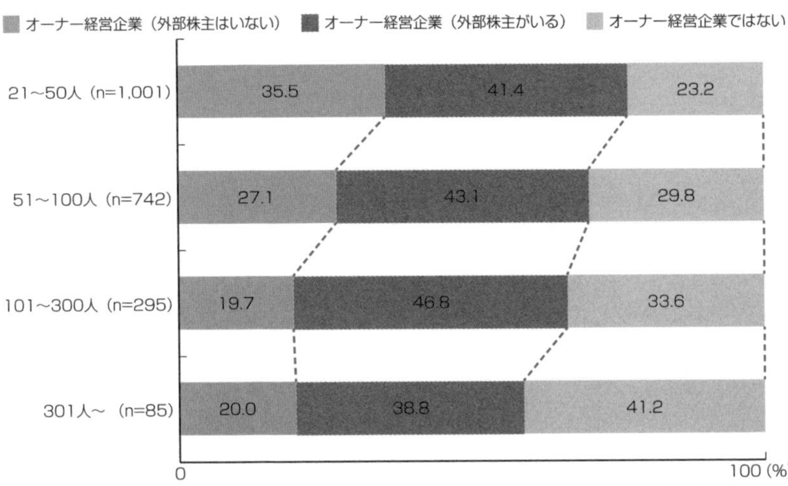

資料：アクセンチュア（株）「平成29年度我が国中小企業の構造分析及び構造変化の将来推計に係る委託事業報告書」（2018年3月）

（注）2016年における企業の従業員規模ごとにオーナー経営企業であるかについての回答を集計している。

中小企業白書 2018

かつては、「ファミリー企業は時代遅れであり、所有と経営は分離した方がよい」といわれていた時代もありました。しかし近年は、ファミリー企業の優れた点が明らかになってきています。

日本の大企業であるサントリーや竹中工務店は、創業家が株の大半を保有するファミリー企業です。海外の大企業でも、ファミリー企業は多くあります。

ファミリー企業の強みと弱み

強み	弱み
親族での所有であり存続を第一に考えるため、目先の利益でなく長期的視点での経営を行う傾向がある。	経営者一族以外のチェックが働かないため、オーナーの公私混同による会社の私物化が行われる場合もある。
代々受け継がれた経営理念や社風が浸透している。	経営者一族が気に入った者を重役や要職に就け、気に入らない者を閑職に追いやったりして、一族以外の社員のモチベーションが低下する場合もある。
所有者が経営者であるため、迅速な意思決定ができる。	一族というだけで、適切な能力を持たない者が経営者となるリスクもある。
株主として最もリスクをとっているのが経営者であるため、大胆な経営戦略を打ち出しやすい。	社長のミスが正されなかったり、ワンマン経営で社内の風通しを悪くしてしまうこともある。
経営者はオーナーである創業家（またはその雇われ）であるため、経営者が株主価値を最大化するような意思決定を行う傾向にある。	経営陣が長期間交代しないと、従来の方針にこだわって保守的な経営となる可能性がある。

オーナー企業の経営者の在任期間は10～20年以上と長く、先を見た経営をする傾向にあります。

経営者の在任期間

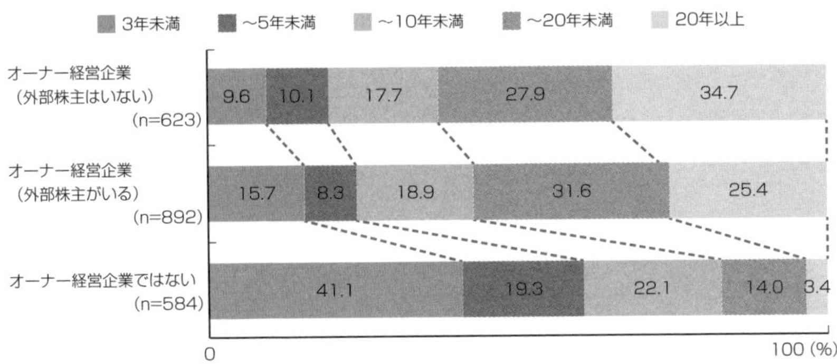

資料：アクセンチュア（株）「中小企業の経営体制・経営管理等に関する調査」（2017年11月）
（注）オーナー経営企業であるかについての回答ごとに、社長（代表者）の在任歴についての回答を集計している。

中小企業白書 2018

ファミリー企業では、会社が拡大成長して上場すると、大株主である一族が莫大な財産を獲得するケースが多くあります。

アドバイス

ファミリー企業では、社長の奥様が副社長で経理を担当し、息子さんが専務で営業や現場管理を担当している、などはよくあるケースです。同族間で意見の対立が生じたとき、同族でない社員に対してよりも感情面が強く出る場合があります。第三者である中小企業診断士が打ち合わせに出席することで冷静な話し合いにつながります。

Term

● 同族会社

同族会社では、特定の家族のメンバーが直接経営を行う場合と、専門の経営者に経営を委任する場合があります。所有者である親族が直接経営を行うか、経営者に対して直接のモニタリングが行われるため、所有権と経営権の分離による対立が起きにくくなります。

06 中小企業の現状

多様な中小企業の存在

中小企業基本法では、中小企業が新産業創出の担い手、就業機会増大の担い手、市場競争の担い手、地域経済活性化の担い手などの役割を果たす、としています。

◇中小企業の役割

我が国の人口が減少傾向にある中で、持続的な経済成長を実現するには、地域の活性化が大切です。中小企業・小規模事業者は、地域経済において重要な役割を担っています。

中小企業には多様な企業が存在しており、規模・業種などの特徴は様々です。高い成長意欲を持ち、世界のマーケットで戦う中小企業もあれば、地域でコミュニティを支える小規模事業者も存在しています。

管理的職業従事者に占める女性の割合（2007 年）

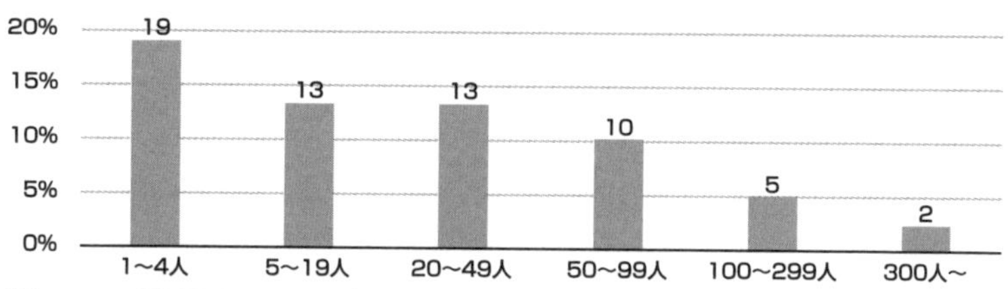

（注）ここでいう管理的職業従事者とは、事業経営方針の決定、経営方針に基づく執行計画の樹立、作業の監督・統制等、経営体の全般又は課（課相当を含む）以上の内部組織の経営・管理に従事する者をいう（官公庁、その他法人・団体に勤めている者は含まれていない）。

中小企業白書 2013 より作成

はばたく中小企業・小規模事業者 300 社

中小企業庁の「**はばたく中小企業・小規模事業者 300 社**」は、革新的な製品・サービス開発、地域経済の活性化、多様な人材活用等の観点から、優れた取り組みを行っている中小企業・小規模事業者を選定して表彰する制度です。取り組み事例を広く発信することで、中小企業・小規模事業者の社会的認知度の向上や、そこで働く人たちのモチベーションの向上等を図る狙いがあります。

また、中小企業では女性の活躍機会が多くあります。従業者規模が 19 人以下の企業では、雇用者の 4 割以上が女性です。中小企業では多くの女性が管理的業務も担っています。

◇地域未来牽引企業

「**地域未来牽引企業**」は、地域経済の中心的な担い手となって地域経済を牽引していくことが期待され、経済産業大臣により選定されている企業です。営業利益、従業員数、当該事業者が所在する都道府県外での販売額、当該事業者が所在する都道府県内からの仕入額など、事業の特徴、経営の特徴などから選定され、地域への貢献が期待されています。2017 ～ 2020 年度で、4,743 者が選定されています。

選定された企業には、地域での役割ならびに地域経済を牽引する目標を設定し、その実現に向け事業活動に取り組むことが求められています。経済産業省は、その取り組みを支援することで、地域経済の活性化を目指しています。

選定により、企業のブランド価値が向上し、学生の採用や取引の拡大につながる事例もあります。

地域未来牽引企業の役割と目標例

	グローバル型	サプライチェーン型	地域資源型	生活インフラ関連型
概要	地域に拠点を残しつつ、製品・サービスを海外に輸出する、若しくは、海外で生産・提供する、又は、国内で外国人の消費を取り込む事業者	国内外で使用・消費される製品・サービスについて、それらの原材料・部品調達、生産、流通、販売など、サプライチェーンの一部を担う事業者	地域の資源（農林水産物、鉱工業品、技術、食文化、自然景観、観光資源等）を活用して、製品・サービスの生産・提供を行う事業者	主に地域住民を対象として、日常生活に関わる製品・サービスの生産・提供を行う事業者
目標例	輸出額 利益率 等	売上額 取引先数 等	観光客向け売上額 地域の雇用者数 等	住民向けサービス向上 財務強化 等

地域未来牽引企業ハンドブック（経済産業省）より

中小企業の現状

中小企業の強みと弱み

大企業には大企業の強みがありますが、中小企業にも、大企業にはない多くの強みがあります。強みを生かせる市場で勝負するのが中小企業のとるべき戦略です。

◇中小企業の強み

大企業と比較した場合の一般的な中小企業の強みは、意思決定の速さや社内コミュニケーションのスムーズさです。

(1) 意思決定の速さ

多くの中小企業は会社の所有と経営が一体であり、意思決定が速いことが大きな強みです。中小企業では、経営者や管理者など意思決定権のある人物と現場担当者との距離が近く、迅速な意思決定につながります。そのことが、新商品・サービス開発の迅速化や顧客満足度の向上につながります。ただし、経営者の意思決定のスピードにも左右されます。

(2) コミュニケーションがスムーズ

中小企業では、担当者ごとの業務が明確に分けられていないこともあります。それぞれが協力したり、複数の業務を兼務していることも多く、社内のコミュニケーションが活発になりやすい傾向があります。

また、担当者だけでなく幹部と顧客との距離も近く、細やかな対応が可能になります。

(3) 特定分野に対する専門性の高さ

中小企業には、特定分野の専門的知識や技術を磨くことに集中している企業が多くあります。高い専門性を生かして、事業を拡大させる企業、地域に密着した製品やサービスを提供する企業があります。

(4) 柔軟な経営

環境の変化に応じて、新たな施策を立てたり方針転換をするといった柔軟性の高さも強みです。中小企業は経営者ひとりの判断で方向転換することも可能で、小回りが利きます。

◇中小企業の弱み

中小企業の弱みは、規模の小ささや知名度の低さです。多くの中小企業は、弱みが大きな影響を及ぼさない分野や地域で事業を行っています。

(1) 規模が小さい

大量生産や大量販売など、規模で勝負をすることはできません。そのため、価格競争になるとコスト面で大企業に勝つことは難しくなります。

(2) 知名度が低い

ブランド力や知名度の低さも弱みです。人は一度でも聞いたことがあるもの、見たことがあるものに対して、安心感や信頼感を覚えます。商品の販売だけでなく、人材の採用においても、知名度の低さは足かせとなります。

しかし、中小企業は全国レベルでブランド力を高める必要はありません。地域での高いブランド力があれば大企業とも勝負できます。とはいえ、黙っていて自社を知ってもらうことは難しいため、他社との差別化を図る、自社の魅力を効果的にPRする、といったことが大切です。

(3) 生産性が低い

差別化ができていなかったり、下請けの仕事が中心であったりすると、付加価値を高めることができず、売り値も上げられません。また、大規模な工場や最新の設備を導入することも難しいため、人手による生産で生産性が低いままになりがちです。

店舗出店においても、資金的理由から好立地を確保するのは難しくなります。生産性や集客のハンディを跳ね返すための戦略が求められます。

(4) 経営者次第

中小企業の社員は、経営者に反論することが難しく、経営者次第の経営となりがちです。経営者が能力不足の場合は成長が難しくなります。

(5) 人事の硬直化

異動が少なく、できる人に仕事が集中しがちです。

中小企業が感じている中小企業の強みと弱み

●強み

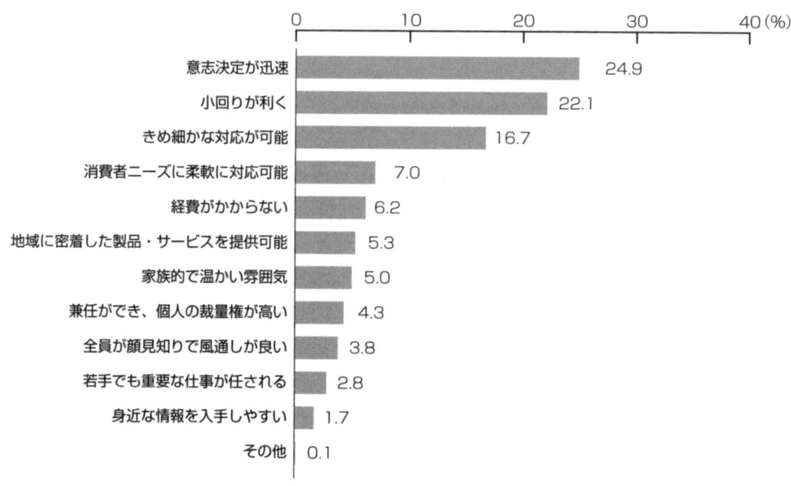

●弱み

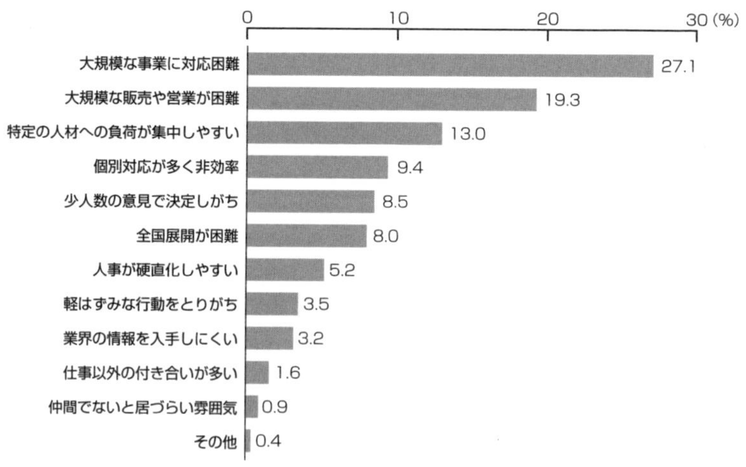

資料：中小企業庁委託「産業、生活を支える企業に関するアンケート調査」(2010 年 11 月、(株)三菱総合研究所
(注) 第 1 位を 3 点、第 2 位を 2 点、第 3 位を 1 点として計算した。

中小企業白書 2011 より作成

生産性向上が求められる中小企業

中小企業は、大企業に比べて生産性が低いといわれています。我が国の経済成長のためには、企業全体の99.7%を占める中小企業の労働生産性を高めることが大切です。

◇ 生産性とは

生産性（ここでは労働生産性*のこと）は、「投入した労働力に対して、どれだけの付加価値が得られたか」を示す指標です。生産性を高めるには、①生産する商品や提供するサービスの価値を高める、②業務を効率化してコストを削減する、のいずれかまたは両方を実現することが必要です。

労働生産性

$$\text{労働生産性} = \frac{\text{付加価値額}}{\text{労働力}}$$

◇ 中小企業の労働生産性

中小企業の労働生産性は、製造業・非製造業ともに大企業の4割程度で、長らく横ばい傾向が続いています。

「2022年版中小企業白書」によれば、製造業の労働生産性（年間の従業員1人あたりの付加価値額）は、大企業の1,180万円に対し、中小企業では520万円にとどまっています。非製造業でも、大企業の1,267万円に対して中小企業は520万円です。中小企業の労働生産性は大企業の半分以下です。そのため、中小企業の生産性が向上すれば日本全体の生産性向上にもつながるといわれています。

しかし、中小企業を一律に評価することはできません。中小企業の上位10%の生産性水準は大企業の中央値を上回っており、中小企業の中にも高い労働生産性の企業が存在しています。逆に大企業の中にも、中小企業の中央値を下回るほど労働生産性の低い企業も存在しています。

***労働生産性**　中小企業白書などでは、生産性の指標として、労働力に着目した労働生産性すなわち「付加価値額／労働力」が使われる。

企業規模別に見た、従業員１人あたり付加価値額（労働生産性）（2020 年度）

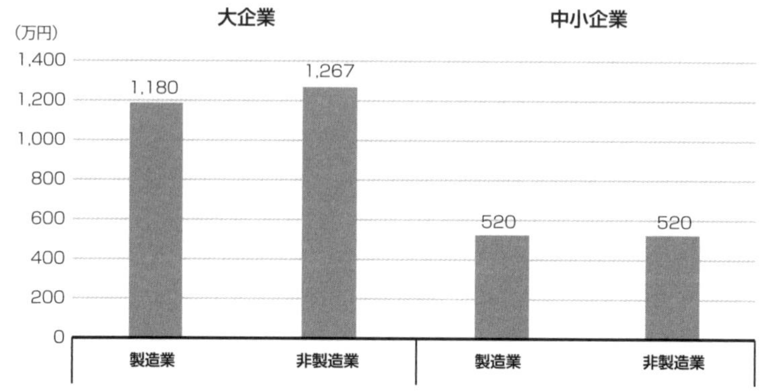

（注）1. ここでいう大企業とは資本金 10 億円以上、中小企業とは資本金 1 億円未満の企業とする。
2. 付加価値額＝営業純益（営業利益－支払利息等）＋役員給与＋従業員給与
＋福利厚生費＋支払利息等＋動産・不動産賃借料＋租税公課＋役員賞与＋従業員賞与

※付加価値額を従業員数で割った値を示したもの。

中小企業白書 2022 より作成

企業規模別の労働生産性の水準比較

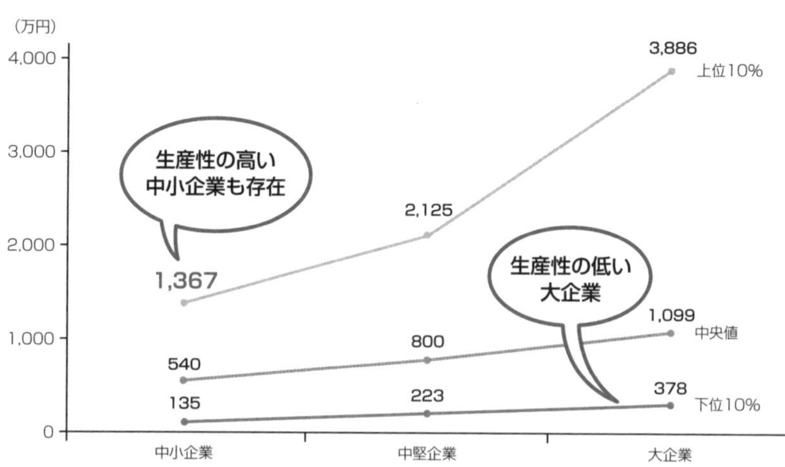

資料：財務省「令和２年度法人企業統計調査年報」再編加工
（注）1. 非一次産業を集計対象としている。
2. ここでいう大企業とは資本金 10 億円以上、中堅企業とは資本金 1 億円以上 10 億円未満、中小企業とは資本金 1 億円未満とする。

中小企業白書 2022 より作成

◇業種別の労働生産性

業種別に見ると、建設業や製造業、卸売業では大企業と中小企業の労働生産性の格差が大きいですが、小売業や宿泊業、飲食サービス業では、業種全体での労働生産性が低く、企業規模間の格差が比較的小さくなっています。

これは、製造業や建設業においては規模の差や設備の差が労働生産性に大きな影響を及ぼしているのに対し、宿泊・飲食サービス業は人手でのサービス提供が中心となっているためです。

また、製造業や建設業では、企業規模によって取り扱う商品やサービスが異なるために大企業と中小企業が競合しておらず、大企業を頂点とした重層的な下請取引となる場合も多くあります。一方、宿泊・飲食サービス業では大手と中小企業が競合します。労働生産性の違いには、このような業界構造も影響していると考えられます。

企業規模別・業種別の労働生産性

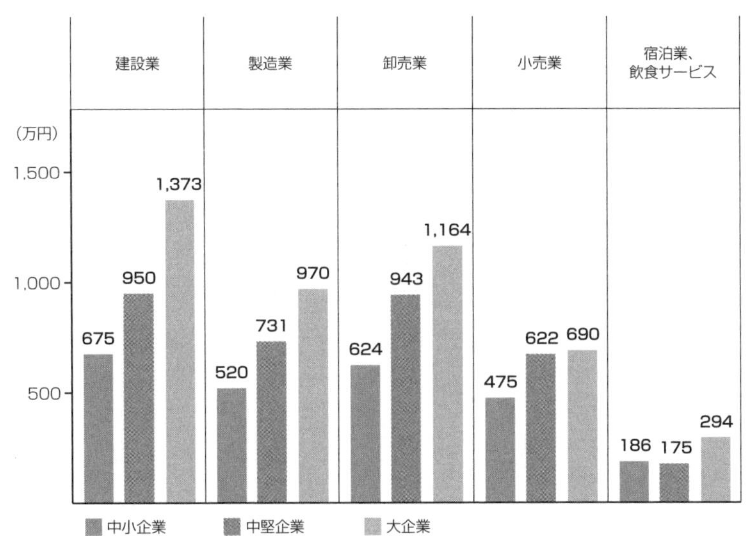

資料：財務省「令和２年度法人企業統計調査年報」再編加工
(注) 1. 数値は中央値。
2. ここでいう大企業とは資本金 10 億円以上、中堅企業とは資本金 1 億円以上 10 億円未満、中小企業とは資本金 1 億円未満とする。

中小企業白書 2022 より作成

飲食店や各種小売業、そしてコンサルティングや設計といった専門サービスなどの分野では、事業環境の変化や顧客の要望をうまくつかめば、中小企業であっても、付加価値を高めて労働生産性を上げることは十分に可能です。

価格転嫁の状況

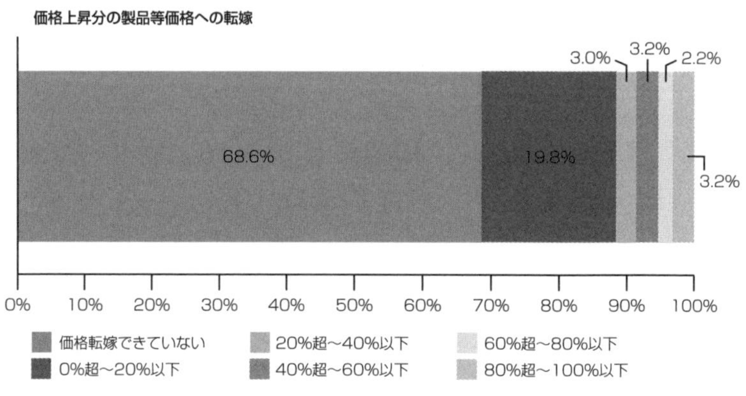

中小企業庁白書 2022

生産性を高めるには、効率を上げるだけではなく、販売価格を上げることや賃金を上げることも大切ですが、中小企業の 68.6% が価格上昇分を製品価格へ転嫁できていません。常に価格競争をしているため、今後も価格転嫁が難しい状況のようです。

● 付加価値額・労働力

付加価値額 = 営業利益 + 役員給与 + 役員賞与 + 従業員給与 + 従業員賞与 + 福利厚生費 + 動産・不動産賃借料 + 租税公課

労働力 = 総従業員数

◇海外との生産性比較

日本の労働生産性については、OECD 加盟国 38 か国中 28 位と OECD 平均を下回り、首位のアイルランドの約 4 割弱程度の水準となっています。

OECD 加盟国の労働生産性（2020 年）

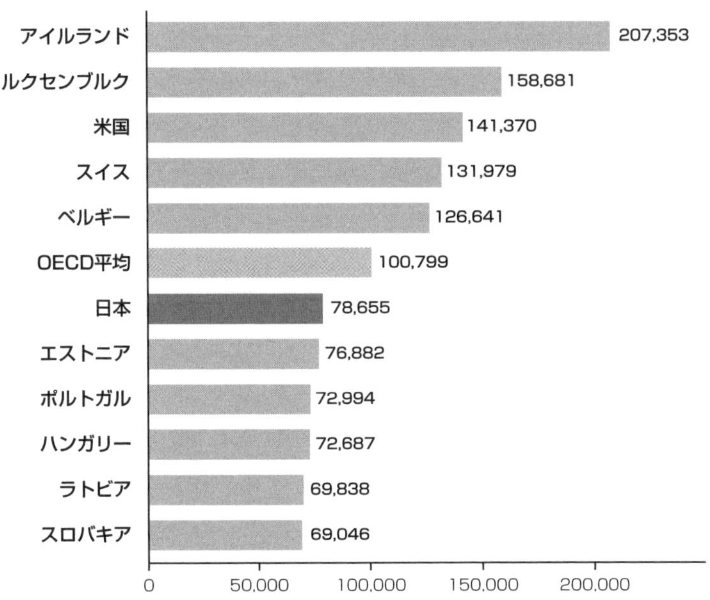

資料：日本生産性本部「労働生産性の国際比較 2021」
（注）1. 全体の労働生産性は、GDP/ 就業者数として計算し、購買力平均（PPP）により US ドル換算している。
2. 計測に必要な各種データには OECD の統計データを中心に各国統計局等のデータが補完的に用いられている。

中小企業白書 2022 より作成

● OECD

「Organisation for Economic Co-operation and Development：**経済協力開発機構**」の略。先進国間の自由な意見交換・情報交換を通じて、①経済成長、②貿易自由化、③途上国支援に貢献することを目的としています。EU 22 か国、その他 16 か国の計 38 か国が加盟しています。

アドバイス

中小企業の強みは意思決定が早く小回りがきくことですが、すべての中小企業に当てはまるわけではありません。相談に対してアドバイスをしたあとで、すぐに取り組む企業となかなか取り組まない企業があります。すぐに取り組めば、たとえうまくいかなくても軌道修正もすぐにできます。改善スピードの違いは明らかです。経営者の決断を社員が待っている企業もあります。経営者の背中を押すことも中小企業診断士の役割です。

中小企業の労働分配率は高い

労働分配率とは、「企業が生み出した付加価値額のうち、どれだけが労働者に分配されているか」を表す指標です。大企業に比べて、中規模企業および小規模企業では、労働分配率が長年にわたって高止まりしています。中小企業白書によれば、2020 年度において、資本金 10 億円以上の大企業が 57.6%であるのに対して、資本金 1,000 万～ 1 億円未満の中規模企業は 80.0%、資本金 1,000 万円未満の小規模企業は 86.5%となっています。

中小企業の 6 割は赤字企業

日本の中小企業は 6 割以上が赤字です。東京商工リサーチによると、コロナ禍の影響が本格化しない 2019 年度でも、赤字欠損法人の割合は 65.4% です。75% 近くだった 2010 年前後の状況からは改善傾向にあるものの、おおむね 3 分の 2 の中小企業が赤字ということになります。節税のため会計上の収支を赤字にしている企業も少なくないといわれています。

中小企業の創業と成長

企業の成長には、規模の成長と内面の成長があります。規模の拡大だけでなく内面的な成長も大切です。

◇ 成長のステップ

今日の大企業も創業時には中小企業からスタートしました。人が多くの経験を積みながら成長するように、企業も段階を経て成長します。

そして、規模の拡大時には多くの課題が生じます。それぞれの段階で発生する課題を解決することで、次のステージに進んでいくことができます。

(1) 創業期

創業期は、事業の立ち上げから間もない時期です。創業数年以内で、従業員は数人程度。組織の形を徐々に整えていく段階です。

システムや社内ルールは未整備ですが、暗黙のうちに会社の方向性や優先順位が共有できており、商品開発や営業に全力で向かいます。

規模が拡大して人数が増えるにつれて、それまでの暗黙の了解が通用しない状況になります。

(2) 成長期

成長期は、事業が急成長して売上が増加する時期です。従業員も増えるとはいえ、規模拡大が急激に進むため、一部の社員に負荷がかかることもあります。業務マニュアルの作成、社員の育成体制構築、社内ルールの明確化を行う必要があります。

創業時には、家族や友人など経営者の周囲から人材を確保して事業を開始しますが、成長段階が進むにつれて、ハローワーク等の公的支援機関やインターネット・求人誌、民間の人材紹介会社といった様々な方法で人材を採用するようになります。

創業期の販路開拓は、市場のニーズの把握や新規顧客へのアプローチが中心です。成長していくにつれて、既存顧客からのリピート受注も増えてきます。既存顧客のつなぎとめや販路開拓のための人材確保にも注力していきます。

(3) 成熟期

成熟期は、事業が安定する時期です。大企業に成長していく企業では、全国展開や海外展開も始まり、株式上場などを検討する段階になります。会社としてのルールやシステムも整備されています。賃金制度や人事評価制度にのっとって組織運営を行います。

規模的に拡大する企業は、このようなステップで成長しますが、事業が安定する過程で、社員の積極性が徐々に失われたり、発想のスケールが小さくなったり、意思決定や実行のスピードが落ちることもあります。

この時期には、次の成長につながる新たな目標に挑戦することが大切になります。

もちろん、成長する企業ばかりではなく、小さいままでとどまる企業や、維持できずに退出する企業もあります。

◇企業の成長と資金調達

創業期の資金調達の中心は、経営者本人の自己資金が中心です。そのほかに、家族・親族、友人・知人等からの借入もあります。金融機関からの借入もあるとはいえ、融資を受けられなかったというケースも少なくありません。

成長が進むにつれて、民間金融機関からの借入や政府系金融機関からの借入が増えていきます。

公的補助金・助成金の活用もありますが、申請書や事業計画書等の必要書類の準備には相当の手間がかかります。

◇急成長企業の代表者

起業 2 年目からの 5 年間（2012 → 2017 年）で売上高を 3 億円以上増加させた企業を「**売上高急成長企業**」と定義すると、売上高急成長企業では代表者の年齢が 30 ～ 39 歳、40 ～ 49 歳と比較的若い年代の割合が高くなっています。また、三大都市圏とそれ以外とで売上高急成長企業の割合を比べてみると、製造業では大きな差がない一方、非製造業では三大都市圏の方が売上高急成長企業の割合が高くなっています。

売上高急成長企業の代表者の年齢

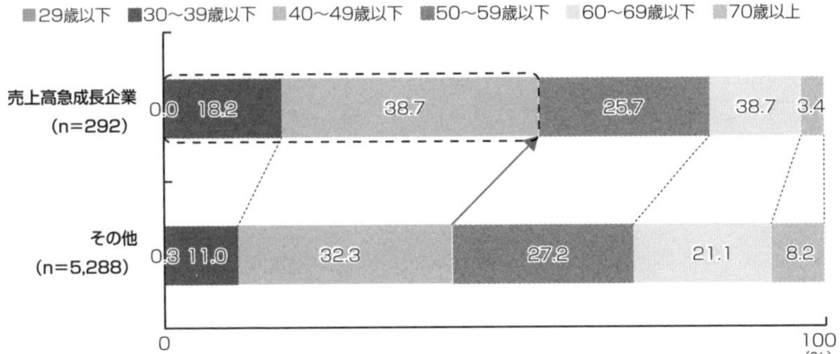

資料：（株）東京商工リサーチ「企業情報ファイル」再編加工

中小企業白書 2019

● **クラウドファンディング**

インターネットを介して不特定多数の人々から資金を調達する方法です。「寄付型」、「購入型」、「融資型」、「株式型」などがあり、例えば購入型は、「起案されたプロジェクトに対して支援者がお金を支援し、そのリターンとしてモノやサービスを得る」仕組みです。

高まる女性起業家の比率

女性起業家の比率が全国的に高まっています。日本政策金融公庫の創業前段階での融資先の女性起業家比率は、2022年度上半期では全国平均で27.8%と、前年同期より12%増加しています。上位は福島県44.2%、徳島県42.9%、香川県40.6%、宮崎県40.2%です。地方では女性の賃金水準が低い場合も多く、それならば——と起業する女性が増えているようです。

⑩ 中小企業の現状
スタートアップと起業意識

我が国では諸外国に比べて起業意識が低い傾向が見られます。とはいえ近年は、副業による起業やフリーランスの起業が増加しつつあります。

◇多様な起業

総務省の就業構造基本調査（2017年）では、「**起業希望者**」、「**起業準備者**」、「**起業家**」の数はいずれも減少傾向にあります。しかし、「起業準備者に対する起業家の割合」は、2007年から2017年にかけて、上昇しています。起業家の約半数がフリーランス起業家です。この方々の起業目的は、「自分の裁量で自由に仕事をするため」や「自分の好きな仕事をするため」とあります。自己決定できることを求めて起業しています。さらに、「**副業起業希望者**」や「**副業起業準備者**」は増加傾向にあります。

起業の担い手の推移

資料：総務省「就業構造基本調査」再編加工

（注）1.「起業家」とは、過去1年間に職を変えた又は新たに職についた者のうち、現在は「会社等の役員」又は「自営業主」と回答し、かつ、「自分で事業を起こした」と回答した者をいう。なお、副業としての起業家は含まれていない。
2.「起業希望者」とは、有業者のうち「他の仕事に変わりたい」かつ「自分で事業を起こしたい」と回答した者、又は無業者のうち「自分で事業を起こしたい」と回答した者をいう。なお、副業起業希望者は含まれていない。
3.「起業準備者」とは、起業希望者のうち「(仕事を）探している」、又は「起業の準備をしている」と回答した者をいう。なお、副業起業準備者は含まれていない。

中小企業白書 2020

副業起業希望者、副業起業準備者の推移

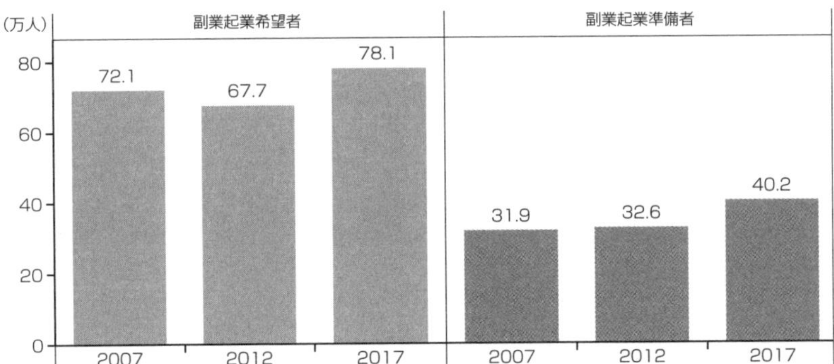

資料：総務省「就業構造基本調査」再編加工
（注）1.「副業起業希望者」とは、有業者のうち「現在の仕事のほかに別の仕事もしたい」かる「自分で事業を起こしたい」を回答した者をいう。
2.「副業起業準備者」とは、副業起業希望者のうち「（仕事を）探している」又は「開業の準備をしている」と回答した者をいう。

中小企業白書 2020

起業した目的（フリーランス起業家）

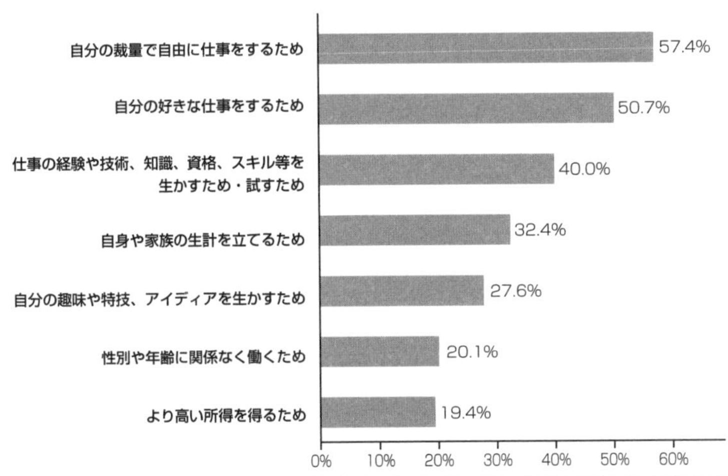

資料：三菱 UFJ リサーチ＆コンサルティング（株）「中小企業・小規模事業者における経営者の参入に関する調査」
（注）1. 複数回答のため、合計は必ずしも 100%にはならない。
2.「その他」及び「特に無し」の項目は表示していない。

中小企業白書 2020 より作成

◇ 海外との比較

「Global Entrepreneurship Monitor（グローバル・アントレプレナーシップ・モニター）」（以下、GEM）によれば、我が国の「**起業活動者**」が成人人口に占める割合（**TEA、総合起業活動指数**）は、諸外国に比べて一貫して低い水準で推移しています。

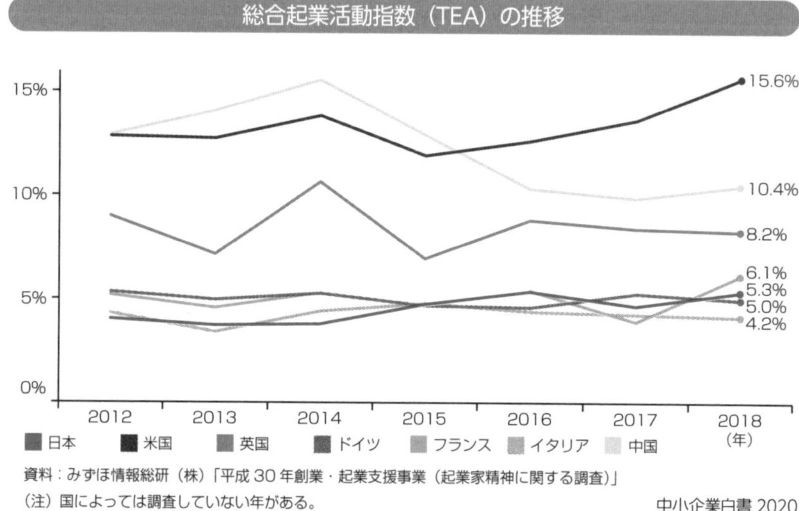

資料：みずほ情報総研（株）「平成 30 年創業・起業支援事業（起業家精神に関する調査）」
（注）国によっては調査していない年がある。
中小企業白書 2020

今後 3 年以内に、1 人または複数で、自営業・個人事業を含む新しいビジネスを計画している成人人口の割合（**起業計画率**）も、上昇傾向にはあるものの、国際的に見ると引き続き低い水準となっています。

各国の起業活動率

GEM の調査によると、日本の TEA は 5.4%（2019 年）で、統計をとった全 50 か国中の 47 位と、世界でも最低水準となっています。

GEM は、ロンドンを拠点とし、世界各国の起業家活動を調査する組織です。**TEA**（Total Early-Stage Entrepreneurial Activity）は、「起業の計画段階から起業後 3 年半までの起業活動者が、成人人口に占める割合」を指します。

起業計画率の推移

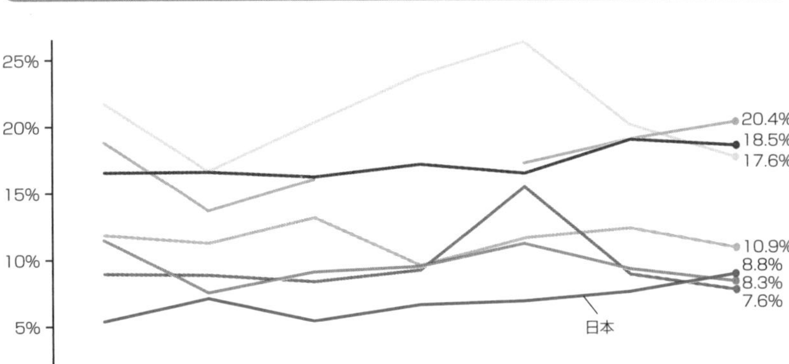

資料：みずほ情報総研（株）「平成 30 年創業・起業支援事業（起業家精神に関する調査）」
（注）国によっては調査していない年がある。

中小企業白書 2020

国際的に見ると我が国の開廃業率も低水準です。

開廃業率の国際比較（2018 年）

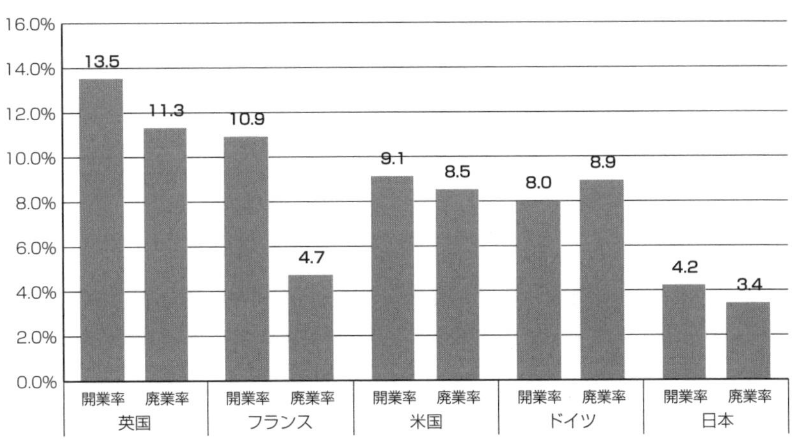

（注）国によって統計の性質が異なるため、単純に比較することはできない。日本は 2019 年のデータ。

小規模企業白書 2021 より作成

◇起業家への影響

起業家の多くは、起業において身近な起業家の影響を受けています。起業にあたり最も影響を受けた人は、身の回りにいた起業家である友人や先輩、成功した起業家などです。しかしながら日本では、こうした起業家が身近にいる人の割合が他国と比べて低いのが実状です。また、失敗に対する危惧や学校教育の影響も、日本で起業が少ない要因として挙げられています。

日本で起業が少ない原因

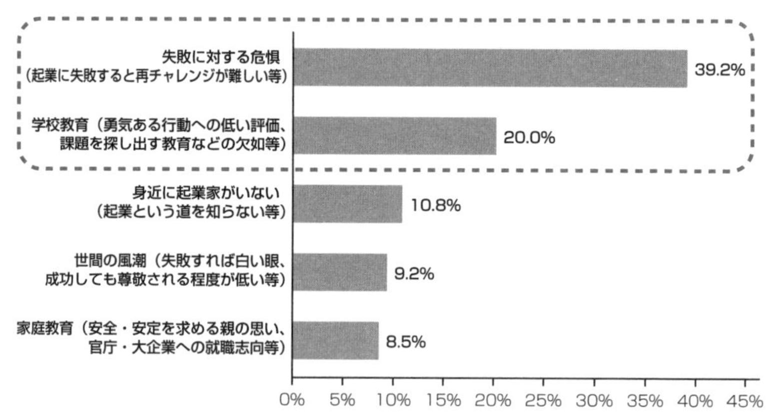

資料：一般財団法人ベンチャーエンタープライズセンター「ベンチャー白書 2021」
（注）1. アンケートの調査対象は、設立 5 年以内のベンチャー企業。
2. 調査結果は、日本で起業が少ない最大の原因について聞いたもの。

中小企業白書・小規模企業白書の概要　2022

日本政策金融公庫の国民生活事業

新たに事業を始める者や事業開始後おおむね 7 年以内の者に対して、「**新規開業資金**」、そして女性および 35 歳未満と 55 歳以上男性向けの「新規開業資金（女性、若者 / シニア起業家支援関連）」の融資を行っています。

融資制度を利用する際に、無担保・無保証の条件で融資をする「**新創業融資制度**」も取り扱っています（2-19 参照）。

業種別の開業率

業種別の開業率について見ると、「宿泊業, 飲食サービス業」が最も高く、「情報通信業」、「電気・ガス・熱供給・水道業」と続いています。また、廃業率について見ると、「宿泊業, 飲食サービス業」が最も高く、「生活関連サービス業, 娯楽業」、「小売業」と続いています。「宿泊業, 飲食サービス業」、「情報通信業」、「生活関連サービス業, 娯楽業」は開業率、廃業率とも高く、事業所の入れ替わりが頻繁です。

業種別の開廃業率

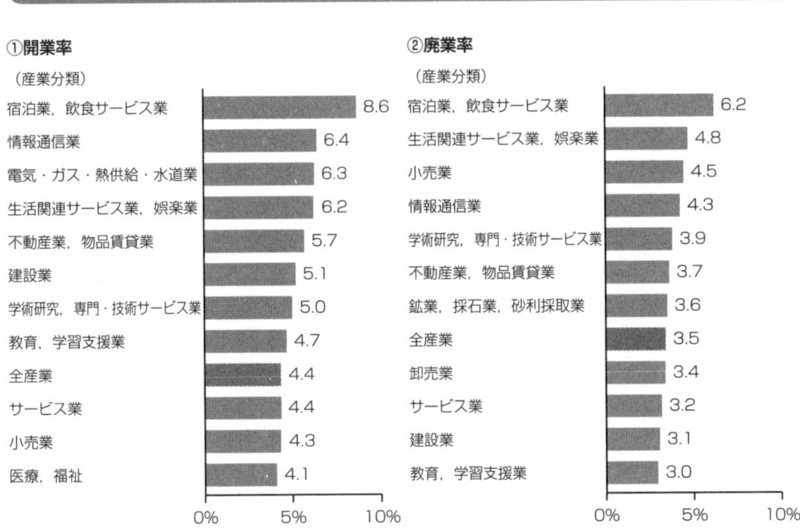

中小企業白書 2020 より作成

開廃業による生産性への影響

起業は、競争やイノベーションを促進して雇用創出や経済成長につながるため、起業家や潜在的な起業家を増加させる取り組みが重要です。

廃業企業と開業企業、存続企業の労働生産性を中央値で比べてみると、廃業企業が約 3 割低くなっています。廃業と新たな企業の登場は、わが国全体の生産性の向上につながります。

11 中小企業の現状

中小企業の経営悪化

赤字が慢性化すると、事業を畳んでもすべての債務を支払えず、破産など法的手続きを選択せざるを得ない場合があります。大企業と比較して経営基盤が弱い中小企業の倒産原因は、多岐にわたります。

◇ 倒産の状況

我が国の倒産件数は、2009 年以降は減少傾向で推移していました。2021 年はコロナ禍の資金繰り支援策などの効果もあり、6,030 件と 57 年ぶりの低水準でした。しかし、2022 年は企業倒産が増加に転じています。

倒産件数の推移

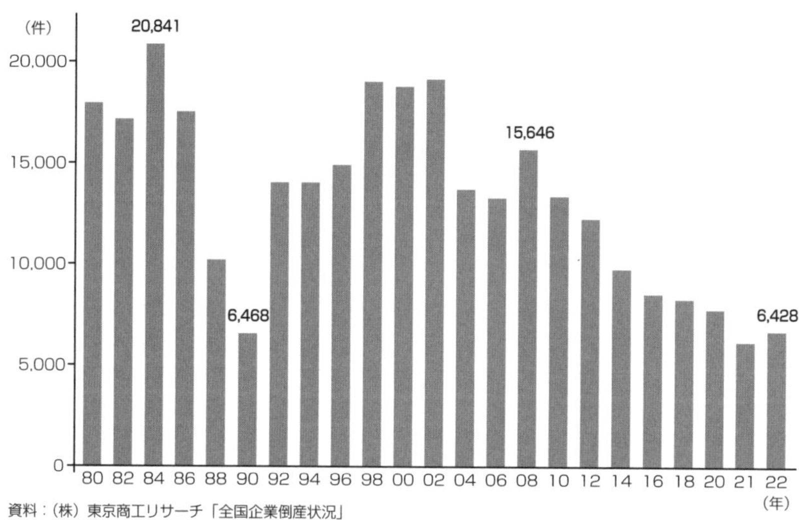

中小企業白書・小規模企業白書の概要　2022
倒産の状況（中小企業庁）

都道府県別の開廃業の状況

都道府県別の開業率は、沖縄県が最も高く、埼玉県、千葉県と続いています。廃業率の最も高い県は福岡県であり、鹿児島県、神奈川県と続いています。

◇中小企業の倒産の原因

一般的な中小企業の主な倒産の原因は、販売不振や認識の遅れなどです。

(1) 販売不振

売上高の減少には、徐々に減少していく場合と、急激に減少する場合があります。徐々に減少していく場合は、不振を感じにくいのですが、早く気づいて対策を打つことが必要です。急激に減少する場合は、迅速な経営判断と抜本的な経営改善が必要です。

(2) 危機感の欠如

長期的に業績が悪化しているにもかかわらず、危機感が乏しいため倒産に至ります。創業者や先代経営者から資産を引き継いで経営している場合、会社が安全であると思い込んでしまうことが多々あります。

(3) 放漫経営

経営者の経営能力の欠如や会社の私物化、あるいはずさんな管理体制などによる倒産です。利益が出ているときは表面化しにくいという特徴があります。

(4) 連鎖倒産

建設業や製造業などでは特定の取引先に依存する傾向が強く、得意先が倒産すると、予定の支払いを受けられずに巻き込まれてしまうことがあります。

(5) 設備投資過大

過大な投資は資金繰りを難しくします。設備投資を行うと、利益を生むまでは設備投資費の返済で資金繰りが圧迫されます。

(6) 信用の低下

信用が低下すると、売上が低下するだけでなく、金融機関からの追加融資が行われなくなることもあります。自社の利益だけでなく、周りから信頼を得られる経営が大切です。

(7) 売掛金回収難

中小企業では売上や取引の継続を重視するあまり、「売掛金を確実に回収しよう」という意識が低い場合があります。売り先の信用確認や売掛金回収のルールを定め、必ず回収するという意識が大切です。

(8) 過剰在庫

在庫を過剰に抱え込むことで倒産につながる場合もあります。在庫を過剰に抱えると、会計上は黒字であっても、キャッシュが不足して黒字倒産になりかねません。

原因別倒産状況（2022年）

（件）

販売不振	4,525
既往のしわよせ	757
連鎖倒産	401
放漫経営	285
過小資本	124
信用性の低下	45
設備投資過大	38
売掛金回収難	20
在庫状態悪化	2
その他	231

資料：（株）東京商工リサーチ（https://www.tsr-net.co.jp/）より　　倒産の状況（中小企業庁）

◇コロナ禍の影響

コロナ禍での政府や自治体、金融機関の手厚い資金繰り支援が奏功し、2021年は休廃業・解散、倒産ともに前年を大幅に下回りました。**持続化給付金**や**雇用調整助成金**などの給付および「実質無利子・無担保融資（**ゼロゼロ融資**）」が、資金繰りの改善につながりました。

しかしながら実態としては、事業継続の判断の先送りにつながったケースも多いといわれています。経営者の高齢化で廃業を検討していたところにコロナ禍が発生し、資金給付や貸付、休業補償、雇用調整助成金などが、廃業（あるいは事業再構築や早期の抜本再生、事業承継など）の決断を先送りさせた面があります。

コロナ禍で緊急避難的な措置が行われたため、事業価値の向上に向けた取り組みがなされないまま、資金繰り支援に依存して時間が経過した企業も少なくありません。コロナ関連の支援策は順次縮小され、ゼロゼロ融資の返済も始まる中で、決断を迫られる企業が多くあります。

Term

●ゼロゼロ融資

ゼロゼロ融資は、中小企業庁の発表によれば、2020年3月から9月末までに約245万件、総額42兆円にのぼり、政府が負担する利子は約1.8兆円が見込まれています。回収不能になった場合、金融機関に対しては信用保証協会から補填されることになっていますが、最終的には政府が損失補填を行います。倒産が増加すれば、これらの巨額な回収不能額が、国民の負担となる危険性があります。

●雇用調整助成金

従業員の雇用維持を図るため、政府が休業手当などの一部を補助する制度です。コロナ禍によって、特例措置として増額が行われてきましたが、2023(令和5)年4月1日では従業員1人あたりの日額上限は8,355円となっています。

新たな借換保証制度

2023年1月10日から、**「新たな借換保証制度」**として民間ゼロゼロ融資等の返済負担軽減のための保証制度（**コロナ借換保証**）が始まっています。新たな借換保証制度の創設に加え、債務超過に陥っている企業のゼロゼロ融資を資本的劣後債権（保証付DDS）へ転換することで、財務状況を改善し、新たな借入も可能となります。保証付きDDSとは、債務超過の要因になっている既存の保証付融資の一部を資本的劣後債権へ転換することで、債務超過額の圧縮・解消を図るものです。

ゾンビ企業延命策

新たな借換保証制度は、債務超過企業の生き残りを図るだけで、新たなゾンビ企業延命策になるのではないか――という批判も根強くあります。そのため、利用する企業には、収支計画・返済計画（黒字化目標含む）などを含む経営行動計画書の作成や、金融機関による継続的な伴走支援を求めることになります。

市場から退出すべき企業が残存していることによって、資本や人材が流動せず、イノベーションや新たな起業が阻害されているという指摘もあります。

リスケ（リスケジューリング）

新たな資金の調達が思うようにできない場合は、最後の手段として「返済額を減らす」、「一時的に支払いを止める」、「支払いを延期する」などのいわゆる**リスケ（リスケジューリング）**によって、資金繰りを回すことになります。

そして、このリスケをしている間に、きちんとリストラなどをして経営を建て直し、資金繰りを正常化する必要があります。リスケ中は基本的に新たな借入はできません。

アドバイス

創業の相談では、熱く夢を語る方もおられます。最初は実現が難しいように思える場合でも、詳しく話を伺って質問をすることで、より具体的に考えていただきます。そして、地に足のついた計画としてまとめていくことも中小企業診断士の仕事です。

COLUMN

中小企業の事業再生

企業の業績が非常に厳しくなったときに、倒産してそのまますべての資産を売却・破棄等により処分すると、事業価値が大きく毀損することになります。そのため、再建の見込みがある場合には、再建計画を立てて事業の再生を行います。

事業再生を行えば、会社を支えてきた従業員の雇用を可能な限り維持することができます。また、債権者にとっても、そのまま会社を清算するよりも多くの金額を回収できるというメリットがあります。

事業再生ができるかどうかは、過去の負債が圧縮されれば、あるいはすべてなくなれば、資金繰りが回るようになるかどうか——が見極めのポイントになります。

そのため、徹底したリストラを行って営業キャッシュフローを黒字化させます。資金力のある企業にスポンサーとなってもらい、ニューマネーを補塡してもらうこともあります。資金繰りが成り立つことが絶対条件のためです。

各都道府県に設置されている**中小企業活性化協議会**は、中小企業再生の支援機関です。

無料相談ののち、必要に応じて事業再生へ向けた具体的なアドバイス（経営改革の助言、不採算事業の処理など）を行います。

協議会のアドバイザーとなっている会計士や中小企業診断士が、チームを組んで事業の調査や再生計画の作成支援を行うこともあります。

中小企業の現状

中小企業基本法

中小企業基本法は、中小企業と大企業の間に存在する生産性・賃金などの「諸格差の是正」を図ることを政策理念として制定されました。

◇中小企業基本法の制定

中小企業基本法は1963年に制定されました。当時の中小企業は、企業規模が小さく、企業数が多すぎであり、一律に「かわいそうな存在」として認識されていました。さらに、中小企業で働く労働者は社会的弱者であり、こうした者に対して社会的な施策を講ずるべき、との姿勢で政策が講じられてきました。

しかし、1999年12月の改正では、中小企業を「多様な事業の分野において特色ある事業活動を行い、多様な就業の機会を提供し、個人がその能力を発揮しつつ事業を行う機会を提供することにより我が国経済の基盤を形成するもの」だと位置づけました。これまでの「画一的な弱者」という中小企業像を払拭しています。

さらに、中小企業を、①新たな産業の創出、②就業の機会の増大、③市場における競争の促進、④地域における経済の活性化——の役割を担う存在であると規定するとともに、これまでの「二重構造の格差是正」に代わる新たな政策理念として、「多様で活力ある中小企業の成長発展」を提示しています。

この新たな政策理念を実現するため、独立した中小企業の自主的な努力を前提としつつ、①経営の革新および創業の促進、②経営基盤の強化、③経済的社会的環境の変化への適応の円滑化——の3つを政策の柱としています。

◇小規模企業振興基本法

2013年に中小企業基本法が再度改正され、「小規模企業に対する中小企業施策の方針」が示されました。また、これをさらに進める観点から、2014年6月に「**小規模企業振興基本法（小規模基本法）**」ならびに「商工会及び商工会議所による小規模事業者の支援に関する法律（**小規模事業者支援法**）の一部を改正する法律」が成立しました。

小規模基本法では、「成長発展」のみならず、小規模事業者の「事業の持続的発展」を基本原則として位置づけています。

中小企業関連法制の変遷

○1948年 ー 中小企業庁の設置

○1963年 ー 中小企業基本法の制定

(基本理念)
・大企業と中小企業との二重構造の問題に対応
・経済的・社会的制約による不利の是正

・オイルショック
・バブル経済の崩壊

○1999年 ー 中小企業基本法の改正

(基本理念)
・中小企業の多様で活力ある成長発展
(基本方針)
・経営の革新および創出の促進
・中小企業の経営基盤の強化
・経済的社会的環境の変化への適応の円滑化

・少子高齢化、人口減少、都市一極集中、国際競争の激化
・中小企業・小規模事業者数の減少
(484万社〈1999年〉⇒ 385万社〈2012年〉)

小規模事業者を中心とした中小企業施策の再構築

○2013年 ー 小規模企業活性化の法制定

(基本理念)
・中小企業基本法を改正し、基本理念に小規模企業の意義として「地域経済の安定と経済社会の発展に寄与」を規定。

○2014年 ー 小規模企業振興基本法の制定

(基本理念)
・小規模企業を中心に据えた新たな施策体系の構築

中小企業庁より

2010年に閣議決定された中小企業憲章

中小企業は、経済を牽引する力であり、社会の主役です。

中小企業がその力と才能を発揮することが、疲弊する地方経済を活気づけ、同時に新興国の成長をも取り込み日本の新しい未来を切り拓く上で不可欠です。

国の総力を挙げて、中小企業の持つ個性や可能性を存分に伸ばし、自立する中小企業を励まし、困っている中小企業を支え、そして、どんな問題も中小企業の立場で考えていく。これにより、中小企業が光り輝き、もって、安定的で活力ある経済と豊かな国民生活が実現されることを目指す——という目標を掲げて、**中小企業憲章**が定められました。

中小企業憲章

■基本原則

中小企業政策に取り組むに当たっては、基本理念を踏まえ、以下の原則に依る。

1 経済活力の源泉である中小企業が、その力を思う存分に発揮できるよう支援する
2 起業を増やす
3 創意工夫で、新しい市場を切り拓く中小企業の挑戦を促す
4 公正な市場環境を整える
5 セーフティネットを整備し、中小企業の安心を確保する

■行動指針

政府は、以下の柱に沿って具体的な取組を進める。

1 中小企業の立場から経営支援を充実・徹底する
2 人材の育成・確保を支援する
3 起業・新事業展開のしやすい環境を整える
4 海外展開を支援する
5 公正な市場環境を整える
6 中小企業向けの金融を円滑化する
7 地域及び社会に貢献できるよう体制を整備する
8 中小企業への影響を考慮し政策を総合的に進め、政策評価に中小企業の声を生かす

よろず支援拠点

中小企業に対する様々な支援機関が存在することで、中小企業者などからは、どこに相談すべきかわからないという声が増えてきました。そこで、様々な経営課題にワンストップ対応する相談窓口として、2014 年、各都道府県に「**よろず支援拠点**」が設置されました。既存の支援機関では十分に解決できない経営相談に対する「総合的・先進的経営アドバイス」や、事業者の課題に応じた適切な「チームの編成を通じた支援」、支援機関等との接点がなく相談先に悩む事業者に対する「的確な支援機関等の紹介」などを行います。

ヨーロッパ小企業憲章

EU（欧州連合）は 2000 年に「**ヨーロッパ小企業憲章**」（European Charter for Small Enterprises）を制定しました。

21 世紀のヨーロッパにおける中小企業の位置づけと中小企業政策の果たす役割を明確にすることを意図しています。基本理念では、「小企業はヨーロッパ経済の背骨である。小企業は雇用の主要な源泉であり、ビジネス・アイデアを産み育てる大地である。小企業が最優先の政策課題に据えられて初めて、“新しい経済”の到来を告げようとするヨーロッパの努力は実を結ぶだろう」とうたっています。

「小企業憲章」は、政策課題を具体化するアクションプランを掲げ、加盟国に対して「それぞれの国の政府が責任を持って中小企業の意見に耳を傾け、その利害をきちんと国家的に政策などで反映すること」を義務づけています。わが国の中小企業憲章と同じ考え方です。

中小企業の自己変革

経営者自らが自己変革を進めるためには、支援機関などとの対話を通じて、経営課題を設定することが重要です。

そのためには、第三者である支援者・支援機関が、経営者等との信頼関係を築き、対話を重視した伴走支援を行うことが有効となります。

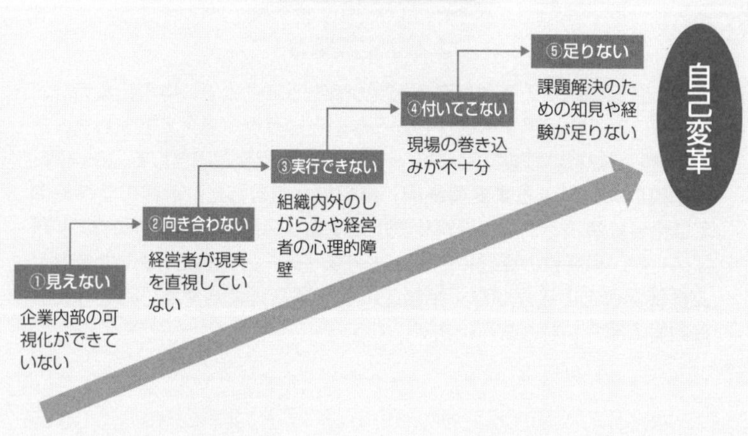

資料：関東経済産業局「地域中核企業を対象とした官民合同チームによる伴走型支援の取組」（2021年8月）
中小企業白書・小規模企業白書の概要　2022

アドバイス

経営の悪化した企業の経営者が原因を外部環境変化に求めるのはよくあることです。もちろんそうした要因もありますが、同業他社のすべてが同じように経営不振に陥ってるわけではありません。つまり環境の変化に対応できていないことが大きな原因です。コンサルティングを進めていくには、経営者に現実を直視していただくことが必要です。意見が対立することもありますが、筆者の経験ではそのようなステップを経た方が、その後の改善がスムーズに進みます。

② 中小企業の経営

中小企業の経営

中小企業を取り巻く環境変化

我が国では 2011 年以降、人口が減少しつつあり、内需の縮小や地方での過疎化が進んでいます。中小企業も、消費や働き方の多様化、デジタル化やグローバル化に合わせて、ビジネスを変容させていくことが重要です。

◇ 中小企業を取り巻く課題

中小企業を取り巻く環境は、大きく変化しています。

(1) 消費者意識の変化

社会のデジタル化の急速な進展や新型コロナウイルス感染症の流行などにより、社会環境が激変する中で、消費者の意識も大きく変化しています。地域との付き合いが希薄となっていることに加え、コロナ禍等の影響もあって人と接触する機会が減少し、若者を含む社会全体における孤独・孤立の問題が一層顕在化しています。

また、特に若者は、費用対効果を重視する傾向が強くなっています。このような若者の消費行動は、社会環境の変化が反映されたものであり、時代を先取りしたものだといえます。

費用対効果を重視する意識

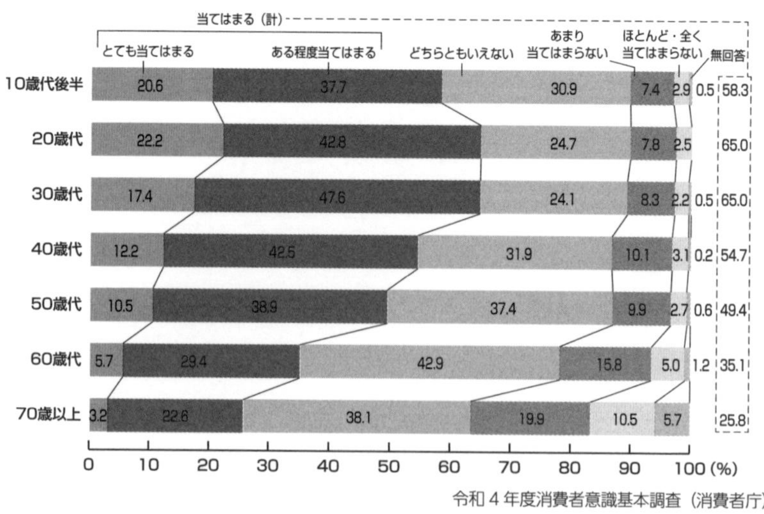

令和 4 年度消費者意識基本調査（消費者庁）

(2) 環境・エネルギー分野への関心

中小企業を取り巻く環境が大きく変化する中、中小企業の多くが「環境・エネルギー」を成長分野と認識しています。

経営環境の変化によって現れた新たなビジネスチャンスを生かすため、中小企業にもSDGsの活用が求められています。SDGsへの取り組みが市場や取引先からも評価されるようになってきました。

中小企業が新たに進出を検討している成長分野

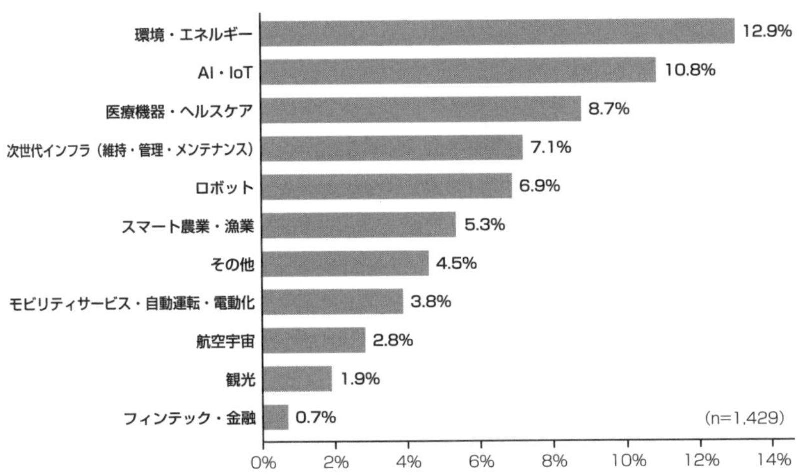

資料：(株)東京商工リサーチ「中小企業の付加価値向上に関するアンケート(2019年)」(2020年版中小企業白書第2-1-31図)
(注) 1. 複数回答のため、合計は必ずしも100%にならない。
2. 新たに成長分野に進出を検討している企業数と進出を検討していない企業数の合計値（n=1,429）に対する回答の割合を集計している。

中小企業白書 2021

(3) グローバル化、デジタル化など

我が国の人口が減少する中、海外需要の獲得は引き続き重要です。中小企業における輸出企業の割合は長期的に増加傾向にあります。また、中小企業の「輸出額」および「売上高に占める輸出額の割合」の推移を見ると、足元では減少が見られるものの、長期的にはいずれも増加傾向にあります。

中小企業においてもITやIoT、AIの活用が広まっています。製造業では、検査の自動化や装置機械の稼働監視、遠隔保守が行われます。

企業規模別に見た、直接輸出企業の割合の推移

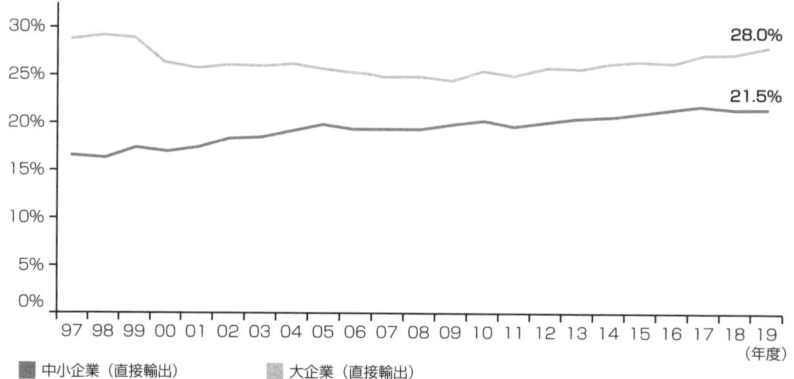

資料：経済産業省「企業活動基本調査」再編加工
（注）ここでいう直接輸出企業とは、直接、外国企業との取引を行う企業である。

中小企業白書 2022

(4) 成長志向への妨げ

現状維持での満足やリスクを避ける考えが中小企業の成長意欲を妨げる要因になっています。

中小企業の成長志向を妨げる背景

成長に向けた意欲を持ちづらい ←
①高齢化に伴う現状維持志向
②当面安定したビジネス環境：既存の取引関係の頑健性
③所有と経営の一致：オーナー経営による現状維持志向

リスクが大きい ←
①間接金融中心の資金調達：リスクテイクに慎重な姿勢
②経営者保証：前向きな投資や事業展開の抑制効果
③取引先への依存：取引関係を変更することのリスクが大

リソース・ノウハウの不足 
①ヒト　経営者・中核人材の経営面の経験・ノウハウ
　　　　人手不足・意志決定の迅速化を助けるDXは途上
②カネ　成長資金へのアクセスが限定的
③情報　周囲に中小企業経営の成功者・リーダーが不在

リターンが小さいと認識 
①付加価値の価格転嫁が困難な国内市場
②成功者・リーダーが僅少：魅力・社会的意義の浸透が途上

激変する世界・日本における今後の中小企業政策の方向性（中小企業庁）より作成

中小企業の経営組織

中小企業では社長が、営業も見るし、商品開発も見るし、財務も見るし、調達も見るし……。そうやって会社を支えているケースが多々あります。

◇組織の必要性

組織は、業務を円滑に進めるためのものです。適切な組織が作られていて誰の目にも明確になっていれば、業務の流れを簡単に理解でき、業務の分担・調整がしやすくなります。無駄を省くといった業務の効率化も進めやすくなります。そのため、大企業では当然のこととして組織による業務が行われています。

しかしながら中小企業では、組織図があっても実際には組織が明確になっていないことがよくあります。そして、あの人の上司は誰なのか、この業務の責任者は誰か、育成担当は誰か、などがあいまいになっていたりします。要するに、組織マネジメント不足の企業が少なくないのです。

その理由は社長の能力や努力に依存して、事業が成り立っていることや、社長から幹部が信頼されておらず、社長が担当者に直接指示することをくり返すことなどが要因です。

◇組織明確化のメリット

組織を明確にすることで、①部署ごとの役割や責任、部署間の関係性、具体的な業務や人数が理解でき、企業の全体像をつかみやすくなります。そして、②組織の指揮命令系統が明確になります。

組織マネジメントの役割は、4つの経営資源である「ヒト」、「モノ」、「カネ」、「情報」を最適に配分することですが、中小企業の組織マネジメントでは、経営資源の1つである「ヒト」の配分や育成が特に重要です。

◇組織と人事評価制度の活用

そして、人の育成のために必要なのが**人事評価制度**です。人事評価制度は、給与を決めるためのもの、仕事ぶりを評価するためのものと考えている方も多いのですが、実は違います。人事評価制度の本来の役割は、会社が望む方向に社員を成長させ、強い会社を実現することです。それぞれのポジションに求められる能力を定義して、目標を明確化させます。そして、その能力を身につけられるように機会を与え、経験を積ませます。

そうすることで、組織が機能するようになるのです。

中小企業の貴重な財産である「ヒト」を最大の経営資源に育て上げることが大切です。

友達を紹介してもらうリファラル採用

既存社員に人材を紹介してもらう採用方法です。採用コストを削減できるだけでなく、応募者が既存社員から会社の業務内容や雰囲気を聞いていること、既存社員が推薦する人物であることなどから、マッチングの精度が高くなります。ただし、不採用となった場合は、友達間で気まずさが残る可能性があります。

在宅勤務・テレワークの課題

在宅勤務・テレワークは、通勤時間の短縮や育児をしながらの就労を可能にするなど、ワークライフバランスの向上に効果があります。その一方で、人材の定着という面からは、会社との関係性が希薄になるという問題も指摘されています。

中小企業の経営

中小企業の経営規模

中小企業では、個人事業者と資本金 5,000 万円未満の企業が大半を占めています。

◇中小企業の売上高

個人事業者を含む中小企業の売上高の中央値は 1,500 万円で、売上高 1,000 万円以下に約 4 割の中小企業が存在しています。他方で、売上高 10 億円超の中小企業も約 3%存在しています。

個人事業者では売上高 1,500 万円以下が 75%、会社組織でも 1 億 8,000 万円以下が 75%を占めています。

中小企業の売上高

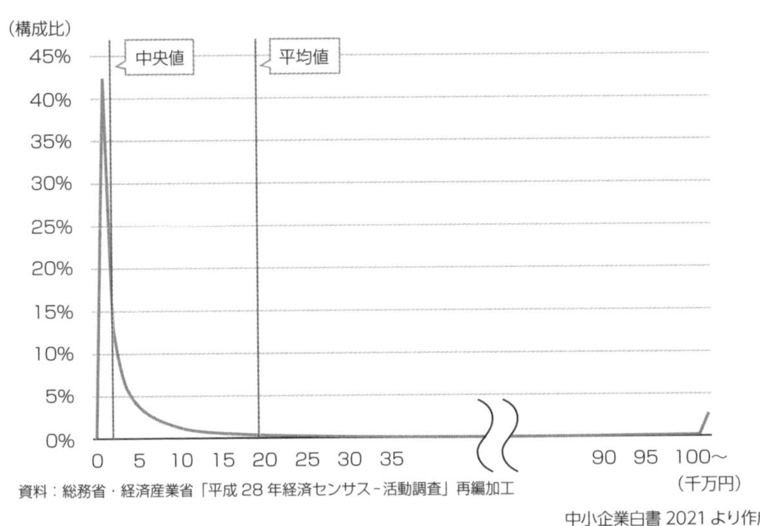

資料：総務省・経済産業省「平成 28 年経済センサス－活動調査」再編加工

中小企業白書 2021 より作成

Term

●中央値

中央値とは、データを小さい順に並べたときにちょうど中央にあるデータのことです。

◇規模別の特徴

中小企業の規模別データによると、いずれの業種においても、個人事業者および資本金 5,000 万円未満の企業が大半を占めています。特に「小売業」、「サービス業」では、個人事業者の全体に占める割合が 6 割以上と高くなっています。

資本金規模別の中小企業の割合

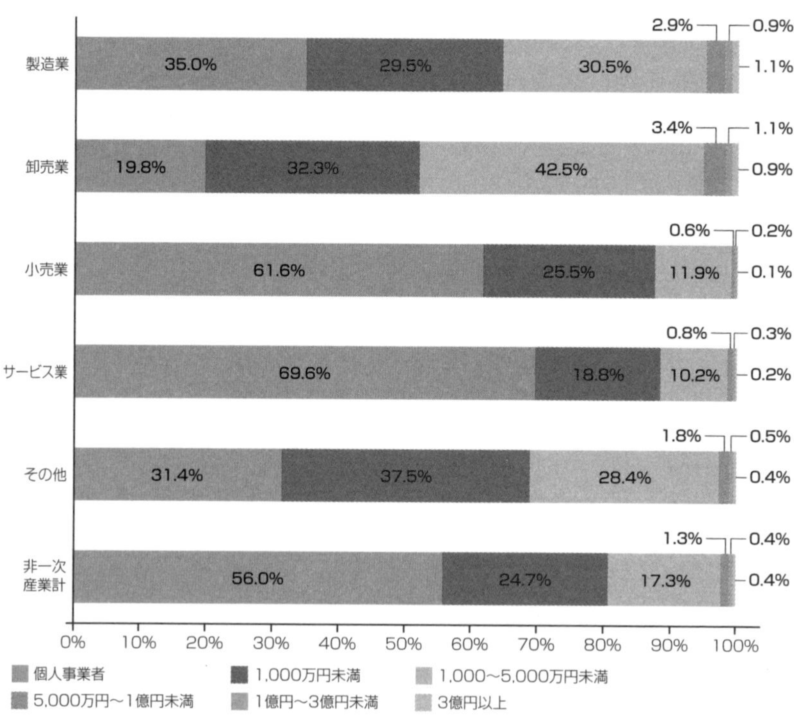

資料：総務省・経済産業省「平成 28 年経済センサス - 活動調査」

(注) 1. 企業数＝会社数＋個人事業者数

2.「サービス業」には、「情報通信業」、「不動産業，物品賃貸業」、「学術研究，専門・技術サービス業」、「宿泊業，飲食サービス業」、「生活関連サービス業，娯楽業」、「教育，学習支援業」、「医療，福祉」、「複合サービス事業」、「サービス業（他に分類されないもの）」が含まれる。「その他」には、「工業，採石業，砂利採取業」、「建設業」、「電気・ガス・熱供給・水道業」、「運輸業，郵便業」、「金融業，保険業」が含まれる。

中小企業の経営

中小企業の人材採用

中小企業は人材採用に多くの課題を抱えています。これらの課題を解決するには、採用・育成・定着の各段階について、それぞれ適切な対策を行うことが大切です。

◇ 人材採用の手段

中小企業では、人材採用の手段として「ハローワーク」や「民間企業の求人サービス」を利用する企業が多く、次いで「親族・知人・友人の紹介」、「国や自治体が実施している合同会社説明会等の支援策」となっています。従業員数 20 人以下の企業では、21 人以上の企業に比べて、「民間企業の求人サービス」の利用が少なく、「親族・知人・友人の紹介」が多くなっています。

人材採用の手段

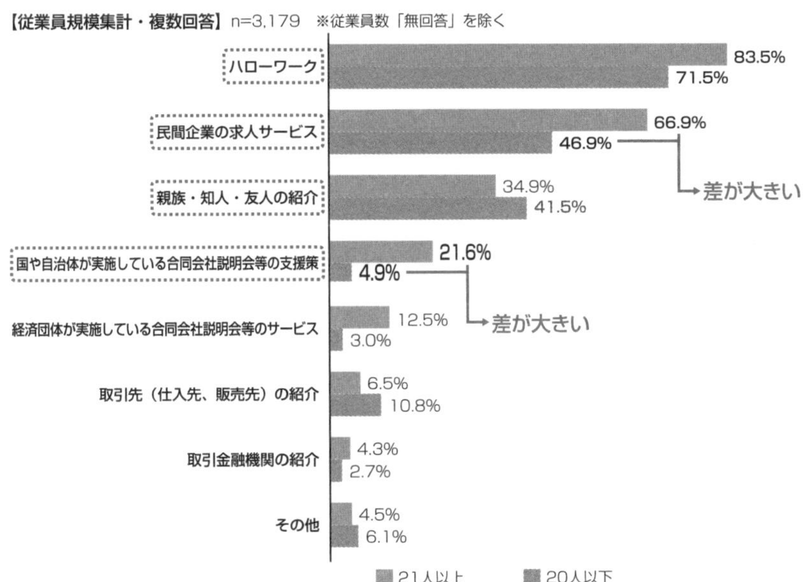

「人手不足の状況および従業員への研修・教育訓練に関する調査」調査結果（日本・東京商工会議所）

◇ 人材採用の課題

中小企業の人材採用には、求職者の応募が集まらない、自社に適した人材を選べていない、定着率が低く退職してしまう、といった課題があります。従業員 299 人以下の企業では、就職希望者に対して 3 ～ 8 倍程度の求人があり、採用の競争率が高いことがわかります。職種別では、特に現場職や技術職の人員が不足しています。また、採用時に人材を見極める力が十分に備わっていないと、自社に合わない人材を採用してしまい、生産性が低下したり早期退職につながります。

従業者数 299 人以下と 300 人以上の企業における求人倍率の推移

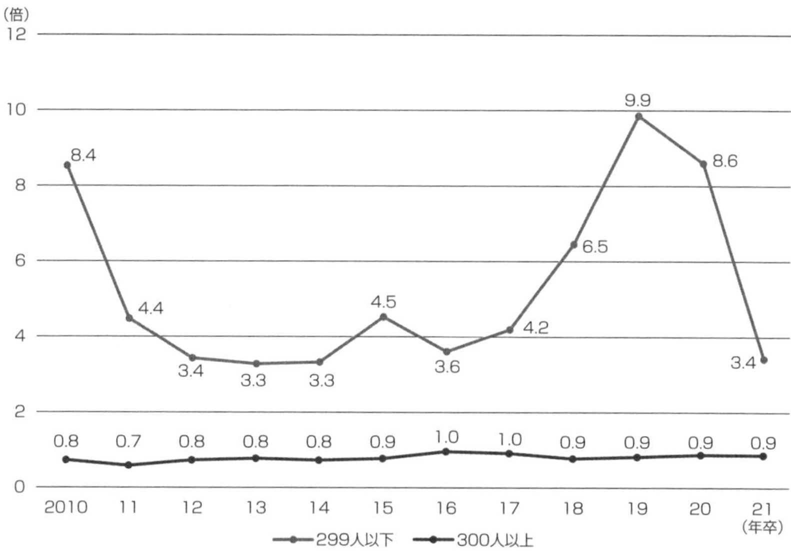

中小企業白書 2021 のデータより作成

業種・職種別の人員不足の状況

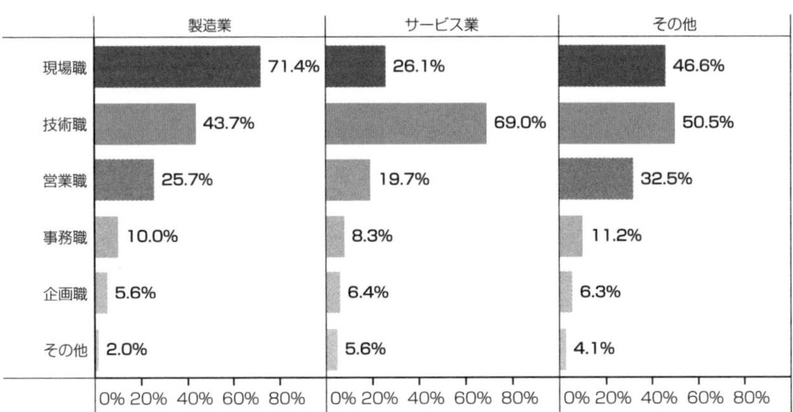

資料：（株）帝国データバンク「取引条件改善状況調査」
（注）1. 受注側事業者向けアンケートを集計したもの。
2. 人員の過不足状況に関する質問で、「不足」と回答した企業に対して聞いたもの。
3.「現場職」は工場、店舗などの人員、「技術職」は設計、システムエンジニア、デザイナー、運転手などの専門職を指す。
4. 複数回答のため、合計は必ずしも100%にならない。
5. 各解答数（n）は以下のとおり。製造業：n=3,038、サービス業：n=3,039、その他：n=1,449。

中小企業白書 2021 より

人材募集においては、企業が求職者に知られていることで優位になります。「求人媒体に掲載する」、「就職フェアをはじめとするイベントに参画する」、「知人や取引先に口コミで広めてもらう」といった活動だけでなく、地域への貢献活動で知名度を高めることも有効です。企業イメージの向上にもつながります。求職者に「ここで働きたい」と感じてもらうためには、自社の魅力を発信することも大切です。

採用においては、求める人物像や採用基準を明確にする、過去の採用データを分析する、会社の理念や社風を理解してもらう、入社前と入社後のフォローを怠らない、といったことが大切です。

◇中小企業の離職率

近年は人材の流動化が進んでいます。2019 年 3 月卒業者の離職状況でも、大手企業より中小企業の離職率が高い傾向にあります。従業者数 30 人未満の企業では、3 年以内に 5 割が退職しています。早期の退職では、育成コストの負担だけが企業に残ります。人材採用に加え、「いかにして社員の定着率を上げるか」も重要な課題です。

就業者規模別の離職状況（2019 年 3 月大卒者）

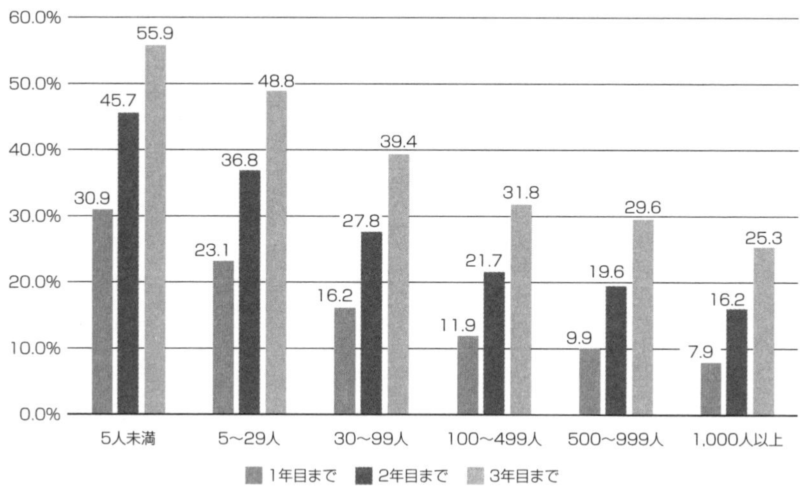

離職状況に関する資料一覧（厚生労働省）より作成

仕事を辞めた理由としては、「人間関係（上司・経営者）への不満」が最も多く、次いで「業務内容への不満」や「給与への不満」がそれぞれ約 1 割となっています。「キャリアアップのため」という理由もあります。

仕事を辞めた理由

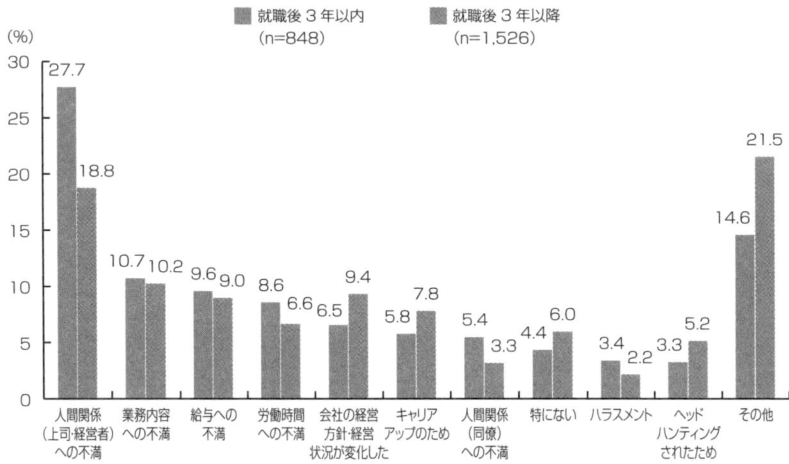

資料：中小企業庁委託「中小企業・小規模事業者の人材確保と育成に関する調査」（2014年12月、（株）野村総合研究所）
（注）1. 回答割合の高い上位10項目を表示している。
2.「仕事を辞めた理由」について、1位から3位を回答してもらった中で、1位として解答されたものを集計している。
中小企業白書 2015

社員の退職を防ぐには、コミュニケーションの機会を増やして、同世代や先輩などに相談しやすい環境を整えることも大切です。中小企業には、若い同世代の人間が社内にいないことも多いため、地域での他社の同世代との交流の場を設けることも有効です。

「適切な休日がとれない」、「勤務時間が長い」といった労働環境は従業員の不満の要因となりますし、自分の頑張りに見合った評価が得られなければ、従業員のモチベーションは低下してしまいます。採用・育成・定着の各段階での問題を見極めた上で、対策を考えます。

離職を真剣に考え始めた従業員を引き止めるのは難しいため、離職につながりそうな問題点を早期に発見できる人間関係の構築が大切です。

05 中小企業の経営

中小企業の人材育成

ヒトは最も重要な経営資源です。中小企業は、人材育成・能力開発を通じて、従業員が生み出す付加価値を向上させていくことが必要です。

◇ 人材育成の状況

超高齢社会といわれている日本では、少子高齢化が進み、労働人口が減少し、多くの企業が慢性的な人員不足になっています。さらに、価値観の多様化などによって転職市場も活性化しており、人材の流動性が高まっています。近年はアンケート等で「経営者が重視する経営課題」を尋ねると、人材に関する項目が常にトップとなる状況であり、採用と人材育成の重要性が高まっています。

人材育成に関しては、経営者が従業員の能力開発に積極的であるほど、従業員の仕事に対する意欲も高い傾向にあります。

経営者が重視する経営課題／能力開発への積極性と従業員の意欲

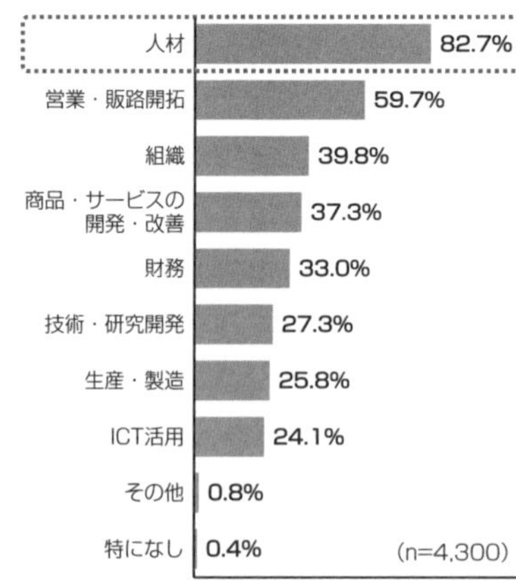

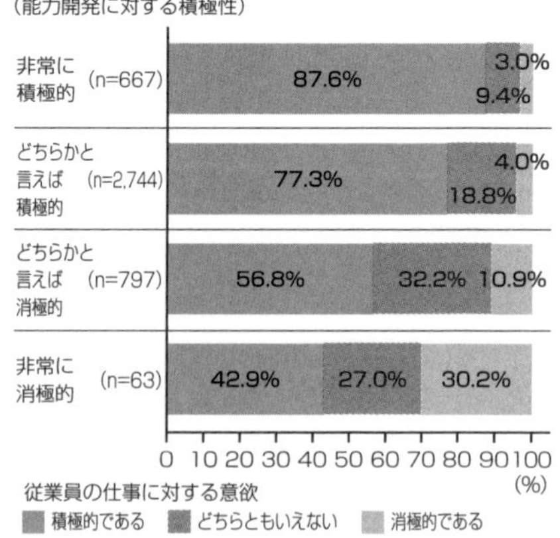

資料：（株）帝国データバンク「中小企業の経営力及び組織に関する調査」（2021年12月）
（注）複数回答のため、合計は必ずしも100%にならない。

中小企業白書・小規模企業白書の概要　2022

企業による育成の手段としては、日常の業務に就きながら行われる **OJT**（On-The-Job Training）と、通常の仕事を一時的に離れて行う教育訓練である **OFF-JT** があります。このほかに、労働者が職業に関する能力を自発的に開発し向上させるために行う「自己啓発」への費用支援もあります。

従業員へ実施している研修・教育訓練については、「日常業務の中での教育（OJT）」（75.6%）が最も多く、次いで、「外部主催の研修・セミナーの受講」（57.3%）、「業務に関連する資格の取得奨励」（51.0%）も半数以上の企業が取り組んでいます。従業員規模別で比較すると、いずれの項目も 21 人以上の企業がより積極的に取り組んでいます。

規模の小さい企業では、計画的な育成が行われている割合が低いことがわかります。

人材育成の状況

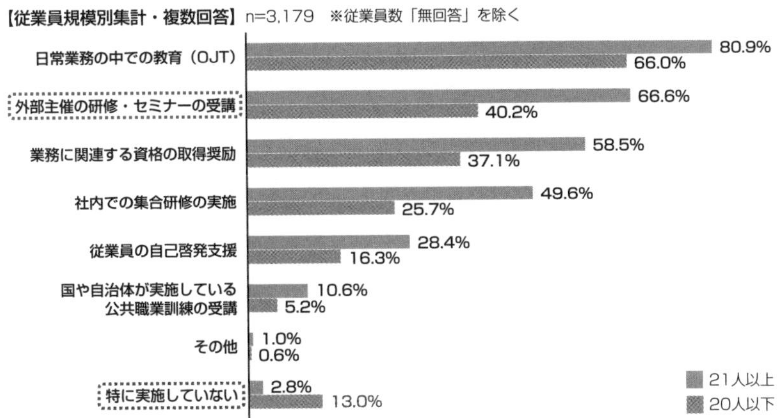

「人手不足の状況および従業員への研修・教育訓練に関する調査」調査結果
（2022 年、日本・東京商工会議所）

◇ 人材育成の課題

人材育成の必要性を感じながらも、計画的な人材育成を行っている中小企業は多くありません。特に、小規模な企業では個人の知識やスキルに頼ったままの組織になっていることが多々あります。研修などの社員教育に割ける予算や労力が少なかったり、人材育成をどう行えばいいかわからないといった課題を抱えています。厚生労働省の調査では、「指導する人材が不足している」、「人材育成を行う時間がない」といった課題を抱える企業の割合が高くなっています。他方で、「鍛えがいのある人材が集まらない」といった、教えられる側の人材不足の課題もあります。

能力開発や人材育成に関する問題点（複数回答）

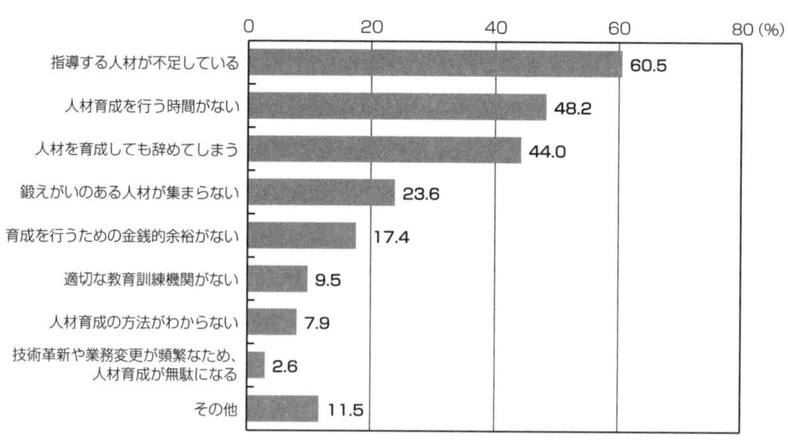

令和３年度「能力開発基本調査」の結果（厚生労働省）

アドバイス

中小企業診断士のコンサルティングスタイルは様々です。筆者の場合は、社長との定期的な面談を行う会社もあれば、役員会に出席して意見を述べる会社、部署別の社員や階層別の社員を対象に定期的に勉強会形式でコンサルティングを行う会社もあります。新入社員や入社２～３年目の若手を対象に勉強会を行うこともあります。人材育成も中小企業診断士の大切な仕事です。

OJTのメリット・デメリット

メリット	デメリット
実務をこなしながら人材育成ができる	教える側の実務に充てる時間が減る
時間やコストを抑えることができる	教える側の能力によって成長にバラつきが出る
個人の能力に合わせて教えることができる	教わる側が業務の全体像を把握しにくい
訓練期間中に現場での人間関係を築くことができる	業務が滞りがちになることがある

◇育成を進めるにあたって

育成においては、育成対象の社員の変化を定期的に確認して、新たな課題や改善策を見つけます。そして、各人材が現時点で身につけている知識・スキルを明確にして育成計画を立てることが大切です。

さらに、定期的なフィードバックを行って、「自分の担う仕事のやりがいや価値を感じてもらう」、「自身の成長を実感させる」、「モチベーションを上げる」ことも大切です。

若手社員を育成担当にすることで、指導する若手自身の成長を促すことができます。「顧客満足度の向上」、「従業員のやる気の向上」、「職場の生産性の向上」にもつながります。

人材育成に熱心に取り組む企業ほど、売上の増加率が高い傾向にあります。

アドバイス

社員を対象に勉強会を行う場合も、次回までの検討課題として宿題を出します。「忙しくてできませんでした」を繰り返す会社もあれば、そのような回答をする社員に対して、同年代の同僚が「なんでやってないんだ！」と厳しく叱責する会社もあります。どちらの会社の業績が良いかは明白です。育成の効果を上げるためにはそのような雰囲気作りも重要です。

OJT、OFF-JT 研修の実施有無と売上高増加率

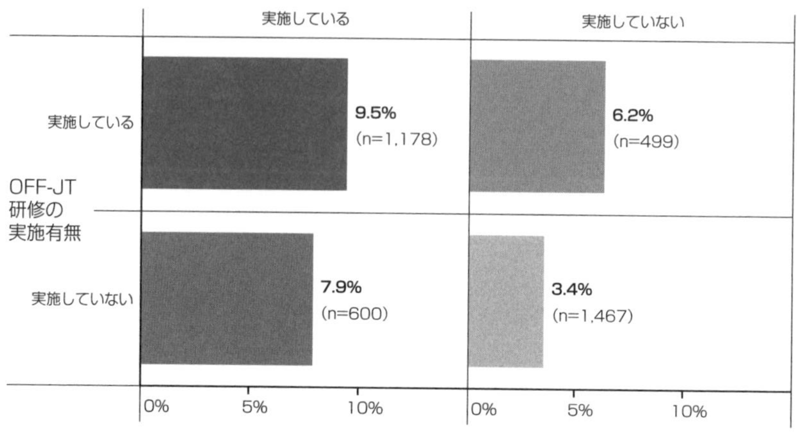

（注）1. 売上高増加率は、2015 年と 2020 年を比較したものである。
2.「計画的な OJT 研修」とは、日々の業務に就きながら行われる教育訓練のうち、計画書などを具体的に定めて、段階的・継続的に実施する教育訓練をいう。

（資料）（株）帝国データバンク「中小企業の経営力及び組織に関する調査」（2021 年 12 月）より作成

（出所）第 34 回中小企業政策審議会総会　資料 1「2020 年版中小企業白書・小規模企業白書　概要」p.40-41

激変する世界・日本における今後の中小企業政策の方向性（中小企業庁）

生産性向上につながる多能工の育成

1 人で複数の業務や作業を進めることができる人のことです。**多能工**であれば、手の空いたときに忙しい業務の応援ができるようになり、臨機応変な作業分担や人材配置が可能となって、職場の生産性向上につながります。

COLUMN 中小企業の人材確保・育成10カ条

東京商工会議所では、中小企業にとって"人材こそ最大の経営資源（財産）"との原点に立ち帰り、**「中小企業の人材確保・育成10カ条」**を取りまとめています。人材の確保・育成および評価・処遇、企業風土や組織構造といった観点から、経営者が取り組む上で重要と思われるポイントが10カ条にまとめられています。

●中小企業の人材確保・育成10カ条（抜粋）

①働くことが楽しくなるような事業分野で勝負
②明確な方針をわかりやすく伝えよ
③トップが先頭に立って必死で育てる
④採用ミスは致命傷
⑤人が育てば企業も育つ
⑥部下の育成は仕事の一部
⑦制度や仕組みだけでは動かない

東京商工会議所「中小企業の人材確保・育成10カ条」（2010年）より抜粋

アドバイス

人材育成において重要な役割を果たすのが育成担当者です。中小企業は社員の人数も限られていて、できる人材は多くの仕事を抱えて忙しいものですが、それでも、新人はできる人材につけるのが基本です。最初の指導があとまで大きく影響します。

06 中小企業の経営

中小企業の販路開拓

既存市場における販売では、売上の見込みこそ立ちやすいものの、競合他社との競争が激しくなります。収益性を高めるためには新規の販路開拓が有効です。

◇ 業種別の販路開拓の特徴

販路開拓とは、商品の新しい販売方法や流通経路、販売先を見つけることです。

販路開拓の特徴や状況は業種によって異なります。

製造業と卸売業では、新規の開拓に取り組む企業の割合が高く、60%を超えています。小売業とサービス業では、新規市場の開拓もありますが、既存市場の販路開拓に取り組む企業の割合の方が高くなっています。小売業とサービス業には地域需要重視、リピート受注重視の企業が多いためだと考えられます。

また建設業では、販路開拓に取り組んでいない企業の割合が最も高くなっています。特定の企業や事業者との取引が多く、新規顧客獲得のための活動を行う動機が弱いためだと考えられます。

業種別の販路開拓状況

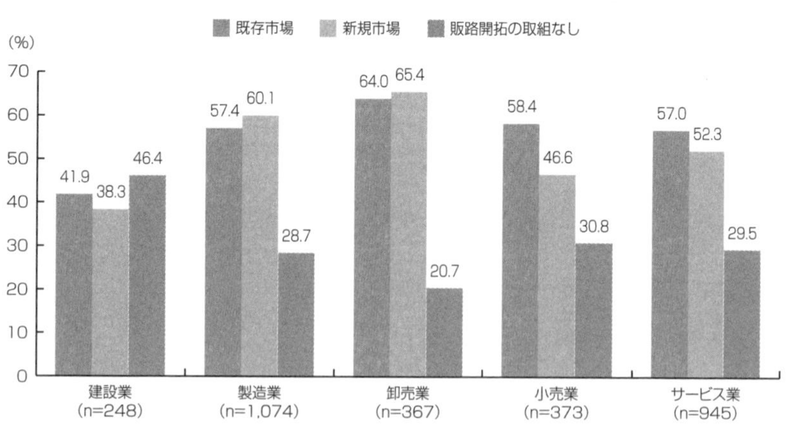

資料：中小企業庁委託「『市場開拓』と『新たな取り組み』に関する調査」
(2014年12月、三菱UFJリサーチ＆コンサルティング(株))
(注) 複数回答のため、合計は必ずしも100%にはならない。

中小企業白書 2015

◇ 販路開拓の課題

新規の販路開拓は、「①情報収集・分析」、「②商品・サービスの開発」、「③販路開拓、商品・サービスの提供」の 3 つの段階に分けて考えることができます。

①では市場の把握が目的となります。既存市場については、普段の業務の中で、取引先から情報を得るなどして把握していくことができます。一方、新規市場については新たな取り組みとなるため、市場を把握しにくい状況にあると考えられます。

中小企業の新規市場開拓では、「新規顧客の発掘等ができる営業の人材がいない」ということが大きな課題です。

他の段階においても、「担当できる人材がいない」ことが課題の上位となっています。

新規市場開拓の課題

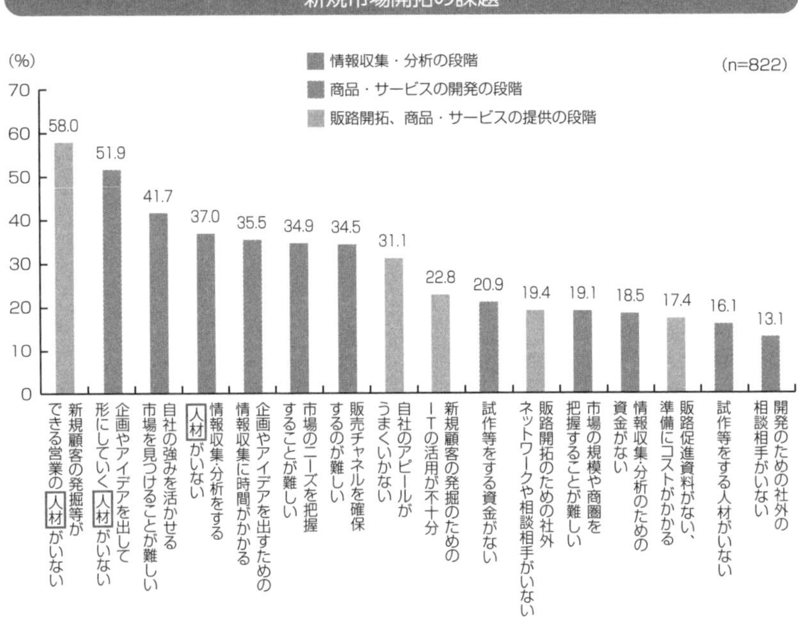

資料：中小企業庁委託「『市場開拓』と『新たな取り組み』に関する調査」
(2014 年 12 月、三菱 UFJ リサーチ＆コンサルティング(株))
(注) 複数回答のため、合計は必ずしも 100%にはならない。

中小企業白書 2015

また、販路開拓を適正な収益につなげるためには、価格決定力が自社にあることが重要です。小売業、卸売業、サービス業など、顧客が消費者に近い業種ほど、価格決定力が自社にある割合が高まります。建設業や製造業は、競合他社との価格競争だけでなく、下請取引となる場合が多いため発注者からの価格提示や値下げ要請を受けざるを得ない状況にあります。

価格決定力を持つためには、提供する商品・サービスの魅力を高めることが大切です。

業種別の価格決定力

業種	自社	販売先・受注先	仕入先、発注先	消費者	その他
建設業(n=244)	47.5	30.7	10.7	5.3	5.7
製造業(n=1,056)	45.2	40.2	8.6	3.0	3.0
卸売業(n=361)	57.3	23.8	13.9	3.0	1.9
小売業(n=377)	73.2	7.4	7.2	6.6	5.6
サービス業(n=944)	54.3	20.8	8.2	6.0	10.7

0%　100%

資料：中小企業庁委託「『市場開拓』と『新たな取り組み』に関する調査」
(2014年12月、三菱UFJリサーチ＆コンサルティング（株))

中小企業白書 2015

COLUMN

販路開拓コーディネート事業

独立行政法人 **中小企業基盤整備機構**では、優れた新商品（新製品・新技術・新サービス）を持ちながら、単独での販路開拓が困難な中小企業・小規模事業者の、首都圏市場や近畿圏市場へのアプローチを支援しています。商社やメーカー等の出身者からなる販路開拓の専門家グループが、顧客対象や販売市場の絞り込み、競合商品の確認、商品の優位性の確立についてアドバイスします。商品の最終仕様、説明資料等の検討、企業とのマッチングも行います。

07 中小企業の会計

中小企業の経営

会計の目的は、業績を把握し、経営改善や投資判断を行うことにあります。戦略の立案やスムーズな資金調達のためにも必要です。

◇中小企業の会計の特徴

中小企業の**会計**には、「経理要員が少なく、経理面での十分な能力や体制を持っていない」、「会計情報の開示先が、金融機関、主要取引先、同族株主、税務当局等に限られる」という特徴があります。

中小企業では、会計書類等を主に税務申告のために作成しており、経営改善にはほとんど生かされていない、ということがよくあります。

◇中小企業の会計に関する基本要領

営業が忙しく、経理担当者も少ないので、なかなか会計にまで手が回らない――といった悩みを抱えている中小企業が多くあります。

そこで、2012（平成24）年2月に「**中小企業の会計に関する基本要領（中小会計要領）**」が公表されました。多くの中小企業の実務で必要だと考えられる項目に絞って、簡潔な会計処理の方法を示しています。

「会計と税制の調和を図った上で、計算書類の作成負担を最小限にすること」、「経営者が理解しやすく、自社の経営状況の把握に役立つ会計にすること」が目的です。

中小企業が「中小会計要領」に従った会計処理を行い、その結果として中小企業の経営力の強化や資金調達力の強化等につながることが期待されています。

「経営力向上」のヒント

経済産業省は、「中小企業の会計に関する基本要領」を活用して中小企業の抱える経営課題を可視化するとともに、課題解決に向けた取り組みを後押しするため、「『経営力向上』のヒント～中小企業のための『会計』活用の手引き～」（2016年）を作成しています。

◇経営自己診断システム

自社の経営状態を客観的に評価するツールとして「**経営自己診断システム**」が運用されており、だれでも無料で利用することができます（https://k-sindan.smrj.go.jp）。決算書の財務情報から自社の特徴や課題を把握して、経営の意思決定につなげることが目的です。このシステムは、経済産業省・中小企業庁の主導により、「**中小企業信用リスク情報データベース**」（略称：CRD）に蓄積されている200万社以上の中小企業の財務データを用いて構築されています（運用は中小企業基盤整備機構）。

同業他社の財務データと比較して、業界内における自社の強みや課題を把握できるほか、収益性・効率性・生産性・安全性・成長性の5項目について経営状態を点検することができます。

COLUMN

経営悪化を隠す粉飾決算

粉飾決算は、自社の経営悪化を隠し、金融機関や取引先からの評価が下がるのを防ぐ目的で行われます。黒字決算であることが、安定した取引の継続につながるからです。しかしながら、粉飾決算は問題の先送りでしかありません。筆者がこれまでに接した中小企業の中にも、粉飾決算を行っている企業が数社ありました。

Term

●中小企業実態基本調査

中小企業庁では毎年、「**中小企業実態基本調査**」を実施し、結果を公表しています。これは、中小企業全般に共通する財務情報、経営情報および設備投資動向等を把握するため、「企業の概要」や「決算」等を「産業別・従業者規模別」、「産業中分類別」、「産業別・資本金階級別」等で集計したものです。中小企業施策の企画・立案のための基礎資料となります。

中小企業の税制

中小企業の成長発展を支援するため、税制面での特例措置が設けられています。設備投資の促進、内部留保の蓄積、事業承継の円滑化等をサポートします。

◇ 中小企業の優遇税制

資本金１億円以下の中小法人に対して、以下のような税制優遇措置があります。

(1) 法人税率の軽減

法人税の税率は原則として 23.2%ですが、資本金１億円以下の法人の法人税率は所得 800 万円まで 19%となっています。さらに、2025 年度までは税率が 15%に軽減されています。

(2) 欠損金の繰越控除

赤字が出た場合には、その事業年度のあとの事業年度の所得から欠損金を控除し、法人税の負担を軽減することができますが、大企業では相殺に限度額があります。例えば 100 億円の繰越欠損金がある場合、50 億円の利益が出ると、大企業は 25 億円しか控除できませんが、中小法人は 50 億円すべてを控除することができます。

(3) 欠損金の繰戻還付

中小法人は、赤字が出た場合、翌事業年度以降に繰り越すのではなく、欠損金発生前１年以内に開始した事業年度の所得金額に繰り戻し、すでに納めた法人税から、欠損金の分だけ還付を受けることができます。

(4) 交際費課税の特例

新しい顧客の開拓、既存顧客との関係維持などのため、中小法人は「①800 万円までの交際費等の全額損金算入」または「②接待飲食費の 50%の損金算入」の選択適用が認められています。

(5) 固定資産税の特例

生産性向上を図る企業の設備投資を後押しするために、中小企業等経営強化法に規定する認定先端設備等の導入計画に基づく設備投資については、新規取得される事業用家屋および償却資産に係る固定資産税が、最初の3年間、ゼロ～1/2に軽減されます。

(6) 中小企業経営強化税制

中小企業等経営強化法の認定を受けた経営力向上計画に基づき、対象設備を取得・製作等した場合に、「即時償却」または「取得価額の10%の税額控除（資本金3,000万円超1億円以下の法人は7%）」を選択適用することができます。

そのほかにも、研究開発や賃上げ、事業承継などに取り組む中小企業に対して、優遇税制が設けられています。

● 中小企業等経営強化法

中小企業・小規模事業者や中堅企業は、経営力向上のための人材育成や財務管理、設備投資などの取り組みを記載した「**経営力向上計画**」を事業所管大臣に申請し、認定されることにより、中小企業経営強化税制（即時償却等）や各種金融支援を受けることができます。経営強化法の対象は従業員数2,000人以下ですが、税制優遇を受けることができるのは従業員数1,000人以下です。

売上と所得

所得は、収入から必要経費を引いたものです。**収入**は、**売上**と**雑収入**を足したものです。雑収入は本業の収入ではなく、本業に付随する収入で、補助金や給付金、作業くずの売却費などが該当します。

◇大企業も資本金1億円に

このような中小企業向けの優遇措置を活用するため、大企業が資本金を1億円以下に圧縮する例もあります。コロナ禍のもとで苦境に立たされた旅行業者のエイチ・アイ・エスは、資本金を247億円から1億円以下に減らしました。JTB、日本旅行なども資本金を減らしています。

COLUMN

法人事業税の仕組みと資本金1億円企業の増加

(1) 法人事業税の仕組み

法人事業税は、法人の事務所等がある自治体に納めます。中小企業は所得だけに課税される仕組みです。一方、大企業は所得にかかる分が低く抑えられる代わりに、資本金の規模や付加価値額に応じた外形標準の税金を、黒字か赤字かにかかわらず支払います。かつては大企業も所得に税率を掛ける仕組みでしたが、景気による税収の変動が激しかったため、法人事業税の一部が資本金などに応じた課税方式に切り替えられました。自治体は、税収の変動に応じて行政サービスを削ることが難しいからです。資本金が100億円の企業は巨額の赤字でも5,000万円強の負担となりますが、1億円以下なら負担がなくなります。

(2) 資本金1億円企業の増加

資本金を1億円以下に減らす企業が増加し、大企業が減少しています。国内の260万社のうち資本金1億円超の大企業は、2006年の約3万社から、2020年には約2万社となりました。資本金が1億円ちょうどの企業は1.5倍に増えています。

中小企業の資金調達

中小企業の資金調達は、地域金融機関や都市銀行などの金融機関からの借入が中心です。

◇資金調達の方法

中小企業のほとんどは、自己資金以外に資金調達をして経営をしています。借入先には、日本政策金融公庫、銀行・信用金庫、制度融資、ノンバンクなどがあります。借入以外には出資や補助金などがあります。

(1) 日本政策金融公庫

様々な融資制度によって中小企業・小規模企業の経営を支援しています。2-19 で詳しく解説します。

(2) 銀行・信用金庫

民間の金融機関には、**都市銀行**、**地方銀行**、**信用金庫**、**信用組合**があります。都市銀行は大企業が主な取引先であり、中小企業や小規模企業はほとんどの場合、地方銀行や信用金庫がメインバンクとなっています。

銀行からの借入には、信用保証協会（4-6 を参照）の保証付き融資ならびに金融機関からのプロパー融資があります。**プロパー融資**は、代表者の保証や担保を提供しても銀行のリスクがあるため、審査が厳しくなります。審査を経て融資を受けるためには、決算書や事業計画書などの資料が必要です。提出した資料をもとに企業は格付けされ、金利や返済期間が決まります。

(3) 制度融資

都道府県などの自治体、金融機関、信用保証協会が連携して提供する融資制度です。自治体と信用保証協会が協力することで、中小企業や小規模事業者の負担を減らし、資金を借りやすくします。審査のハードルが低く、低金利で長期間の借入が可能となります。制度融資を利用するには、まず自治体の窓口で相談をします。融資の相談から融資実行まで、目安として 3 か月前後は必要となります。

自治体が中小企業者の信用保証料を補助し、金融機関に対しては融資の貸付資金を一部預託して、利用者の金利負担を軽減してくれます。

東京都の制度融資の仕組み

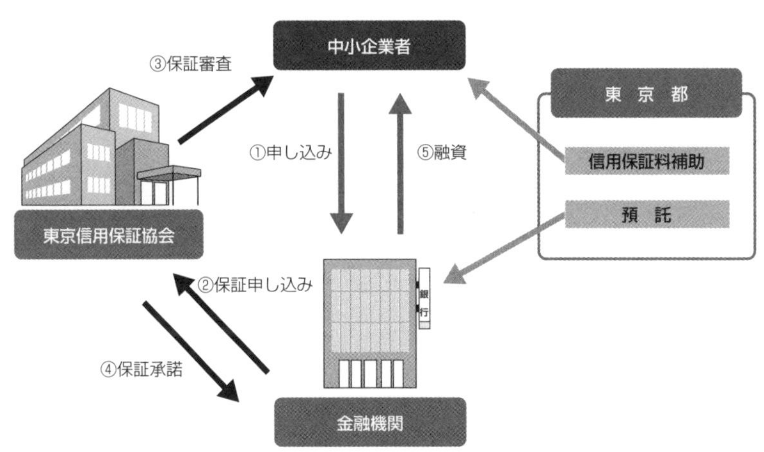

東京都中小企業制度融資（東京都産業労働局）
https://www.sangyo-rodo.metro.tokyo.lg.jp/chushou/kinyu/yuushi/yuushi/

ほかにも、商工会議所・商工会の推薦によって無担保・無保証で借りられる「**マル経融資**」があります。

マル経融資（**小規模事業者経営改善資金貸付制度**）とは、「商工会議所や商工会で経営指導（原則６か月以上）を受けた小規模事業者が、無担保・無保証人で日本政策金融公庫から融資を受けられる」という国の制度です。

(4) ノンバンク

ノンバンクとは、貸付業務を専門に行っている消費者金融や信販会社などのことです。銀行に比べると審査は通りやすく、短期間での資金調達が可能ですが、金利が高いというデメリットがあります。返済の負担が大きくなるため、慎重に判断する必要があります。

● **信用保証協会**

中小企業や小規模事業者の円滑な資金調達を支援する公的機関です。4-6で詳しく解説します。

◇金融機関の審査

金融機関から借入をする際は、審査を受ける必要があります。審査にあたっては、登記簿謄本、決算書（2～3期分）、確定申告書、資金繰り表、事業計画書などの書類を提出します。これらの資料から企業が格付けされ、金利や返済期間が決まります。審査では、「収益性」、「安全性」、「成長性」、「債務償還能力」などについて、決算書や資金繰り表などをもとに評価されます。

(1) 収益性

売上高経常利益率や総資本経常利益率などから、いかに効率よく利益を上げているかを評価されます。

(2) 安全性

負債と自己資本の比率などから、事業として安定しているかどうかを評価されます。

(3) 成長性

経常利益の増加率や売上高などから、事業の成長性に関して評価されます。

(4) 債務償還能力

債務償還年数やキャッシュフロー額などから、借入を返済する力があるかどうかを評価されます。そのほかに、経営者の能力、人柄、経営方針、市場の成長性、従業員のモラルなど、決算書その他に数値化されていない事項についての評価も行われます。

したがって、できるだけ低い金利で借りるためにも、きちんと資料を用意し、金融機関の融資担当とも丁寧なコミュニケーションをとる必要があります。

◇その他の資金調達方法

そのほかにも次のような資金調達方法があります。

(1) ファクタリング

ファクタリングは負債ではなく資産の現金化です。未入金の請求書を現金化することができます。担保や保証人も不要です。ファクタリング会社に手数料を支払う必要がありますが、最近はWebですべてが完結するクラウドファクタリングも普及してきており、手数料を低く抑えて請求書を現金化することができます。

(2) クラウドファンディング

インターネットを介して第三者に広く資金の提供を呼びかける資金調達方法です。「購入型」、「寄付型」、「投資型」の3種類があります。個人事業主や中小企業がクラウドファンディングを考える場合は、このうちの購入型を利用することがほとんどです。

利用者は、クラウドファンディングサービスのサイトに登録し、プロジェクトを立ち上げてアピールします。資金を募るだけでなく、宣伝効果も見込める点が特徴です。

中小企業が利用できる資金調達方法には様々な種類があります。それぞれの方法の特徴を知った上で、事業の状況に合わせた方法を選ぶことが大切です。

審査がやさしいビジネスローン

個人事業主や法人に向けた無担保ローンです。銀行融資などに比べて審査がやさしく、融資のスピードが速いのが特徴です。金利が高めであるため、少額を素早く借りたいときに向いています。三菱UFJ銀行、みずほ銀行、三井住友銀行などのメガバンクもビジネスローンを提供しています。

中小企業が希望する融資方法

現状は保証や担保による融資を利用している中小企業でも、事業性を評価した担保や、保証によらない融資を希望する意見が多い。

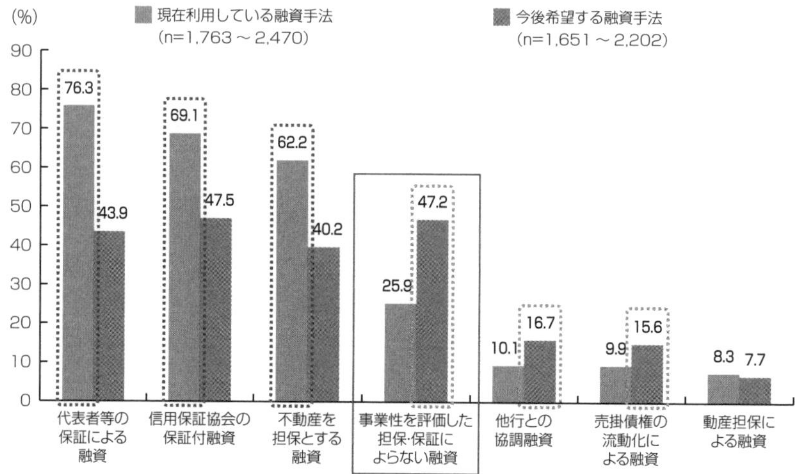

資料：中小企業庁委託「中小企業の資金調達に関する調査」(2015 年 12 月、みずほ総合研究所(株))
(注) 1. 金融機関から借入れのある企業のみを集計している。
2. 複数回答のため、合計は必ずしも 100%にはならない。
(出所) 中小企業白書 2016　第 2 部第 5 章 p.323

激変する世界・日本における今後の中小企業政策の方向性（中小企業庁）

デフォルト企業

業績悪化により金融機関からの借入金を返済できなくなった、以下のような企業の総称です。

① 金融機関への借入金返済が 3 か月以上滞っている企業
② 法的・形式的に破綻している企業
③ 法的・形式的には破綻していないものの、実質的に破綻している企業
④ 信用保証協会による借入金の代位弁済（肩代わり）を受けた企業

アドバイス

あくまでも筆者の経験ですが、中小企業の経営が悪化して窮境に陥った場合、銀行は厳しい対応になることが多く、信用金庫は可能な限り支援しようとする姿勢が強いように感じます。もちろんそれまでの金融機関との関係にもよりますが、経営状態が好転するとどちらも融資に前向きになります。窮境に陥ったときと好転したときで担当者が変わることもよくあります。

COLUMN

担保と根抵当権

(1) 担保

融資を受ける際、金融機関に対して返済不能などになった場合の返済を保証するため、債務者が差し出すものです。担保の代表例は土地・建物であり、評価方法は例えば「評価額の70%」など、それぞれの金融機関で設定されています。

(2) 根抵当権（ねていとうけん）

不動産の担保としての価値を計算し、貸し出せる上限（極度額（きょくどがく））を定めて、その範囲内で何度もお金を借りたり返済したりできるものです。企業が銀行から借入をするときに、その都度登記をする必要がなく、使い勝手のよい仕組みです。借入がいったんゼロに戻ったあとも、また借りることが可能であり、当事者の合意がない限り根抵当権は消滅しません。

Term

● **メインバンク**

取引銀行の中で最も多額の融資を受けていて、密接な関係にある銀行です。

中小企業の商品開発

顧客ニーズや市場環境の変化に合わせて、新商品・新サービスを開発していくことが大切です。

◇商品開発の可能性

中小企業は、ヒト・モノ・カネなどの経営資源に制約があります。そのため、新商品開発もリスクを避けて、既存商品の延長線上で考える傾向にあります。

しかし、既存の技術であっても新しい視点から見つめ直すことで、いままでと全く異なる新商品・新サービスを開発できる可能性もあります。例えば、新型コロナウイルスの感染拡大によって経営環境が大きく変わる中で、新しいサービスを開発した企業もあります。

事例 **コロナ禍での新商品開発**

香川県のバス会社は、"旅先を訪れた気分"になるオンラインツアーを商品化しました。オンライン会議ソフト「ZOOM」を使って、観光名所のライブ中継も入れながら、バスガイドがリアルタイムで観光ガイドをします。参加者の手元には事前に特産品が届いているので、それを食べながら、みんなで楽しく旅行気分を味わえる——という内容で、人気のサービスとなりました。

◇「個客」のニーズへの対応

顧客ニーズの多様化が進み、顧客ならぬ「個客の時代」といわれるようになっています。大量生産の画一的な商品に満足できない顧客に対して、カスタマイズ商品やオーダーメイド商品を提供する方法もあります。これは、大量生産による価格競争が難しい中小企業・小規模企業にとっての大きなビジネスチャンスだといえるでしょう。

事例 **下請けからの脱却**

下請取引が中心であったバッグメーカーが、ホームページをリニューアルして自社ブランドを立ち上げました。このホームページを使って、顧客が自由に色やデザインを選べるオーダーメイドのバッグを販売しています。「自分だけのバッグ」を提供することで顧客の満足度を高め、好評を博しています。

カスタマイズやオーダーメイドはインターネット販売との相性がよく、他社との差別化を図ることができます。また、中小企業・小規模企業にとってニッチなニーズの獲得にもつながります。

中小企業・小規模企業が他社との差別化を図るためには、特産品などの地域資源を活用するのもひとつの方法です。

商品開発の流れ

商品開発は、一般に次のような流れで行います。

① 「市場調査」で顧客ニーズを把握
② 商品を企画（内容、対象顧客、価格、原価、販売戦略、販売見込み、開発スケジュールなど）
③ 試作、テストマーケティング
④ 商品化
⑤ 市場投入

中小企業では、「思いついても試してみない」、逆に「よく考えずにすぐやってみる」といった傾向も見られます。

きちんとステップを踏んで進めることで、成功の可能性が高まり、軌道修正もしやすくなります。

◇ 新商品・新サービスの開発と利益

中小企業では、特に下請取引の場合に、自社の価格決定力の弱さに悩む企業が多くあります。そこで、他の追随を許さぬ商品・サービスを開発せねば！と考えるとハードルが高くなりますが、顧客に喜んでもらえるサービスや一工夫といったものであれば、アイデアも出てきます。このようなサービスを継続的に提供していければ、価格決定力を維持することもできるはずです。自社が価格決定力を持つことで、収益性も向上します。新商品・新サービスを常に考えることが大切です。

中小企業白書の調査でも、すべての業種において、新商品・新サービスの開発・提供を行った企業の方が、経常利益の増加傾向が強く見られます。変化する顧客ニーズに対して新商品・新サービスを提供することで、収益性も向上しているのです。

新商品開発の取組状況別に見た経常利益の傾向

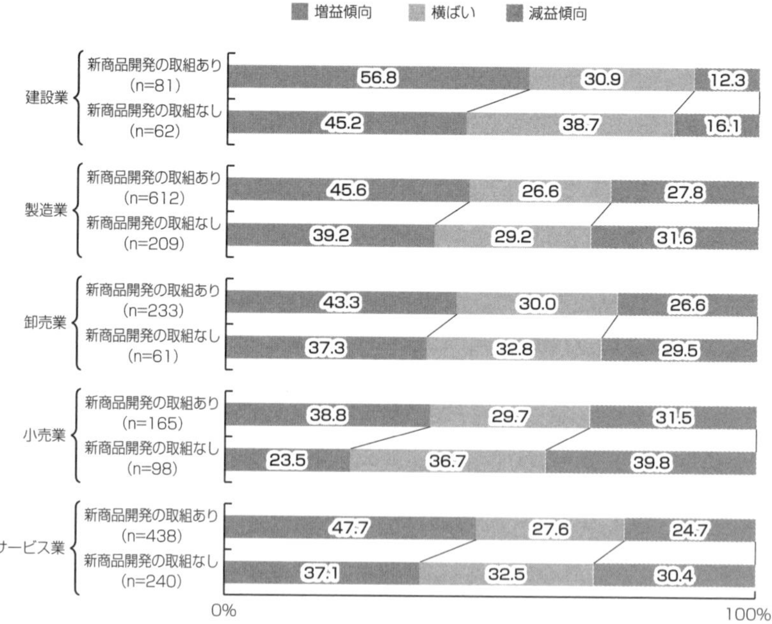

資料：中小企業庁委託「『市場開拓』と『新たな取り組み』に関する調査」
（2014 年 12 月、三菱 UFJ リサーチ＆コンサルティング（株））

中小企業白書 2015

11 中小企業の経営

中小企業の相談相手

中小企業の経営者は多くの悩みを抱えています。

◇経営者の相談相手

中小企業では、従業員規模が大きくなるほど、経営者に日常の**相談相手**がいる傾向があります。しかし、相談相手のいない経営者も少なくありません。

相談相手として多いのは、「税理士・公認会計士」、「同業種の経営者仲間（取引先除く）」、「経営陣、従業員」などです。中規模企業では小規模企業に比べて「経営陣、従業員」に相談する割合が高くなっています。

小規模企業白書のデータによると、拡大志向の強い経営者の方が、日常の相談相手を持っている割合が高くなっています。そして、日常の相談相手を持っている経営者の方が、経常利益が高い傾向にあります。

日常の相談相手（企業規模別）

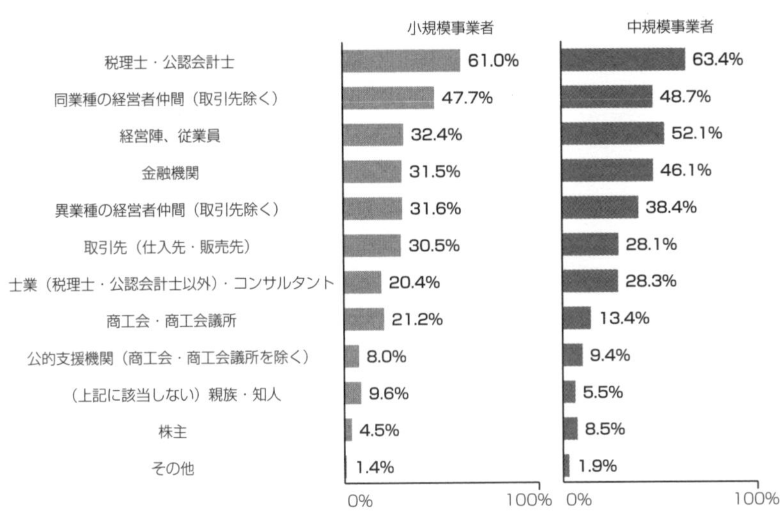

資料：(株)野村総合研究所「中小企業の経営課題と公的支援ニーズに関するアンケート」
(注)1.各回答数（n）は以下のとおり。小規模事業者：n=1,681、中規模企業：n=1,558。
2.複数回答のため、合計は必ずしも100%にはならない。

小規模企業白書 2020

経営者仲間も、孤独になりやすい経営者の重要な相談相手です。同じような立場で同じような悩みを持っているため、相談しやすい相手だといえます。

経営者の参加するコミュニティとしては、商工団体・金融機関・取引先等が主導する会合、あるいは、自己研鑽（けんさん）や地域・社会貢献等を目的とする有志による会合などがあります。経営者がこういったコミュニティに積極的に参画することで、自社の経営課題の解決につながるヒントや、ビジネスの拡大につながる機会が得られた——との声も多く耳にします。

重要と考える経営課題と期待する相談相手

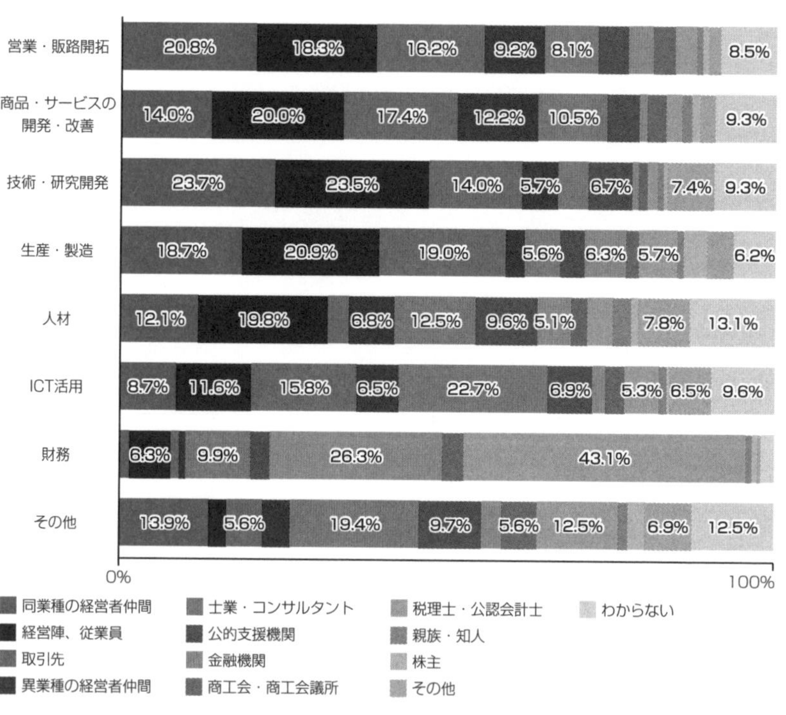

資料：（株）野村総合研究所「中小企業の経営課題と公的支援ニーズに関するアンケート」

（注）1.重要と考える経営課題は、直面する経営課題のうち、上位３つまでを確認している。ここでは上位３位までを集計。
2.各回答数(n)は以下のとおり。営業·販路開拓：n=2,299、商品·サービスの開発·改善：n=1,243、技術·研究開発：n=841、生産・製造：n＝1,239、人材：n=2,642、ICT 活用：n=499、財務：n=1283、その他：n=72。
3.グラフは『小規模白書 2020』をもとに作成。%表記の詳細は中小企業庁のサイトより確認されたい。

小規模企業白書 2020

◇支援メニューの情報

中小企業が利用できる支援メニューについて、経営者自身が認知したきっかけとしては、日常的な経営に関する相談相手からが最も多く、日頃の相談相手を持つことの重要性が確認できます。

支援メニューを認知した主なきっかけ（企業規模別）

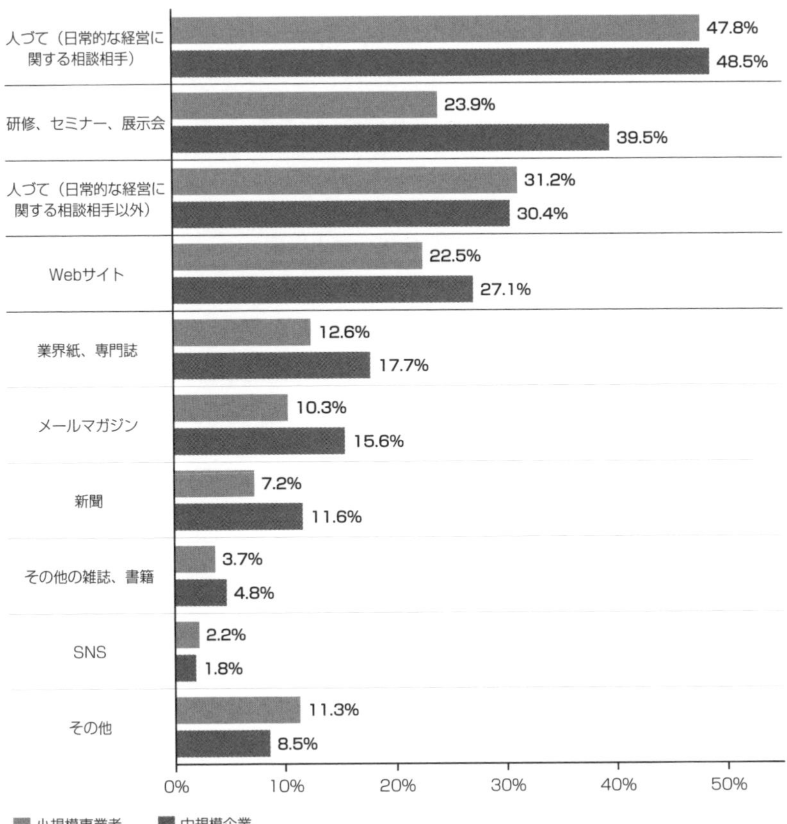

資料：(株)野村総合研究所「中小企業の経営課題と公的支援ニーズに関するアンケート」
(注)1.直近３年間で支援メニューを「利用したことがある」、「利用したことはないが、内容は把握している」又は「利用したことはないが、存在を認知している」と回答した者について集計している。
2.各回答数（n）は以下のとおり。小規模事業者：n=1,684、中規模企業：n=1,569。
3.複数回答のため、合計は必ずしも100%にはならない。

小規模企業白書 2020

中小企業を支える支援機関

中小企業を支える国の支援機関として、中小企業庁および中小企業基盤整備機構があります。

◇中小企業庁

経済産業省の外局である**中小企業庁**は、中小企業の育成や発展につながる方策の企画・立案を行います。

また、経営方法の改善や技術の向上、新たな事業の創出、取引の適正化、事業活動の機会の確保、円滑な資金の供給、中小企業の経営に関する診断および助言ならびに研修に関することを行っています。

◇中小企業基盤整備機構

独立行政法人**中小企業基盤整備機構**（**中小機構**）は、国の中小企業政策の中核的な実施機関です。起業・創業期から成長期、成熟期に至るまで、企業の成長ステージに合わせた幅広い支援メニューを提供しています。地域の自治体や支援機関、国内外の他の政府系機関とも連携しながら、中小企業の成長をサポートしています。年間 1.6 万件の経営相談を受けています。

(1) 起業・創業期

全国 29 か所で、インキュベーション施設 (4-12 を参照) を展開しています。インキュベーションマネージャーによる経営相談をはじめ、産学官連携やネットワーク構築もサポートし、次代の担い手となる起業家の発掘・育成に向けた支援を行っています。

(2) 成長期

中小企業の販路開拓を効果的に後押ししています。海外展開に向けても、現地調査やビジネス・マッチング、専門家によるアドバイスなど、計画初期の段階から進出後に至るまで、幅広いメニューで中小企業の海外展開をサポートしています。

(3) 成熟期

全国 47 都道府県に展開する事業承継・引継ぎ支援センターの全国本部として、第三者承継に向けた取り組みをサポートしています。全国の中小機構の拠点にも事業承継コーディネーターを配置し、地域の事業承継に向けた取り組みをバックアップしています。後継者育成のための長期研修も実施しています。各地の中小企業活性化協議会に対して、中小企業再生に向けた様々なサポートも行っています。

(4) その他

経営相談や専門家派遣、研修・セミナーなどによる人材育成、経営に役立つ補助金や事例などの紹介、投資ファンドへの出資を通じてのベンチャーや中小企業へのリスクマネー提供などにより、新事業の創出や事業拡大、事業承継、事業再生なども支援しています。

中小企業と支援機関

中小企業の顧問としてコンサルティングを行っていると、いろいろな課題が発生します。筆者は企業勤務時代に、研究開発、商品企画・開発、生産管理、品質管理、外注管理、システム開発、営業と様々な業務を担当してきたため、自らの経験をもとにアドバイスをすることができます。自らの手に負えない課題のときは、そのテーマに詳しいの専門家の協力を得ています。信頼できる専門家のネットワークは重要です。

中小機構の支援メニュー例（経営基盤の強化）

ハンズオン支援（専門家派遣）	事業再構築ハンズオン支援事業
経験豊富な専門家を中小企業に派遣し、アドバイスを実施。持続的成長に向けた体制作りをサポートします。	事業再構築に取り組む中小企業を、経営相談とハンズオン支援（専門家派遣）でサポートします。
事業継続力強化支援事業	**IT 経営簡易診断**
自然災害や感染症、サイバー攻撃等の緊急事態での事業継続を可能とするために計画策定等を支援します。	IT 導入を検討する中小企業を、経験豊富な専門家がサポートします。
IT 戦略ナビ	**デジタル化応援隊事業**
自社課題を見える化した IT 戦略マップを作成し、経営への IT 活用をサポートします。	中小企業のデジタル化の取り組みを、デジタルツールに精通した専門家が支援します。
生産工程スマート化診断	**ものづくり支援**
ロボット、IoT の導入を検討する事業者へ、高度な知識を持つ専門家が導入に向けてのサポートを行います。	Go-Tech 事業に係る計画策定から事業化まで一貫した支援で、ものづくり企業を応援します。

中小企業基盤整備機構

中小機構の支援メニュー例（新事業創出）

地域活性化パートナー企画	農商工等連携の支援
中小機構と民間パートナーが連携し、商品ブラッシュアップや販路開拓等の支援を行う仕組みです。	農林漁業者と商工業者の連携による商品・サービス開発や需要開拓に取り組むものです。
新連携の支援	**地域資源活用の支援**
事業分野が異なる複数の中小企業が連携した取り組みを紹介します。	地域資源を活かした商品やサービスの開発事例を紹介します。

中小企業基盤整備機構

中小企業大学校

中小企業基盤整備機構が全国９か所に設置する研修機関です。中小企業の経営者・後継者向けの研修、中小企業支援者の養成を行います。年間約２万人が受講しています。

ミラサポ plus

ミラサポ plus は、国が運営する、中小企業・小規模事業者を対象にした補助金等の総合支援サイトです（https://mirasapo-plus.go.jp）。無料の会員登録をすれば、経営者や専門家と情報交換をしたり、専門家の派遣を要請することができます。

中小機構の共済制度

(1) 小規模企業共済

小規模企業の経営者や役員、個人事業主などのための、積立による退職金制度です。2023年3月末現在、全国で約162万人が加入しています。掛金は全額を所得控除できるため、高い節税効果があります。共済金は退職・廃業時に受け取り可能であり、満期や満額はありません。

(2) 経営セーフティ共済（中小企業倒産防止共済制度）

取引先事業者が倒産した際に、中小企業が連鎖倒産や経営難に陥ることを防ぐための制度です。無担保・無保証人で掛金の最高10倍（上限8,000万円）までの借入ができ、掛金は損金または必要経費に算入可能という税制優遇も受けられます。

商工会議所と商工会

商工会議所や商工会は、まちづくり・産業振興・観光振興などのほか、中小企業支援、地元企業発展の役割も担っています。

◇商工会議所と商工会

各地の商工会議所や商工会は、その地区内における商工業の発展を図るための経営支援、地域振興などの活動を行っています。

商工会議所と商工会の違いは、その規模や事業内容にあります。商工会議所は市や特別区にあって事業規模も比較的大きめです。全国に515の商工会議所があります（2022年4月現在）。商工会は、町村部で地域に根づいた活動を中心に行っています。全国に1,643の商工会があります（2022年4月1日現在）。

商工会議所は「**商工会議所法**」が根拠法で経済産業省経済産業政策局の管轄、商工会は「**商工会法**」が根拠法で中小企業庁の管轄となります。同じ経済産業省のもとでも、根拠法と管轄官庁（部局）が異なる全く別の組織です。

商工会議所と商工会

区分	商工会議所	商工会
根拠法	商工会議所法	商工会法
管轄官庁	経済産業省 経済産業政策局	経済産業省 中小企業庁
地区	原則として市の区域	主として町村の区域
	（商工会議所と商工会の地区は重複しない）	
会員に占める小規模事業者の割合	約8割	9割を超える
事業	地域の総合経済団体として、中小企業支援のみならず、国際的な活動を含めた幅広い事業を実施。 小規模事業施策（経営改善普及事業費）は、全事業費の2割程度	中小企業施策、特に小規模事業施策に重点を置いており、事業の中心は経営改善普及事業

◇ 商工会議所・商工会の中小企業支援

商工会議所や商工会では中小企業支援として、開業に必要な手続きや資金調達、確定申告のサポート、補助金申請のサポート、顧客開拓などの経営相談にも対応しています。マル経融資（2-9 参照）の条件となる経営指導を受けることもできます。さらに、セミナーやイベントを通して様々な業種の経営者とつながることができます。そのほかにも、地域振興や国際交流、簿記・販売士などの検定試験も行っています。

アドバイス

中小企業診断士が、商工会議所や商工会に専門家として登録しておくと、中小企業の相談対応を依頼されることがあります。得意分野を明確にしておくと依頼が来やすいようです。

Term

● **経営指導員**

商工会議所や商工会に所属し、経営者などからの相談を受けて指導を行っています。小規模な商工会では、経営指導員 1 人あたりの事業者は 100 者以下ですが、大きな商工会議所では 1,000 者以上となります。

日本商工会議所

日本商工会議所は、全国の商工会議所を会員とし、それぞれが活動目的を円滑に遂行できるように全国の商工会議所を総合調整し、その意見を代表しています。

都道府県の商工会連合会

各都道府県には商工会連合会があり、商工会と連携してその会員を支援しています。

中小企業の経営

公設試験研究機関

地域の中小企業の技術に関する相談窓口として様々な支援を行っているのが、公設試験研究機関です。

公設試験研究機関の役割

中小企業が発展していくためには、自社で技術力を高めて高付加価値の製品を提供していくことが必要です。しかし、大企業に比べて資金力の乏しい中小企業が、自前で研究開発のための高度な設備を持つのは現実的とはいえません。また、研究開発力についても一般的には大企業に劣ります。そういった不利な点をサポートしてくれるのが、**公設試験研究機関（公設試）**です。

公設試は、地域の産業振興に関わる試験研究や技術支援等を行う機関であり、地方自治体によって設置されています。鉱工業系、農林水産系、環境系、保健衛生系の 4 つに分類され、企業への技術指導や依頼試験・分析、受託・共同研究などを行って、中小企業を支援します。

公設試験研究機関の支援

公設試の技術相談・技術指導では、各分野の専門研究員が課題をヒアリングして、課題解決に向けた助言や支援メニューの提案を行います。

「機器・設備の利用」では、専門の機器や設備を利用して、試作や分析、測定などを行うことができます。機器の操作やデータの検討についても、専門の研究員がサポートします。「依頼試験・分析」では、依頼内容に基づいて専門の研究員が分析・測定・評価を行います。そして、試験結果をまとめた報告書を作成します。

「受託・共同研究」では、企業の商品開発や試作・製品化の支援を行います。公設試の研究成果を企業に技術移転することもあります。

経済産業省のホームページでは、「全国鉱工業公設試験研究機関保有機器・研究者情報検索システム」が公開されています。ここで、地域や技術分野、目的などの条件を絞って、研究目的に合った公設試を検索することができます。検索対象には全国の 154 の施設が含まれます（2023 年 9 月現在）。

15 中小企業の経営

中小企業診断士

中小企業診断士は、経営の診断および経営に関する助言が主な業務です。その知識と能力を生かして幅広く活躍しています。

◇中小企業診断士とは

中小企業診断士は、中小企業の経営課題に対応するための診断・助言を行う専門家です。国家資格として、経済産業大臣が登録します。企業の成長戦略策定やその実行のためのアドバイスが主な業務ですが、「中小企業と行政・金融機関などをつなぐパイプ役となる」、「専門的知識を駆使して中小企業施策の適切な活用を支援する」なども含めた、幅広い活動を行っています。中小企業基本法では、中小企業者を支援する従事経営コンサルタントとして位置づけられています。

●中小企業診断士の業務

企業の経営課題を見つけ、診断・助言するためには、深い洞察力と的確な判断力が必要です。企業の真の問題点は、経営者自身も認識していない場合があるからです。診断にあたっては、問題点のあたりをつけた上で、実態をさらに詳しく調査します。社内の資料を分析するとともに、必要に応じて市場の情報や外部の資料を収集します。経営者だけでなく、必要に応じて幹部、従業員へのヒアリングも行います。それらをもとに総合的に判断して、生産管理や営業、商品開発などの経営に関する課題、および収益性改善やコスト削減など生産性向上の改善案を診断報告書にまとめます。そして、改善にあたっての具体的な方法を提案します。提案を踏まえた経営計画の策定、経営者の伴走をしつつの実行支援を行う場合もあります。企業経営全般に関わる課題に対するため、幅広い知識と経験が求められます。

◇中小企業診断士試験

中小企業診断士は、ビジネスパーソンが新たに取得したい資格として常に上位にランクされています。企業の経営状態を全体的な視点から考える力は、現在の仕事だけでなく、キャリアアップや転職、独立開業に向けても大きな強みとなります。

中小企業診断士になるためには、まず、一般社団法人中小企業診断協会が実施する第１次試験に合格することが必要です。企業経営に関する筆記試験が行われます。試験科目は、「経済学・経済政策」、「財務・会計」、「企業経営理論」、「運営管理（オペレーション・マネジメント）」、「経営法務」、「経営情報システム」、「中小企業経営・中小企業政策」の７科目です。第１次試験に合格したあと、次の２つの方法のいずれかにより、中小企業診断士として登録されます。

(1) 協会が実施する第２次試験を受験し、合格後に実務補習を修了するか診断実務に従事

第２次試験では、診断および助言に関する実務の事例ならびに助言に関する能力について、筆記試験と口述試験が行われます。筆記試験は、「中小企業の診断および助言に関する実務の事例」Ⅰ～Ⅳの４科目です。

この４科目は「組織・人事」、「マーケティング・流通」、「生産・技術」、「財務・会計」のそれぞれを中心とした経営戦略・管理に関する事例問題です。

実務補習は、第２次試験の合格者を対象に、15日間の実習方式で行われます。受講者６名以内のグループを編成し、指導員指導のもと、実際の企業に対して現場調査や資料分析を行って診断報告書を作成し、報告会を行います。診断実務への従事は、自ら中小企業の診断を15日以上行うことによって認められます。

(2) 中小企業基盤整備機構または登録養成機関が実施する養成課程を修了

中小企業診断士の登録まで

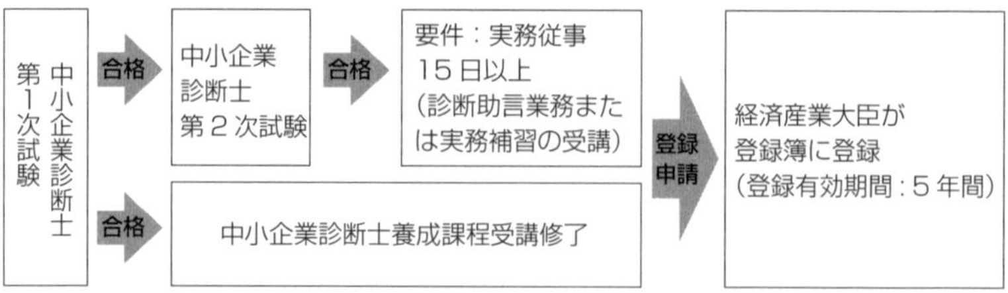

中小企業診断士第１次試験
合格
中小企業診断士第２次試験
合格
要件：実務従事15日以上（診断助言業務または実務補習の受講）
合格
中小企業診断士養成課程受講修了
登録申請
経済産業大臣が登録簿に登録（登録有効期間：５年間）

中小企業診断士制度の概要（中小企業庁）

中小企業診断士は5年間の更新制となっており、2019年4月1日現在、約2万7,000人の中小企業診断士が登録されています。

◇ 令和4年度の中小企業診断士試験

令和4（2022）年度の第1次試験は受験者数17,345人で合格率28.9%、第2次試験は受験者数8,712人で合格率18.7%でした。第1次試験の申込者は民間企業勤務者が6割、金融機関勤務者が1割、そのほかに公務員、税理士・公認会計士、中小企業支援機関勤務者、経営コンサルタントなどです。

COLUMN

中小企業診断士の実態と筆者の経験

中小企業診断協会は、「中小企業診断士が資格をどのように活用しているのか」、および業務内容や収入などについてのアンケート結果を、次のページで公表しています。

https://www.j-smeca.jp/contents/data2016/index.html

筆者は44歳で大手企業を退職し、中小企業診断士として独立しました。資格取得後に診断協会の研究会に所属し、その他の勉強会でもコンサルタントになるための勉強を続けながら、人脈を広げていきました。このような人脈から仕事の紹介を受けることができ、独立直後から順調に業務を続けてくることができました。書籍の出版、大学の講師、原稿執筆、顧問先企業や商工会議所等でのセミナーなど、すべて人脈あればこそです。経験を積み、独立して5年ほどで、仕事を続けていける自信のようなものを持てたとはいえ、それまでは新しいことへの挑戦の連続で必死でした。現在も多方面の方々とのお付き合いを大切にしています。

16 中小企業の経営

税理士は中小企業の身近な相談相手

中小企業の経営者の７割は、顧問税理士等を経営問題の相談相手と考えています。

◇ 税理士の業務

税理士は、国が認めた税務の専門家です。税理士の独占業務として「税務書類の作成」、「税務代理」、「税務相談」が定められています。

税理士は、企業からの依頼によって税務の仕事に従事しますが、企業の意向だけを尊重するわけではありません。租税に関する法令に規定された納税義務の適正な実現を図る使命が、税理士法で定められているからです。

また、税金を計算するという作業だけでなく、「企業の経営状況などを的確に把握してアドバイスする」という経営コンサルタントの側面もあります。

(1) 税務書類の作成

税務書類として、決算書、確定申告書、相続税申告書などを作成します。経理人材の少ない小規模企業では、記帳業務全般を代行することもあります。税務書類の作成は税理士の独占業務ですが、税理士法人の従業員が、税理士の指示のもとで作成するのは問題ありません。

(2) 税務代理

税理士は、クライアントの代理として確定申告や税務調査の立ち合いなどを行います。これにより、正確な納税を行います。遺産相続や不動産売買などで税務処理が必要な場合も対応します。

(3) 税務相談

顧問契約を締結した企業から継続的に税務相談を受けることもあれば、個別の案件単位でアドバイスを求められることもあります。節税相談、役員報酬に関する相談、資金繰りや融資に関する相談、事業計画、社会保険、金融機関との折衝などの相談もあります。

◇税理士業務の流れ

法人顧客相手の仕事は、顧客の決算期によってスケジュールが決まります。決算期は企業によって異なりますが、3月や12月とする企業が多く、年末調整の12月から決算後の確定申告が終了する4～5月までの期間が繁忙期となる税理士が多いようです。月次の試算表作成から決算内容の取りまとめまでを月末などの締日ごとに行い、中間決算、決算期に備えます。法人税や消費税の納税額によっては中間納税が必要になります。

個人を顧客とする場合は、自営業者や不動産オーナーなどの確定申告が仕事の中心になります。そのため、2～3月が忙しくなります。確定申告以外にも、遺産相続税、登録免許税、不動産取得税の申告など、不定期に発生する業務があります。

◇税理士制度

税理士となるには、**税理士試験**に合格したあと、日本税理士会連合会の「**税理士名簿**」に登録しなければいけません。

弁護士や公認会計士、税務署に勤務した国税従事者など、一定要件を満たす者は、税理士試験を経由しなくても、税理士名簿への登録を受けて税理士となることができます。

税理士試験は年1回行われます。試験科目は、会計学に属する科目（簿記論及び財務諸表論）の2科目（必修）、そして税法に属する科目（所得税法、法人税法、相続税法、消費税法又は酒税法、国税徴収法、住民税又は事業税、固定資産税）のうち受験者の選択する3科目（所得税法又は法人税法のいずれか1科目は必ず選択）です。科目合格制のため、1科目ずつ受験してもよいことになっています。合格科目は生涯有効です。なお、税理士として登録するためには2年以上の実務経験が必要です。

税理士試験の平均合格率は12～14%です。2021（令和3）年3月末で税理士登録者数は79,404人となっています。

◇ 税理士と公認会計士

税理士に似た資格として**公認会計士**があります。公認会計士は税務やコンサルティングを行うこともありますが、独立した立場から監査を行うのが本来の業務です。

税理士と公認会計士

	税理士	公認会計士
独占業務	税務	監査
クライアント	中小企業、個人事業主が多い	大企業が中心
受験資格	細かい規定あり	制限なし
難易度	難関	最難関国家資格の１つ

アドバイス

ほとんどの中小企業には顧問税理士または会計士がいます。中小企業診断士が経営診断や支援を行う場合、会計資料は重要な情報となります。企業の了解を得たうえで、顧問税理士に直接連絡して内容を確認したり、詳しい資料を依頼することもあります。

信用を高める会計参与の設置

会計参与とは、株式会社の設置機関の１つで、会社の役員です。計算関係書類の信頼性を高めるために、株式会社の定款で設置されます。会社法上、会計参与は公認会計士・監査法人・税理士・税理士法人でなければならない、とされています。税理士は、「会計参与」という立場から、計算関係書類を作成するとともに、会社とは別に備え置き、株主や債権者の求めに応じて開示を行います。会計参与を設置することで、対外的な信用度を高めることができます。

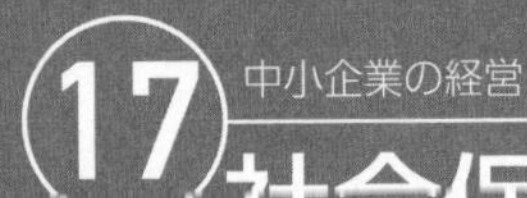

中小企業の経営

社会保険労務士

社会保険労務士は、人材に関する専門家として、企業における採用から退職までの労務管理などの相談・指導にあたります。社会保険の手続きなどを代行するとともに、年金の相談などにも応じるなど、業務の内容は広範囲にわたります。

◇社会保険労務士とは

社会保険労務士（**社労士**）は、社会保険労務士法に基づく国家資格者です。労働基準法、雇用保険法、健康保険法、国民年金法などの諸法令に精通しています。

我が国には、国が運営する労働保険や社会保険の制度があります。さらに、勤労者の良好な労働環境を守るために労働基準や安全衛生などの法令があります。

企業は、これらの法令に従って労働基準監督署や年金事務所などへの手続きをしなければなりません。しかし、多くの中小企業では専門の社員を置く余裕がないため、社労士に依頼します。

賃金やその計算、労働時間、休日などの定め方、昇進・配置転換などの方針、職場の安全衛生や健康管理、仕事に関する教育訓練の進め方などについて、指導や助言を行います。就業規則や給与規程の作成・整備も支援します。

Term

●**就業規則**

事業場ごとに作成される、雇用主と従業員の間の雇用に関するルールを定めたものです。常時 10 人以上の労働者を使用する雇用主は、就業規則を作成し、所轄の労働基準監督署に届出をしなければなりません。会社全体で 10 人以上の従業員がいたとしても、各事業場に 10 人未満の従業員しかいない場合は、作成の義務はありません。就業規則を作成するためには、過半数の労働者から選任された代表者の意見を聞く必要があります。また、就業規則をつくった場合、その内容を従業員に周知しなければなりません。

◇社会保険労務士の業務

社労士の業務は大きく3つに分けられます。1号業務と2号業務は社労士の独占業務です。

(1) 手続き代行（1号業務）

健康保険や雇用保険、厚生年金などに関連する書類を作成し、労働基準監督署などの行政官庁へと提出する手続きの代行をする業務です。

(2) 労働社会保険諸法令に基づく帳簿書類の作成（2号業務）

労働社会保険諸法令に基づいて作成すべき帳簿書類として、就業規則や労働者名簿、賃金台帳などがあります。これらを法令にのっとって作成します。

(3) 人事労務管理のコンサルティング（3号業務）

近年では働き方が多様化し、正社員以外にも契約社員やアルバイトといった形で働く人が多くいます。外国人の雇用も増えています。それに伴い、人事労務の問題も複雑化し、会社内だけでは解決が難しい場面もあります。職場のトラブル防止のためにも、人事労務管理ではよりきめ細かい対応が必要となっており、社会保険労務士が専門家としてアドバイスします。

COLUMN

特定社会保険労務士

特定社会保険労務士となるには、社会保険労務士が厚生労働大臣の定める特別研修を修了し、国家試験である紛争解決手続代理業務試験に合格する必要があります。特定社労士はADRの専門家として、豊富な経験と知識をもとに事業主や労働者の相談に応じ、和解交渉を行ってトラブルを解決します。2022年3月31日現在の登録者数は13,924人です。

◇ 社会保険労務士の資格

社会保険労務士になるには、**社会保険労務士試験**に合格したのちに、全国社会保険労務士会連合会の社会保険労務士名簿に登録することが必要です。登録には、実務経験 2 年以上または事務指定講習の修了が必要です。

試験科目は、「労働基準法及び労働安全衛生法」、「労働者災害補償保険法」、「雇用保険法」、「労務管理その他の労働に関する一般常識」、「社会保険に関する一般常識」、「健康保険法」、「厚生年金保険法」、「国民年金法」です。2017 年度以降は、合格率 6 ～ 7%台で推移しています。

2022 年 3 月 31 日現在の登録者数は 44,203 人です。

アドバイス

中小企業には顧問税理士や会計士のほか、顧問の社労士や弁護士がいる場合もあります。企業の課題によっては他の専門家と協力して解決に取り組むこともあります。

Term

● **ADR（裁判外紛争解決手続）**

ADR とは、裁判ではなく当事者双方の話し合いに基づき、あっせんや調停、あるいは仲裁などの手続きによって紛争の解決を図ることです。特定社会保険労務士（コラム参照）は、トラブルの当事者の言い分を聴き、労務管理の専門家としての知見を生かして、個別労働関係紛争を解決します。

18 中小企業の経営

お金を借りるだけではない金融機関との関係

金融機関は、中小企業に対してお金を貸すだけでなく、いろいろなサポートを行っています。

◇ 金融機関と中小企業との接点

金融機関には、**都市銀行**や**地方銀行**、**信用金庫**、**信用組合**などがあります。

中小企業で、売上規模が小さい場合は信用金庫・信用組合、売上規模が大きい場合は都市銀行、その中間では地方銀行・第二地方銀行が主にメインバンクとなっています。

2022（令和 4）年 10 月 14 日現在の金融機関は、都市銀行 5、地方銀行 60、第二地方銀行 35、信用組合 60、信用金庫 241 であり、証券会社や農業協同組合も入れて全国で 937 機関となっています。

売上規模別のメインバンク

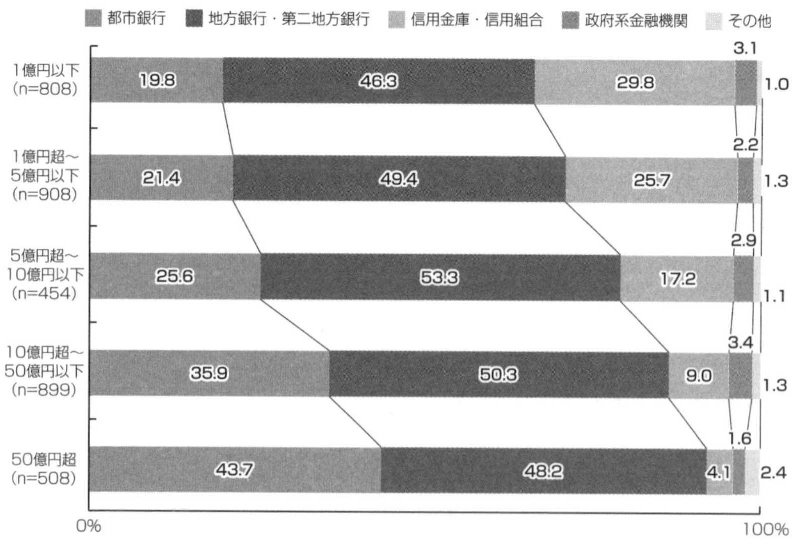

資料：中小企業庁委託「中小企業の資金調達に関する調査」（2015 年 12 月、みずほ総合研究所(株)）

中小企業白書 2016

中小企業とメインバンクとの面談頻度を見ると、都市銀行よりも地方銀行・第二地方銀行、さらにそれよりも信用金庫・信用組合の方が、面談頻度が高くなっています。都市銀行や地方銀行・第二地方銀行に比べて信用金庫・信用組合は規模が小さく、店舗の管轄エリアが狭いことが、理由として考えられます。金融機関の規模が小さくなるにつれて取引先企業の売上規模が小さくなるため、店舗ごとの取引先数が増加する一方、融資残高は減少する傾向にあります。

メインバンクとの面談頻度

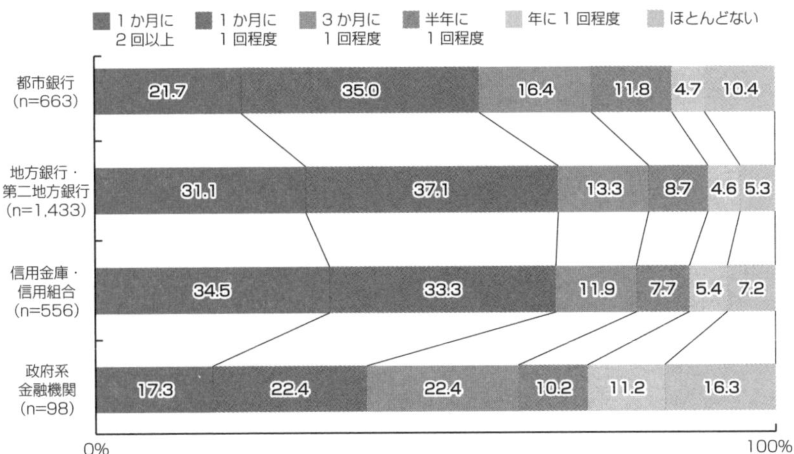

資料：中小企業庁委託「中小企業の資金調達に関する調査」(2015年12月、みずほ総合研究所(株))
(注) 金融機関より借入のある企業のみ集計している。

中小企業白書 2016

◇金融機関の行う経営支援

金融機関は、融資以外にも中小企業への支援を行っています。金融機関の顧客である中小企業が発展することが、融資の拡大や順調な返済につながるためです。

具体的には、「販路・仕入先拡大」、「事業承継」、「経営計画・事業戦略策定」、「海外展開」、「M&A」、「制度や補助金」などの支援や情報提供を行っています。「財務・税務相談」や「人材育成」、「事業再生」のサービスを提供している金融機関もあります。

中小企業の側も、様々な情報をそれぞれ得意とする金融機関から収集しています。「地域情勢」は主に地方銀行・第二地方銀行や信用金庫・信用組合から、「国内情勢・国際情勢・金融情勢」は主に都市銀行や政府系金融機関から提供を受けています。

一方で、金融機関は多くの企業と取引をしており、他の企業と比較することで、その企業の強みや弱みを把握します。

企業が評価してほしい項目と金融機関が重視する項目（担保・保証以外）

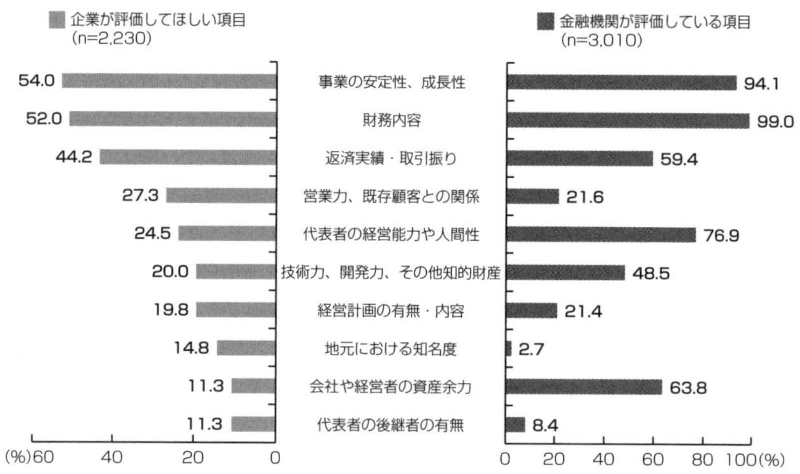

資料：中小企業庁委託「中小企業の資金調達に関する調査」（2015年12月、みずほ総合研究所(株)）

（注）1. 上記項目のうち、企業は複数回答し、金融機関は上位5位までを回答している。

2. 複数回答のため、合計は必ずしも100%にはならない。

中小企業白書 2016

金融機関は、このような分析により把握した顧客企業の課題について、当該企業に対応を促すといったコンサルティング機能を発揮することが期待されています。信用金庫・信用組合や政府系金融機関でも、外部専門家との連携で、企業が自社だけで解決できない課題の解決支援を行う場合もあります。

◆融資判断時に考慮する項目

金融機関が中小企業に融資する際に考慮している項目では「財務内容」、「事業の安定性、成長性」に次いで、「代表者の経営能力や人間性」、「会社や経営者の資産余力」が上位を占めています。このように、金融機関は経営者の資質や資産を重視しています。一方、中小企業が評価してほしい項目を見ると、上位2つは同様ですが、次いで「返済実績・取引振り」や「営業力、既存顧客との関係」となっています。

中小企業の側には融資を受ける際に担保・保証以外では事業の成長性や営業力等の事業性を評価してほしいという意向があるのに対し、金融機関の側では営業力よりも会社や経営者の資産余力を判断材料として重視する傾向にあります。これは、金融機関側が企業の事業性を十分に把握できておらず、営業力や顧客との関係性を正しく評価できないためです。このことが、担保・保証や財務内容を重視する融資となる理由です。中小企業が期待している「事業の評価に基づく融資」を推進していくためには、金融機関が企業の事業性を十分に理解する必要があります。

事業性評価に基づく融資を行うためには、財務内容分析に関する教育のみならず、業界動向や技術動向に関する情報収集・分析を行う部署の設置や、必要に応じた外部専門家・機関との連携等の取り組みが大切です。

金融機関では、規模が大きいほど、「経営内容の把握に関する教育」や「業界情報などの収集・分析を行う部署の設置」が行われています。逆に金融機関の規模が小さいほど、「業界・技術に関する外部専門家・機関との連携」が行われています。

金融機関の担当者が事業についての判断力を高めることで、担当者と既存の取引先との関係性が強化され、企業への貸出が増加するとともに、そうした能力が新しい取引先の獲得にも結び付いていくと考えられます。中小企業が望む事業性評価に基づく融資に取り組むことが、金融機関に求められています。

経営者保証に関するガイドライン

(1) 経営者保証

「経営者保証」とは、経営者個人が会社の連帯保証人になることです(4-5参照)。経営者による思いきった事業展開や、早期の事業再生等を阻害する要因になっているとの指摘もありますが、金融機関からすると、信用補完の効果があり、資金調達の円滑化にも寄与しています。保証がある方が安心して融資できるということです。また、経営者保証は経営への規律づけの効果もあります。

(2) 経営者保証に関するガイドライン

経営者保証の弊害を解消して企業の活力を引き出すことを目的として、2013年12月に次のような主旨のガイドラインが定められています。

〔1〕法人と個人の関係が明確に分離されている場合などに、経営者保証を求めないこと等を検討すること

〔2〕多額の個人保証を行っていても、早期に事業再生や廃業を決断した際に、破産手続きにおける自由財産99万円に加え、一定の生活費に相当する額を残すことや、「華美でない」自宅に住み続けられることなどを検討すること

〔3〕保証債務の履行時に返済しきれない債務残額は、原則として免除すること

翌2014年2月にこのガイドラインの適用が開始されましたが、まだ浸透は十分ではありません。ガイドラインが融資慣行として浸透・定着することが期待されています。

中小企業の懸念項目

中小企業白書の調査では、中小企業の経営者は、「金融機関の担当者が替わると取り組み態度が変わる」、「支店長等の上司が替わると取り組み態度が変わる」と考えています。また、「担当者等の頻繁な交代」や「担当者の企業や業界に対する理解不足」も企業が懸念する項目です。

日本政策金融公庫

中小企業が資金調達を考える際、まず最初に検討したいのが日本政策金融公庫からの融資です。

日本政策金融公庫の融資制度

日本政策金融公庫（日本公庫）は政府が100％出資する金融機関であり、中小企業や個人事業主を支えることを目的としています。銀行よりも融資を受けやすく、金利も低めに設定されています。日本公庫から借入した実績によって信用が増し、公庫以外の金融機関からも資金を借りやすくなります。

日本政策金融公庫には、大きく分けて3つの融資制度があります。

(1) 国民生活事業

国民生活事業では、個人企業や小規模企業向けに小口の融資をしています。融資先の約9割が従業者9人以下の小規模事業者です。教育資金融資も行っています。融資先数は119万先にのぼり、1先あたりの平均融資残高は980万円です。

一般貸付もあるため、創業融資や中長期の融資だけではなく、運転資金の相談もすることができます。

(2) 中小企業事業

中小企業事業では、中小企業向けの長期事業資金の融資を行っています。融資額の平均は約1億円です。

(3) 農林水産事業

農林水産事業は、農林漁業ならびに国産農林水産物を取り扱う加工流通分野の長期事業資金の融資を行っています。

借入の使途は様々であり、取引先の経営悪化や経済状況の変化などによって自社の経営が悪化した場合に利用できる「**セーフティネット貸付**」、新規開業・女性・若者・シニア起業家を支援する「**新企業育成貸付**」、新たな設備投資を支援する「**企業活力強化貸付**」などがあります。

国民生活事業の融資制度

<table>
<tr><th colspan="2" rowspan="2">ご利用いただける方</th><th colspan="2" rowspan="2">融資制度</th><th colspan="2">融資限度額</th><th colspan="2">ご返済期間</th></tr>
<tr><th>無担保融資</th><th>有担保融資</th><th>設備資金</th><th>運転資金</th></tr>
<tr><td colspan="2" rowspan="2">一般貸付
事業を営むほとんどの業種の方</td><td colspan="2" rowspan="2">一般貸付</td><td rowspan="2">4,800 万円</td><td>4,800 万円</td><td>10 年以内</td><td>7 年以内</td></tr>
<tr><td>特定設備資金
7,200 万円</td><td>20 年以内</td><td>－</td></tr>
<tr><td rowspan="12">特別貸付</td><td rowspan="2">新たに事業を始める方・事業開始後おおむね7年以内の方</td><td colspan="2" rowspan="3">新企業育成貸付</td><td rowspan="8">4,800 万円</td><td rowspan="8">7,200 万円
（うち運転資金
4,800 万円）</td><td rowspan="8">20 年以内</td><td>7 年以内</td></tr>
<tr><td>15 年以内</td></tr>
<tr><td>新事業活動に取り組む方</td><td rowspan="6">7 年以内</td></tr>
<tr><td>事業拡大・生産性向上等を図る方</td><td colspan="2" rowspan="4">企業活力強化貸付</td></tr>
<tr><td>事業承継・M&Aに取り組む方</td></tr>
<tr><td>社会的課題の解決を目的とした事業を営む方</td></tr>
<tr><td>海外展開を図る方</td></tr>
<tr><td>環境対策の促進を図る方</td><td colspan="2">環境・エネルギー対策貸付</td></tr>
<tr><td rowspan="2">一時的に業況が悪化している方</td><td colspan="2" rowspan="2">セーフティネット貸付</td><td colspan="2">4,800 万円</td><td>15 年以内</td><td rowspan="2">8 年以内</td></tr>
<tr><td colspan="2">3,000 万円</td><td>－</td></tr>
<tr><td>事業の再建を図る方</td><td colspan="2">企業再生貸付</td><td>4,800 万円</td><td>7,200 万円
（うち運転資金
4,800 万円）</td><td>20 年以内</td><td>15 年以内</td></tr>
<tr><td>財務体質の強化を図る方</td><td colspan="2">資本性ローン
（挑戦支援資本強化特別貸付）</td><td colspan="2">7,200 万円</td><td colspan="2">5 年 1 ヵ月以上
20 年以内
（期限一括返済、利息は毎月払）</td></tr>
<tr><td rowspan="3">生活衛生貸付</td><td rowspan="3">生活衛生関係の事業を営む方（飲食店営業、理容業、美容業、旅館業、クリーニング業の方など）</td><td>一般貸付
（生活衛生貸付）</td><td>設備資金</td><td rowspan="3">4,800 万円</td><td>7,200 万円～
4 億 8,000 万円（業種によって異なる）</td><td>13 年以内
（業種またはお使いみちによって異なる）</td><td>－</td></tr>
<tr><td rowspan="2">振興事業貸付</td><td>設備資金</td><td>1 億 5,000 万円～7 億 2,000 万円（業種によって異なる）</td><td>20 年以内
（お使いみちによって異なる）</td><td>－</td></tr>
<tr><td>運転資金</td><td>5,700 万円</td><td>－</td><td>7 年以内</td></tr>
</table>

日本政策金融公庫

「**新創業融資制度**」は、新たに事業を始める人や事業を開始して間もない人を対象に、無担保・無保証人で融資を受けられる制度です。「創業の要件」、「雇用創出等の要件」、「自己資金要件」を満たすと、3,000万円（うち運転資金1,500万円）を限度額として低金利で融資を受けることができます。

中小企業事業の融資対象

・新たに事業を始める方、事業開始後おおむね７年以内の方
・革新的なビジネルモデルで急成長を目指す事業に取り組む方
・経営革新計画の承認を受けた方など、新事業活動に取り組む方
・中小企業会計を適用している方
・事業拡大、生産性向上、雇用創出や雇用条件改善を図る方
・海外展開を図る方
・事業承継・M&Aに取り組む方
・環境対策の促進を図る方
・防災に資する施設等の整備を行う方
・一時的に業況が悪化している方（セーフティネット）
・事業の再建を図る方　など

日本政策金融公庫より作成

融資先数および１先あたりの平均融資残高（2021年度末）

	日本公庫（国民生活事業）	信用金庫 計（254金庫）	国内銀行 計（132行）
融資先数	119万先	124万先	223万先
1先あたり	980万円	4,278万円	1億257万円

日本政策金融公庫

国民生活事業の融資金額と融資先（2021 年度）

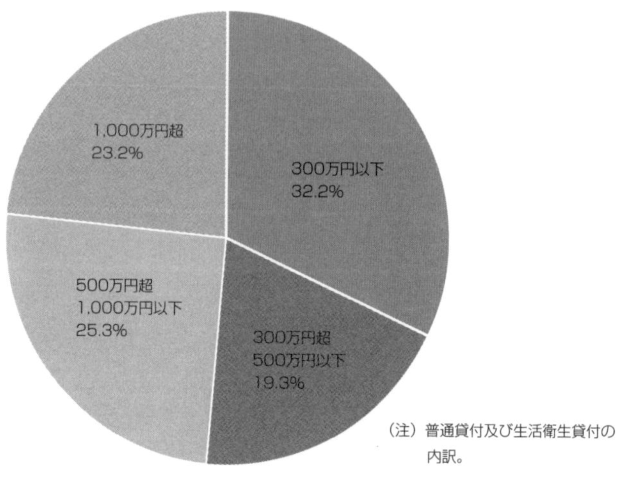

（注）普通貸付及び生活衛生貸付の内訳。

融資先は小規模事業者が中心であり、約半数は個人企業

融資先の約9割が従業者数9人以下の小規模事業者であり、個人企業の方の利用も多い。

従業者規模別融資構成比（件数）

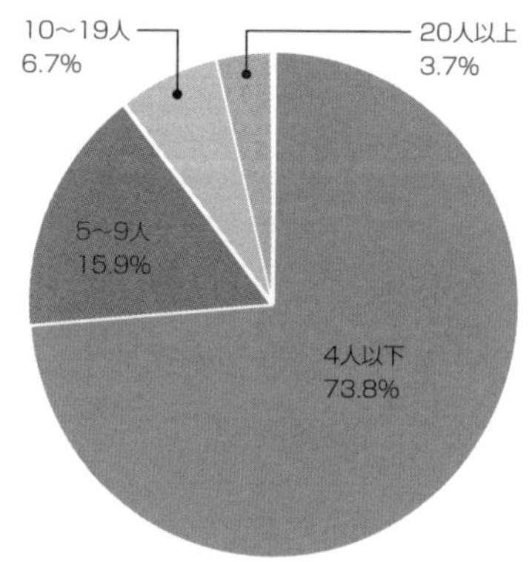

（注）普通貸付及び生活衛生貸付（直接扱）の内訳。

個人・法人別、資本金別融資構成比（件数）

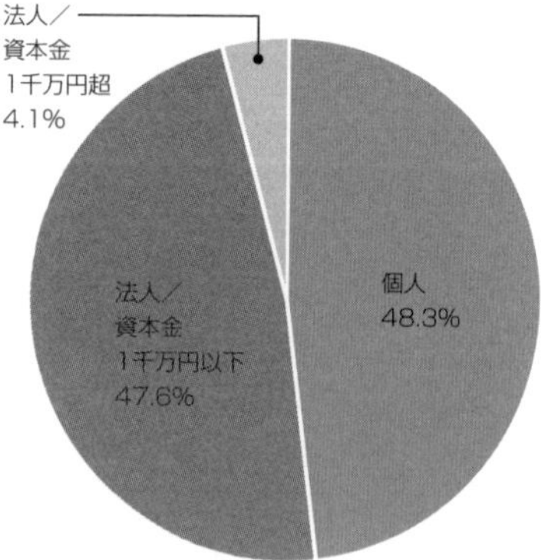

（注）普通貸付及び生活衛生貸付（直接扱）の内訳。

日本政策金融公庫より作成

認定経営革新等支援機関

認定経営革新等支援機関は、中小企業の経営の状況に関する調査・分析、事業計画の策定支援および実行支援などにより、中小企業・小規模事業者の抱える課題全般に関する指導および助言を行っています。

◇ 認定経営革新等支援機関とは

中小企業を巡る経営課題が多様化・複雑化する中、中小企業支援を行う支援事業の担い手の多様化・活性化を図るため、2012年8月30日に「**中小企業経営力強化支援法**」(現「**中小企業等経営強化法**」)が施行され、中小企業に対して専門性の高い支援事業を行う経営革新等支援機関を認定する制度が創設されました。

税務、金融および企業財務に関する専門的知識や支援に関する実務経験が一定レベル以上の個人・法人・中小企業支援機関等を経営革新等支援機関として国が認定しています。商工会、商工会議所、金融機関、税理士、公認会計士、弁護士、中小企業診断士など35,264機関(2020年2月末)が認定されています。

◇ 認定支援機関への相談

認定支援機関への相談により、様々な経営課題の解決につながる支援を受けることができます。

(1) 事業計画の策定

認定支援機関とともに事業計画を策定することで、経営の現状を把握し、課題を発見することができます。目標および目標達成までのプロセスが明確になり、経営改善につなげることができます。

(2) 信用保証協会の保証料の減額

認定支援機関の支援を受けて事業計画の実行と進捗の報告を行うことを条件に、信用保証協会の保証料が減額(マイナス0.2%)されます。

(3) 補助金の申請

「ものづくり補助金」、「事業再構築補助金」などの補助金については、認定支援機関が事業計画の実効性を確認することで、申請が可能となります。

(4) 経営改善計画策定支援

認定支援機関の支援を受けて経営改善計画を策定すると、専門家への支払費用の3分の2（上限200万円）が補助されます。

アドバイス

中小企業診断士は3年以上の実務経験があれば、申請により経営革新等支援機関として認定されます。補助金の申請支援も経営革新等支援機関としてかかわることができます。筆者も認定されています。

経営改善計画策定支援事業

金融支援を伴う本格的な経営改善の取り組みが必要な中小企業・小規模事業者を対象として、認定経営革新等支援機関が経営改善計画の策定を支援し、経営改善の取り組みを促すものです。中小企業・小規模事業者が認定経営革新等支援機関に対し負担する経営改善計画策定支援に必要となる費用の3分の2を中小企業活性化協議会が負担します。事業開始の2013年3月についた予算が405億円であったことから、405事業とも呼ばれています。

社長の決断・行動

社長に向いているのは、本質を的確に判断し、素早く決断できる人です。物事を決めるのに時間がかかると改善が遅れ、社内の業務も停滞して生産性が高まりません。筆者の関与先でも、アドバイスをすぐに行動に移す会社と、言い訳を言ってなかなか行動に移さない会社とでは、業績の改善に大きな差が出ています。

中小企業の経営

中小企業は社長で決まる

会社において起きたことのすべての責任は社長にあります。商品の売上不振も従業員が起こした失敗も、最終的にはすべて社長の責任です。

◇中小企業の社長

中小企業は人数が少ないため、社内の様々な業務を社長自身が担当者として行っていることがよくあります。その分、**社長**の果たす役割は大きくなります。経営戦略をはじめ、人員計画やトラブル時の対応方針など、会社経営に関する重要事項はすべて社長が決断します。

また、中小企業の社長は大企業のトップとは異なり、率先して現場に出ることが多々あります。売上アップを目標に設定した場合は、社長自身が営業活動を行い、社員だけの力では獲得が難しい内容や規模の取引先を開拓して、従業員の信頼を高めています。

社長が持っている技術やノウハウを積極的に社員に伝えるのも、中小企業だからこそできる社長の仕事です。

中小企業の社長には、営業力や技術力といった得意分野のある人が多くいます。社員を引っ張っていくには、経営のすべてに精通していなくても、社長の強みを社員が認めていることが大切です。

会社のすべてのことが社長の責任となるのは、人材採用の決断をするのも、幹部を決めるのも、仕事の担当を決めるのも社長だからです。うまくいってもいかなくても、担当者を任命した責任があります。

◇社長の仕事内容

社長の仕事内容は、経営計画の作成や資金調達、人員の採用・育成、顧客開拓、新事業開拓など多岐にわたります。

その中でも大切なのは、経営方針を決めることと、人を育てることです。

経営方針とは、会社の基本的な方向性や事業の計画を表したもので、従業員の行動基準となります。「何を行い、何を行わないか」という方向性を示します。

人材の採用は人事・総務部門が行い、教育は現場で行う会社が多いとはいえ、人材が企業の一番の財産であることを自覚している経営者は、自ら採用と育成に力を入れます。

◇社長への適性

世の中にはいろいろな社長がおられ、会社の雰囲気も業績も様々です。業界や企業の状況によって経営者に求められる知識やスキルは異なりますが、「意見を傾聴し、人を導く力を強みとする経営者」や「理論的に考えて本質を見抜き、適切に表現する力を強みとする経営者」の企業では、従業員の仕事に対する意欲が高い傾向が見られます。

経営者の強みと従業員の意欲

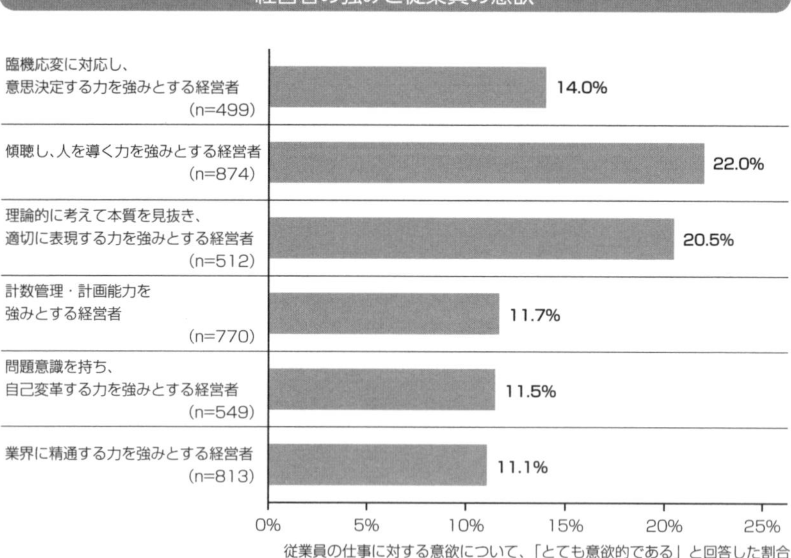

資料：(株) 帝国データバンク「中小企業の経営力及び組織に関する調査」

(注) 因子分析より得られた6つの知識・スキルのうち、最も因子得点が高い知識・スキルをその経営者の強みとして分析している。

中小企業白書 2022年

③ 業種別の中小企業

01 業種別の中小企業

業種別の中小企業の特徴

業種によって、中小企業の比率が高い業種と低い業種があります。

◇ 中小企業の数と比率

中小企業の数が多いのは、小売業、宿泊・飲食サービス業、建設業、製造業です。そして、中小企業の比率が高いのは、複合サービス事業、不動産・物品賃貸業、建設業です。

業種別の企業数（企業+個人、2016年）

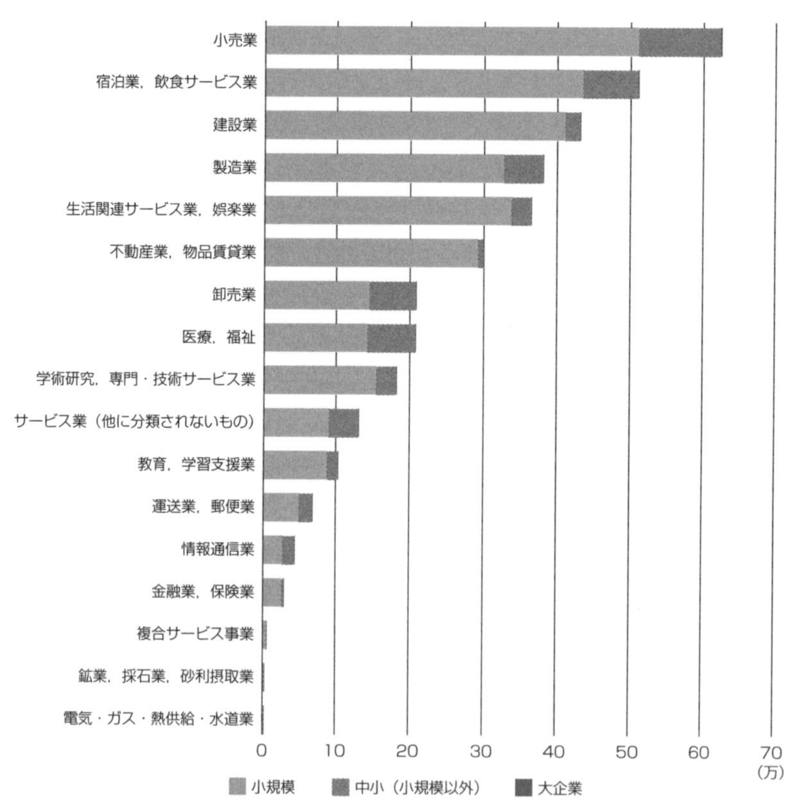

注）グラフは『中小企業白書 2022 付属資料』より作成。%表記は中小企業庁のサイトより確認されたい。

中小企業白書 2022 付属資料より作成

業種別の中小企業比率（企業＋個人、2016 年）

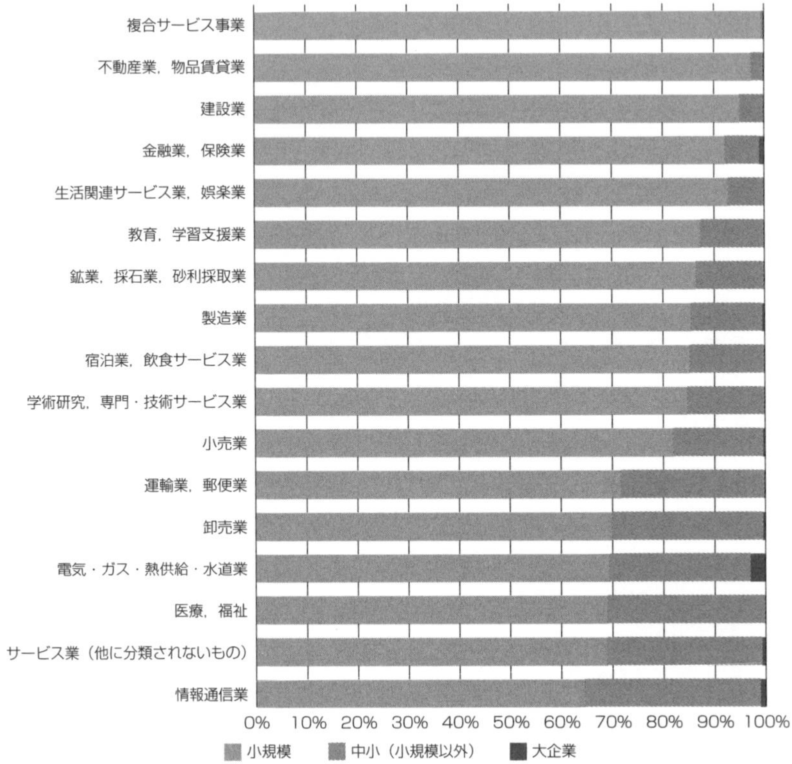

複合サービス事業
不動産業，物品賃貸業
建設業
金融業，保険業
生活関連サービス業，娯楽業
教育，学習支援業
鉱業，採石業，砂利採取業
製造業
宿泊業，飲食サービス業
学術研究，専門・技術サービス業
小売業
運輸業，郵便業
卸売業
電気・ガス・熱供給・水道業
医療，福祉
サービス業（他に分類されないもの）
情報通信業

0% 10% 20% 30% 40% 50% 60% 70% 80% 90% 100%

■ 小規模　■ 中小（小規模以外）　■ 大企業

注）グラフは『中小企業白書 2022 付属資料』より作成。%表記は中小企業庁のサイトより確認されたい。

中小企業白書 2022 付属資料より作成

アドバイス

中小企業診断士として仕事を行うには、得意業種や分野を持っておくことが大切です。筆者の得意業種は企業勤務時代の経験から建設業と製造業です。しかし、一方で幅広い業種や分野についても常に情報収集しておく努力も大切です。どんな企業からの相談にもまずは対応することができるからです。そして、他業種の取組が得意業種の課題解決の参考になることもよくあります。

産業別生産額

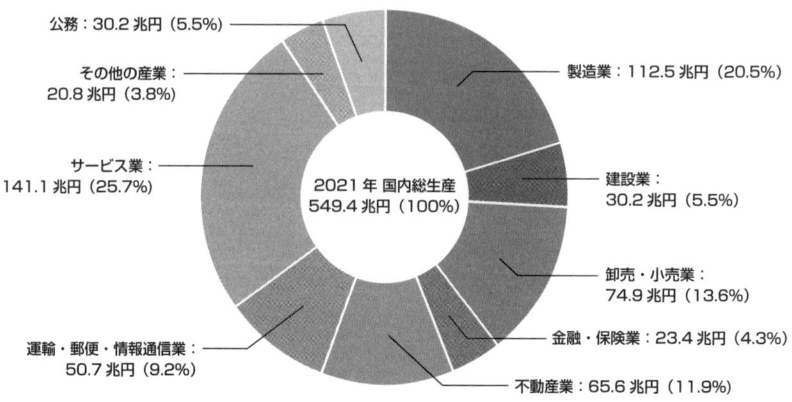

建設業デジタルハンドブック（(一社)日本建設業連合会）

Term

●日本標準産業分類

我が国の産業の統計結果を表示するための分類です。20 の大分類の次に中分類と小分類があります。124 ～ 125 ページのグラフは、大分類から農業・林業、公務、分類不能の産業を除いた 17 分類での集計です。

●複合サービス事業

信用事業、保険事業または共済事業とあわせて複数の大分類にわたる各種のサービスを提供する事業所であって、法的に事業の種類や範囲が決められている郵便局、農業協同組合等が分類されています。

●サービス業（他に分類されないもの）

廃棄物処理業、自動車整備業、機械等修理業、職業紹介・労働者派遣業、ビルメンテナンス業、警備業などです。政治・経済・文化団体や宗教などもここに分類されています。

業種別の中小企業

中小小売業をサポートする中小卸売業

卸売業とは、商品の円滑な流通を促す中間流通業者です。「商品を製造するメーカー」と「商品を消費者に販売する小売業」とを仲介する役割を担っています。

◇卸売業の基本的な役割

卸売業は、メーカーと小売業の間で、需要と供給のバランス調整、メーカー・小売業間の価格交渉、商品の配送、円滑な取引の実現など、多様な役割を担っています。

(1) 需要と供給の調整

メーカーは、同じ商品を大量に生産するのが効率的であるため、大量受注を希望します。しかし、小売業は一度に販売できる量が限られており、大量に発注すると不良在庫となるリスクが高まります。そこで、卸売業が複数の小売業の注文を取りまとめることで、メーカーへの発注量を増やし、両者の注文・販売量が効率的になるように調整しています。

(2) 物流の効率化

卸売業がない場合、商品を製造したメーカーは各社とも直接、小売業に商品を納入する必要があります。しかし、小売業の店舗が１つのメーカーに求める商品の数量は限られているため、配送効率が悪くなります。卸売業者が物流も担うことで、複数メーカーの商品をまとめて小売業に届けられるようになり、物流の効率化が実現します。

(3) 多様な商品の取り扱い

卸売業が複数メーカーの商品を取りまとめて、小売業に対して各社の商品情報を提供することができます。各メーカーの商品の価格交渉窓口も、卸売業者に一本化することができます。

(4) 店頭の販売促進サポート

卸売業が複数メーカーの多様な商品を取りまとめて組み合わせ、小売業に品ぞろえの提案をすることができます。異なるメーカーの商品を並べて陳列することで、商品の魅力を引き出したり、セット購買を促すといった提案ができます。

また、卸売業が小売業の店頭で販売促進のサポートをすることで、消費者ニーズを把握し、マーケティング情報を蓄積することができます。こうして得られた情報をメーカーにフィードバックすることで、メーカーの商品開発にも貢献できます。

(5) 円滑な代金回収

卸売業が仲介することで、メーカーは卸売業者に納めた時点で代金を回収できます。多数の小売業の与信管理をメーカーが直接行うのは現実的ではないため、卸売業は代金回収面でも重要な役割を果たしています。

商社と卸売業

商社の役割は、「商品の取引を仲介する」という意味では卸売業と同じです。しかし、原料や素材などメーカー側に近い商材を主に扱う点や、基本的に物流機能を持たない点が、卸売業とは異なります。

不確実性プール原理

「流通取引において卸売業者が介在することで、市場における在庫数が減少する」という原理です。例えば、小売業者が 10 社存在し、需要の変化に対応するため各々が在庫を 50 個抱えているとします。そのときの市場の在庫は 10(小売業者数) × 50(在庫数) = 500 個となります。しかし、地域に卸売業者が介在して商品を速やかに供給することができれば、小売業者は 50 個よりも少ない在庫で需要の変化に対応できます。卸売業者が介在することで、小売業者は余計な在庫を減らし、在庫スペースも効率化させることができます。

取引数量最小化の原理

「流通取引において卸売業者が介在することで、市場における取引数が減少する」という原理です。例えば、メーカーが10社、小売業者が5社存在している場合、市場で行われる取引数は10(メーカー数)×5(小売業者数)＝50通りとなりますが、卸売業者が介在すると、メーカーも小売業者も卸売業者のみと取引すればよくなり、市場で行われる取引数は10(メーカー数)＋5(小売業者数)＝15通りとなります。卸売業者が存在することで、メーカーも小売業者も、取引を効率化することができます。

●取引数量最小化の原理（イメージ）

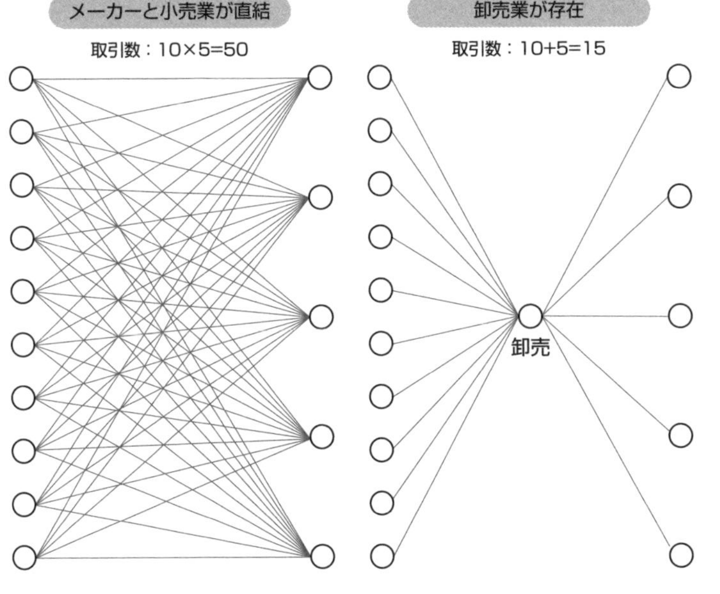

03 業種別の中小企業

顧客満足がわかりやすい中小サービス業

サービス業には幅広い業種があります。個人の生活スタイルの変化、そして企業を取り巻く環境の変化に伴い、サービス業の市場は拡大しています。

◇サービス業とは

サービス業の範囲はとても幅広く、日本標準産業分類においても多くの業種が含まれます。

狭い意味では、**専門サービス業**（法律事務所、税理士事務所、翻訳業や通訳業等）、**生活関連サービス業**（美容業、理容業、家事サービス業等）などがあり、企業や個人が求める、形のないサービスを提供することが主な業務です。近年では、医療・福祉、生活関連、情報サービス、人材紹介・派遣などの分野が伸びています。

ここでは、飲食業や宿泊業も含めて解説します。

◇サービス業の魅力

サービス業の魅力は、自ら培った経験やノウハウ、専門性を生かしたサービスを提供することで、顧客にじかに喜んでもらえることです。接客やサービスで企業や個人のニーズに応え、「ありがとうございます」と感謝の言葉をいただけるのは、サービス業ならではといえます。そして、このような顧客満足が売上や利益につながります。

また、専門サービス業は初期投資が少なく、ノウハウを持っていればすぐにでも始めることができます。

◇サービス業の特徴

サービス業には、「サービスとして提供されるのは行為や運動、機能、情報などであって、有形物ではない」（**無形性**）、「生産と消費が同時に発生し、貯蔵や在庫が難しい」（**同時性**）、そして「需要が時間的にも量的にも偏る」、「生産計画が立てにくい」、「スケール・メリットを生かしにくい」、「品質の客観的測定が難しい」といった特徴があります。

一方で、このような特徴があるため、個人事業や小規模企業であっても、サービスの品質や独自性に顧客の高評価を得られれば、大手企業とも対等に勝負することができます。サービスに対する顧客の反応を日々の経営に生かして改善することで、売上や利益の増加という成果につながるため、やりがいも持ちやすい業種です。

◇サービス業の難しさ

一般にサービス業では、「いかにして集客するか」が大きな課題となります。サービスは目に見えないため、品質の良し悪しは実際にサービスを体験しないとわかりません。サービスの品質に自信を持っていても、顧客にそのサービスを知ってもらい、興味を持ってもらい、実際に試してもらい、質の高さや魅力を十分に理解してもらい、そして継続的に利用してもらえるようにならない限り、継続的な売上にはつながりません。

そのためサービス業の企業では、「サービス内容の紹介動画や既存顧客の声をホームページに掲載する」、「自社サービスの魅力をできる限りわかりやすく伝える」、「初回割引や紹介割引を設定して、初回利用のハードルを低くする」といった工夫をしています。サービスの品質や独自性を追求するだけでなく、それを潜在顧客へわかりやすく伝えることが大切です。

◇サービス業の生産性

多くのサービス業では、労働生産性が低く、また企業間の水準のばらつきも小さい状況です。これは、前述の無形性や同時性などの特徴も原因になっていると考えられます。

「自社のサービスの内容に合わせて業務の標準化を進める」、「業務プロセスの見直しやITを活用した効率化に取り組む」、「従業員の意欲や能力を高める」といったことが大切です。そして、長期的な視点で、高い付加価値を生み出す人材を育成していくことが重要です。

業種別の中小企業

下請けとしての仕事が中心の中小製造業

日本には多くの大手製造業がありますが、これらの企業の製品を部品生産の面で支えているのが中小製造業です。

◇中小製造業の現状

自社で企画した商品を製造している企業では、営業、企画、開発、設計、製造などの業務がありますが、小規模な企業は、業務として製造・加工・組立だけを行っていることが多く、開発や設計、営業を行っている企業は少ないのが現状です。下請けとして仕事を請け負っている企業が多く、営業力が比較的弱い傾向があります。また、小規模な企業は得意先数も限られています。強みとしても得意先との近接性や信頼関係を挙げる企業が多く、営業力、企画力、開発力などを挙げる企業は少ない状況です。

新規顧客からの受注ができず、少数の顧客に依存した経営が多いことが課題として挙げられます。営業基盤が弱く、下請けから抜け出せない企業が多くあります。

業務の範囲

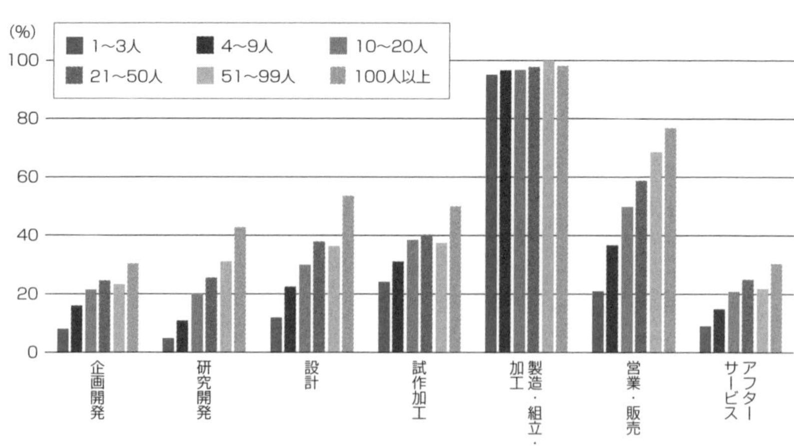

令和３年度 東京の中小企業の現状 製造業編（東京都産業労働局）より作成

得意先件数

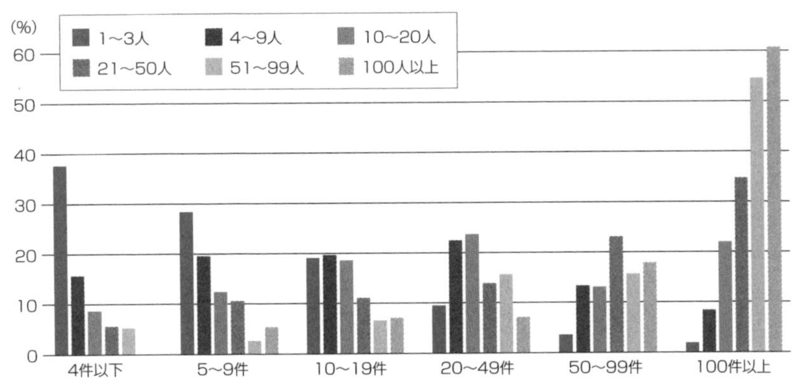

令和3年度 東京の中小企業の現状 製造業編（東京都産業労働局）より作成

取引における強み

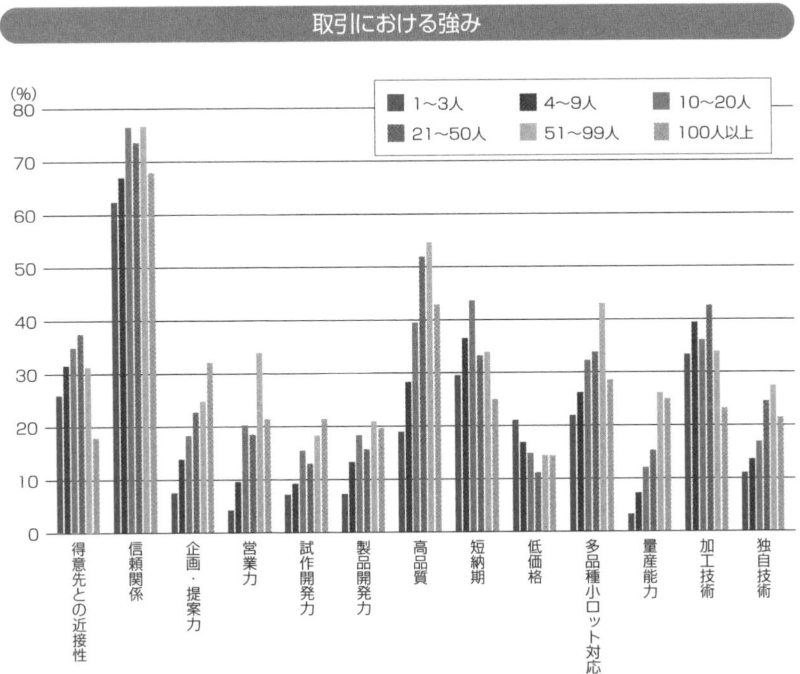

令和3年度 東京の中小企業の現状 製造業編（東京都産業労働局）より作成

◇下請取引のメリット

中小製造業は、独自の企画や開発を行わずに下請けとして業務を行う企業が中心ですが、下請取引にも多くのメリットがあります。

下請取引のメリット

下請企業	親企業
・仕事量が安定 ・独自の営業活動が不要 ・独自の製品開発・企画力が不要 ・親企業からの技術や経営の指導 ・親企業からの資金面での支援	・下請企業の専門技術を利用できる ・設備投資などの負担を軽減できる ・需要変動に柔軟に対応できる

Term

●下請け

自社より大きい企業から委託を受けて、物品・半製品・部品・付属品や原材料の製造、製造設備・器具の製造または修理を行うことです。一般的には親企業が企画、品質、性能、形状、デザイン、仕様などを指定して発注する形態であり、受注加工型の生産方式となります。

◇中小製造業の課題

日本は、「ものづくり大国」といわれてきましたが、国際競争が激化する中で競争力が低下しています。人件費が安く、ローコストで生産できる新興国が台頭しています。

大手企業の海外生産シフトや部品生産の海外への発注も進みました。

中小製造業は次のような課題を抱えています。

(1) 少子高齢化による人材不足

少子高齢化による人材不足は、製造業にとって深刻な問題です。高度な技術を持った技術者の高齢化により、技術の継承が難しくなっています。

(2) 進まない設備投資

利益が増えず、新しい設備が導入されていないため、老朽化した設備の最新化が進んでいません。IT化やデジタル化も遅れています。

(3) ノウハウの属人化

作業者個人が独自の工夫や改善に取り組むことは日本企業の強みの1つですが、その反面、「ある作業や工程が特定の作業者に依存してしまう」問題が生じています。人員に限りのある中小製造業ではスムーズな技能伝承が困難であり、大きな課題となっています。しかも、ノウハウの多くはベテラン社員が持っているため、高齢化・人材不足と複合した課題になっています。

製造業における若年就業者数の推移

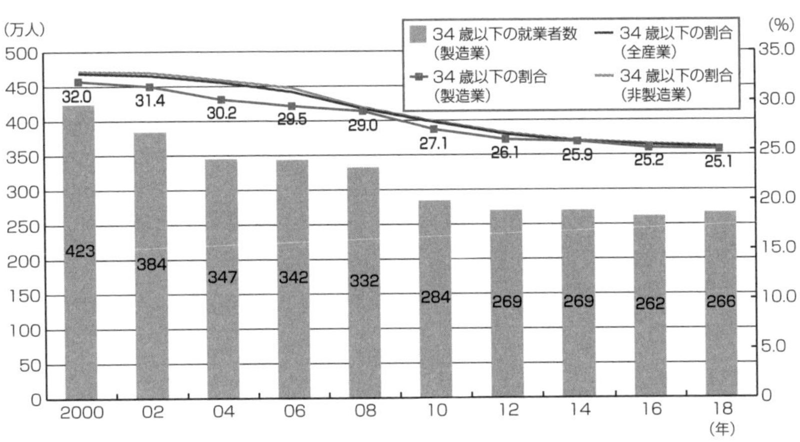

資料：総務省「労働力調査」

2020年版ものづくり白書（経済産業省）

1998年には製造業の事業所が373,713事業所ありましたが、企業の倒産や廃業等により、2017年には188,249事業所と20年間でほぼ半減しています。

製造業に関する事業所数

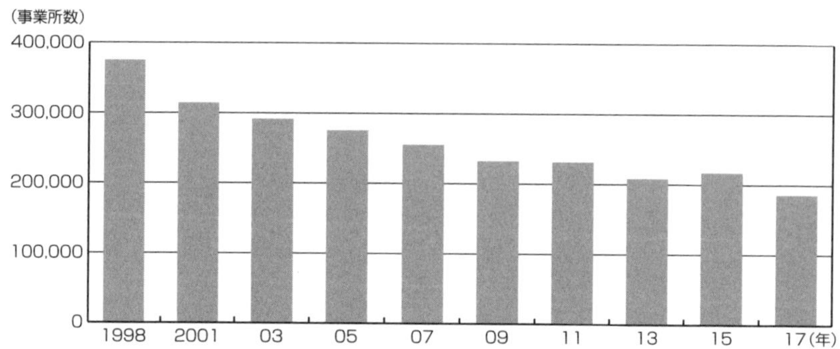

資料：2011 年、2015 年は総務省・経済産業省「経済センサス・活動調査」、他は経済産業省「工業統計調査」

工業統計調査（経済産業省）

◇製造業の改善策

中小製造業が今後も発展していくためには、以下のような改善策を推し進める必要があります。

(1) 生産性向上

製造業においては、就業者数が長期的に減少する中、機械化や高付加価値化によって１人あたり労働生産性を高めてきました。今後、一層の生産性向上のためには、IT やデジタル技術の導入で作業効率を高める必要があります。

(2) 人材確保、技術伝承

生産年齢人口の減少が進む中で、各企業が働き手の確保に乗り出し、人材獲得競争が激化しつつあります。自社の将来を担う若手人材や、スキルを持った人材を確保するには、「自社のブランドや技術力を発信し、若手人材にアピールする」、「熟練工から若手への技術伝承のため、知見やノウハウを蓄積する」「スキルに見合った処遇を行う」といった対策が必要です。

(3) 新商品開発、販路拡大

新型コロナウイルスの急激な感染拡大により、多くの企業が事業継続リスクにさらされました。新たな商品の開発と新たな販路の開拓が必要です。

(4) 強みの明確化

前項の販路拡大を実現するには、自社ブランドや技術力の強みを明確化し、新規顧客や異業種に発信することも大切です。

(5) サービス製造業へ

依頼された製品をつくるのではなく、顧客の問題を解決する製品を企画・開発・製造する技術を生かしたサービス製造業に転換することが重要です。

住工混在問題

都市部の町工場が集まっている地域で、後継者難などで廃業した工場の跡に住宅が建ち、そこへ移り住んだ住民と近隣の町工場との間で騒音や異臭のトラブルが起きる――という「住工混在問題」が深刻になっています。準工業地域の宅地化が進み、肩身の狭くなった町工場が郊外へ移転したり廃業するケースも増えています。

働き方改革

(1) 長時間労働の是正

長時間労働による過労死等や正規雇用・非正規雇用間の処遇格差などの問題に対処するため、「働き方改革」が進められています。この改革の進展によって長時間労働が是正されれば、ワークライフバランスが改善し、女性や高齢者も働きやすくなります。また、正規・非正規の理由なき格差がなくなれば、非正規で働く人のモチベーションが上がります。働き方改革が、ものづくりの現場にも大きな効果をもたらすことが期待されています。

(2) 時間外労働の賃金割増率

2023年4月に、中小企業で月60時間を超える残業代の割増賃金率が従来の「25%以上」から「50%以上」に引き上げられました。大企業では2010年から割増率が50%以上でしたが、中小企業には適用猶予期間が設けられていました。人手不足の中小企業では、残業時間が増える傾向にあります。業務の見直しや時間外労働の削減などの対応が求められています。

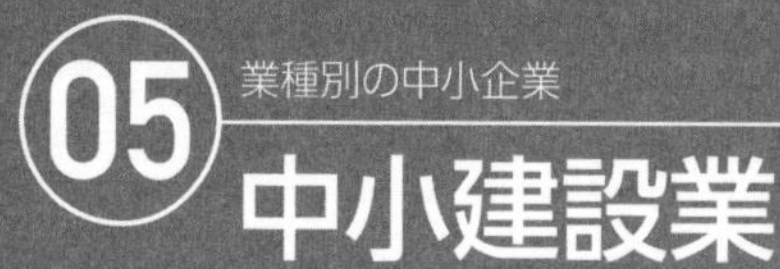

中小建設業

建設業は、つくったものが後世に残るやりがいのある仕事です。

◇ 建設業の特徴

建設業は、構造物や建設場所が物件ごとに違う一品生産であり、受注してから工事を行う個別受注生産です。また、多くの業者からなる組立産業で、工事の多くを下請けに依存する重層下請構造です。中小建設業の多くが下請けとして仕事をしています。

さらに、基本的に野外作業であるため、夏は暑くて冬は寒く、雨・雪が降れば施工できない工事もあります。その一方、災害復旧・除雪・維持管理などで土曜・日曜も稼働が必要な現場も存在します。

このような建設工事は、対象の地域から離れて行うことはできません。そのため、建設工事はその地域の経済循環を活性化する効果もあります。

重層下請構造

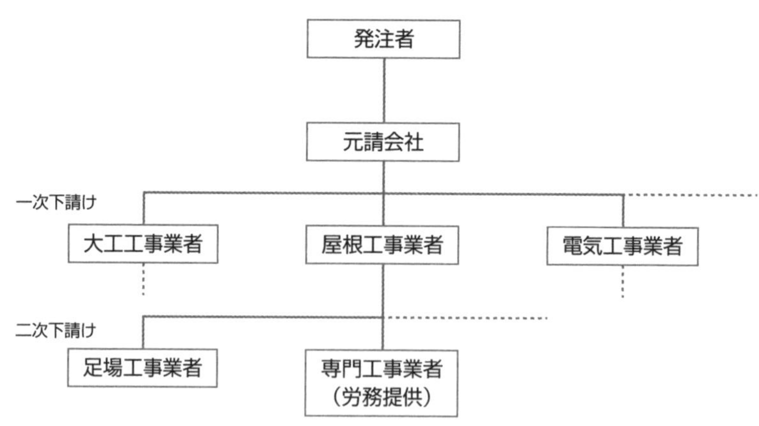

◇中小建設業の現状

建設業界には大手ゼネコンから中堅・中小企業、1人で仕事をする大工・職人まで様々な人が働いています。

(1) 建築と土木

建設業には**建築**と**土木**があり、建築は住宅やマンション、ビルなどを建築し、土木は道路や橋、トンネル、ダムなどを建設します。建築は民間工事が主体、土木は公共工事（政府）が主体です。また、工事全体の中では民間工事が6割以上を占めています。

建築と土木の比率（2021年度）

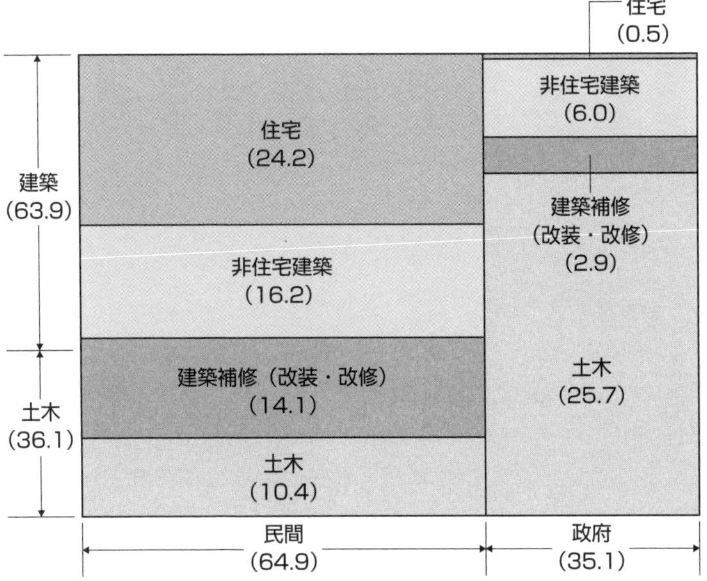

※( )内は比率(%)

建設業デジタルハンドブック（(一社)日本建設業連合会）

(2) 建設投資額の推移

建設投資額はピークの1992年から大幅に減少しましたが、近年は増加傾向です。災害の多発や老朽化したインフラのメンテナンス需要、都市部の開発などが建設投資額を押し上げています。

建設投資額の推移

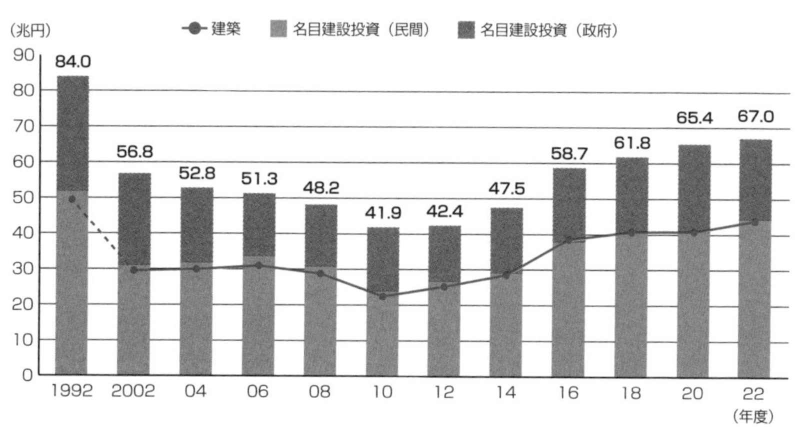

建設業デジタルハンドブック（(一社)日本建設業連合会）

(3) 建設業許可

建設業の工事を行うためには、**建設業許可**を受けなければなりません。建設業法には29種類の許可業種が定められ、いろいろな業種が協力して工事を行います。

工事の発注者は、個々の専門工事業者に個別に工事を発注するわけではなく、多くの場合、一括して元請けとなる建築一式工事業や土木一式工事業の業者に発注します。これらの業者のもとに専門の工事を担う業者が組織されて工事が行われます。下請けの専門工事業者は、さらに下請けの専門工事業者や一人親方に仕事を発注することもあります。

これらの専門工事を担っているのが中小建設会社です。

建設業の許可業種

土木工事業	鋼構造物工事業	熱絶縁工事業
建築工事業	鉄筋工事業	電気通信工事業
大工工事業	舗装工事業	造園工事業
左官工事業	しゅんせつ工事業	さく井工事業
とび・土工工事業	板金工事業	建具工事業
石工事業	ガラス工事業	水道施設工事業
屋根工事業	塗装工事業	消防施設工事業
電気工事業	防水工事業	清掃施設工事業
管工事業	内装仕上工事業	解体工事業
タイル・れんが・ブロック工事業	機械器具設置工事業	

◇中小建設業の課題

(1) 社会資本の老朽化

建設後 50 年以上経過する社会資本の割合が増加しています。今後はメンテナンス需要が拡大していきます。

建設後 50 年以上経過する社会資本の割合

	2018 年 3 月	2023 年 3 月	2033 年 3 月
道路橋 [約 73 万橋（橋長 2m 以上の橋）]	約 25%	約 39%	約 63%
トンネル [約 1 万 1 千本]	約 20%	約 27%	約 42%
河川管理施設（水門等） [約 1 万施設]	約 32%	約 42%	約 62%
下水道管きょ [総延長：約 47 万 km]	約 4%	約 8%	約 21%
港湾岸壁 [約 5 千施設（水深 −4.5m 以深）]	約 17%	約 32%	約 58%

資料：国土交通省

（注）建設年度不明により除いているものもある。

建設業デジタルハンドブック（(一社)日本建設業連合会）

(2) 建設業従業者の高齢化

建設業は、全産業に比べて若者の割合が低く、高齢者の割合が高くなっています。体を使う仕事であるにもかかわらず、他の産業よりも高齢化が進んでいるのです。

建設業就業者の高齢化

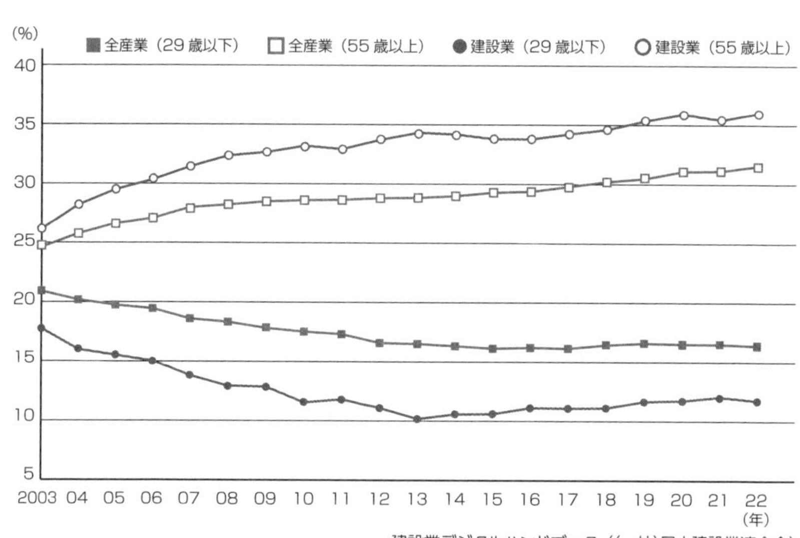

建設業デジタルハンドブック（(一社)日本建設業連合会）

(3) 生産性の格差

建設業の労働生産性は2012年を底に上昇傾向にありますが、他の産業とはまだまだ大きな格差があります。建設業界内でも企業規模による格差が見られ、規模の大きな方が営業利益率が高い傾向にあります。

Term

● 一人親方

個人事業主の一種。労働者を雇用せず、単独で請負の事業を行っています。そして、請け負った仕事を自らの責任で完成させる技術を持っています。

建設業の労働生産性の推移

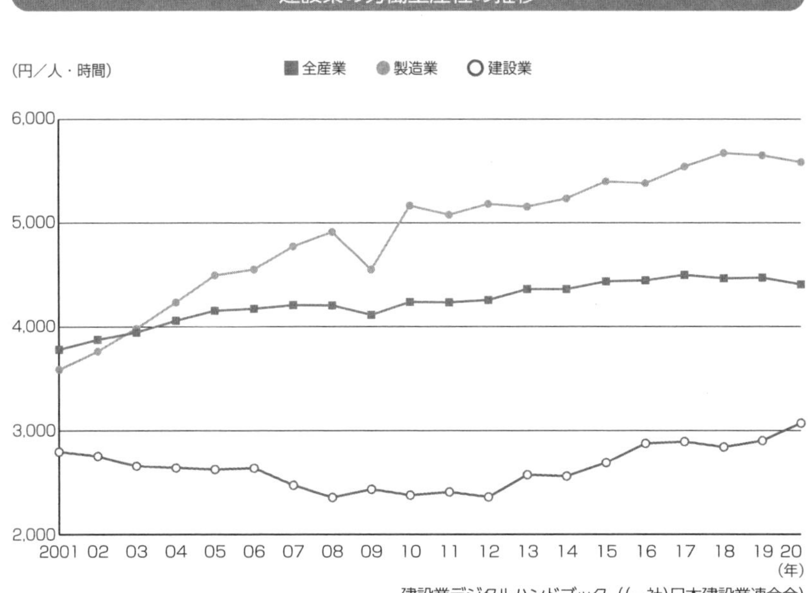

建設業デジタルハンドブック（(一社)日本建設業連合会）

◇中小建設業の役割

地域建設業は、地域の社会資本の整備・維持管理を行うインフラの担い手であると同時に、地域の雇用確保を通して地域経済を支えています。災害時の緊急活動、冬季の除雪作業による交通の確保など、地域の安全・安心を守る役割もあります。

特に、自然災害が毎年のように激甚化して発生する近年の状況では、パトロールや初期の緊急対応、道路管理など、地域に精通した建設企業の活動が必要不可欠となっています。

しかしながら、人口の減少が進む地域の中には、このような工事を担う中小建設業者の減少が問題となっているところもあります。

建設業の今後に向けて、IT やデジタル技術を活用して生産性を高める「**建設 DX**」の取り組みに期待が寄せられています。

商店街の衰退

商店街は、高度成長期からバブル期まで地域の重要な存在でした。祭りや地域活性化の担い手、地域コミュニティを形成する場として、地域に貢献してきました。

◇商店街の現状

中小小売業者の事業活動の保護を目的とした1973年の「**大規模小売店舗法**」により、大規模小売店舗の出店が規制されていましたが、1998年に成立した「**大規模小売店舗立地法**」において規制の転換が行われました。この結果、郊外への大規模小売店舗の出店が進み、商店街を中心とする中心市街地が空洞化していきました。店舗数が減少し、アーケードの維持・修繕費を賄えなくなって、アーケードが消滅の危機に陥っている商店街もあります。

近年はIT化の進展によりEC（電子商取引）市場が拡大しており、リアル店舗とネット販売の競争が激化するなど、商店街の状況はますます厳しくなっています。

商店街の空き店舗の割合は、2003年に7.3%でしたが、2012年には14%を超えています。2021年度の調査では、来街者数が「減った」と回答した商店街が全体の約7割を占めました。商店街はますますその活力を失いつつあります。

商店街の景況

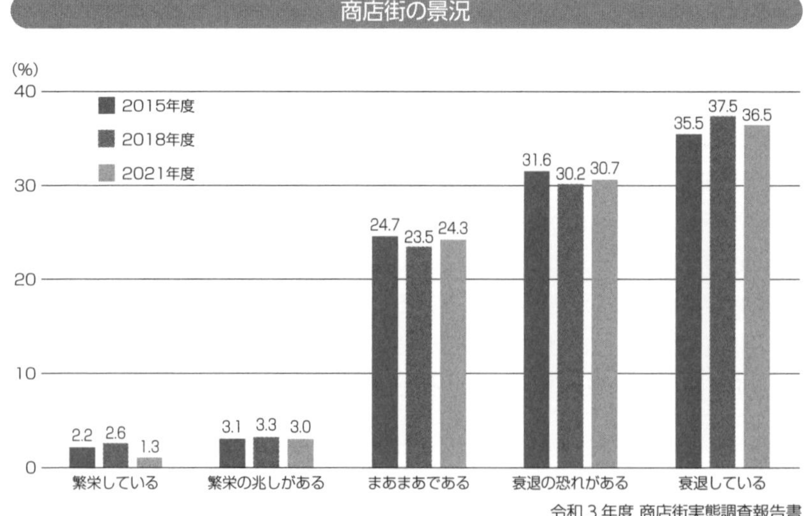

令和3年度 商店街実態調査報告書

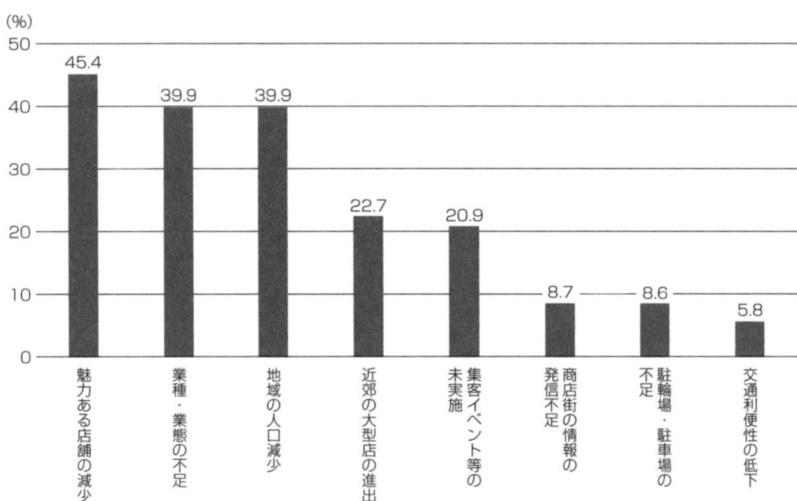

令和3年度 商店街実態調査報告書

Term

● 大規模小売店舗法（大店法）

「消費者の利益の保護に配慮しつつ、大規模小売店舗の事業活動を調整することで、その周辺の中小小売業者の事業活動の機会を適正に保護し、小売業の正常な発展を図る」ことを目的として、1973年に制定されました。出店調整においては地元の商工会議所（商工会）の意見を聴くことが定められ、それに沿って調整が進められました。その後、日米構造協議を経て大店法の運用は大幅に緩和されました。

● 大規模小売店舗立地法（大店立地法）

米国からの批判により大店法が廃止され、それに代わって定められました。大店法とは趣旨が異なり、大型店と地域社会との融和の促進を図ることを目的としています。審査内容は主に、車両交通量など出店による周辺環境の変動に関するものとなりました。各地に大型店が出店し、地方都市や郡部では既存の駅前商店街が衰退するケースが増加しました。

◇商店街の課題

商店街の抱える課題として多いのは、「経営者の高齢化による後継者問題」、「店舗等の老朽化」、「集客力が高い店舗が少ない」、「商圏人口の減少」、「空き店舗の増加」などです。特に、商店街の経営者の高齢化が深刻です。

大型店やチェーンストアが企業努力を重ねているのに対し、商店街が自助努力を怠り、市場の変化を見過ごしてしまったことも、衰退の原因の１つだといわれています。

また、商店街の課題としてしばしば指摘されるのが、「商店街の経営者がいない」ことです。「各店舗の経営者をまとめて、商店街全体の成果を向上させる」役割を果たす経営者が、商店街には存在しません。例えば、店舗の経営者にシャッターを開けるよう要請しても、「開けられない」と言われてしまえばそれまでです。企業が経営するショッピングセンターであれば、施設の責任者が、売り場づくりや接客など店舗運営のアドバイスをしたり、店舗の入れ替えといった行動をとることができます。

商店街における問題

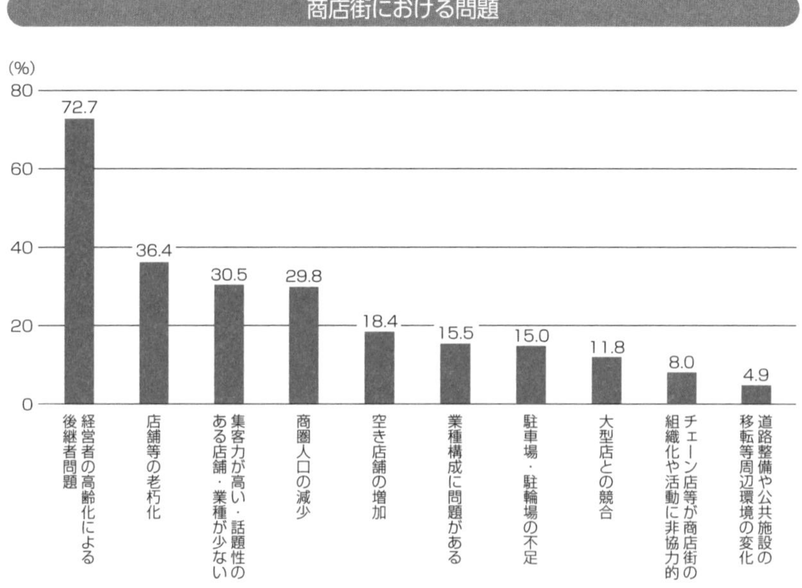

令和３年度 商店街実態調査報告書

◇商店街の対応策

このような課題に対して、商店街ではソフト対策やハード対策を行っています。

ソフト対策では、環境美化や防犯、祭り、まちゼミなどが効果を上げています。そのほか、子育て支援や高齢者支援のサービスにも取り組んでいます。

ハード対策として実施しているのは、街路灯の設置、防犯カメラの設置、カラー舗装などです。

商店街のソフト事業の実施状況と商店街の景況との関係

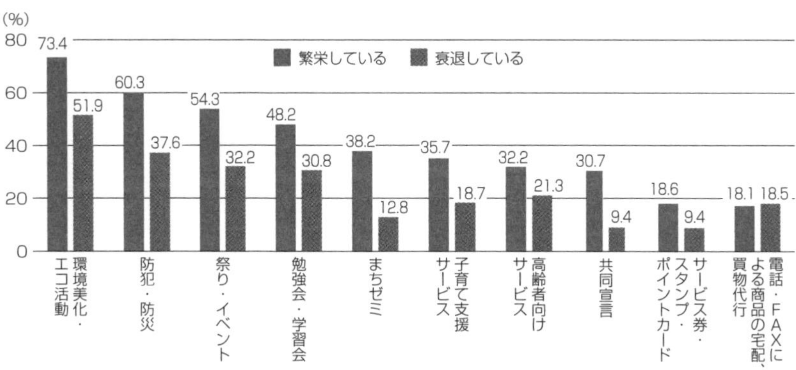

令和３年度 商店街実態調査報告書より作成

商店街のハード事業の実施状況と商店街の景況との関係

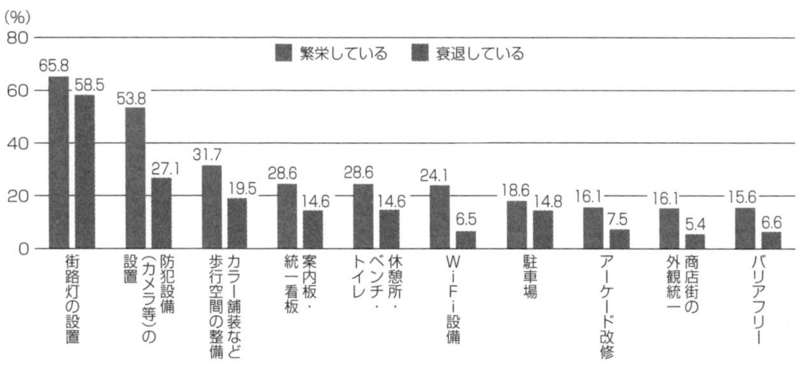

令和３年度 商店街実態調査報告書

事例　リノベーション事業による商店街の活性化

魚町商店街（北九州市）では、遊休物件の所有者と入居希望者を結ぶ仲介機能を有する(株)北九州家守舎が、大学や商店街等と協力して、街中の遊休物件を有効活用する「リノベーション事業」に取り組んでいます。

同社が家賃保証等を行うことで、賃貸することに二の足を踏んでいた遊休物件の所有者から賃貸の了承を得るなどして、物件の活用を図っています。地域企業と商店街等が協力して、地域活性化を成功させています(中小企業白書 2014)。

事例　観光やテーマで集客する商店街

観光型やテーマ特化型として来街者を集めている商店街もあります。

「おばあちゃんの原宿」で有名な巣鴨地蔵通り商店街、滋賀県長浜市の「黒壁スクエア」、埼玉県川越市の「一番街商店街」や「菓子屋横丁」、大分県豊後高田市「昭和の町」、東京の「浅草」、「谷中銀座」、「柴又神明会」、「秋葉原」、「合羽橋」、「月島西仲通り」などです。秋葉原は「アニメ」、合羽橋は「調理道具」、月島西仲通りは「もんじゃ焼き」がテーマです。

事例　日本一の長さの商店街

大阪の天神橋筋商店街は全長 2.6km で日本一の長さの商店街です。約 30 年前に日本一の長さをアピールして来店客が増えてきました。店舗数が 600 店であり、ここにきたら何かあるというワクワク感と商店街ならではのお店と顧客の近接性が魅力となっています。

Term

● **商店街**

商店街についての明確な定義はありませんが、商業統計では「小売店、飲食店およびサービス業を営む事業所が近接して30店舗以上あるもの」を、1つの商店街と定義しています。2014(平成26)年の商店街数は12,681となっています。商店街を構成する店舗数（空き店舗を含む）の全国平均は51.2店、空き店舗数は5.49店となっています。商店街の商店主が集まって組織化されたものが商店会です。

● **アーケード**

商店街等を覆うアーチ状の屋根のこと。日差しや雨から店舗や歩行者等を守る目的で設置されています。

● **まちゼミ**

全国各地の商店街振興組合による、国の補助金を利用した事業。商店街内の店舗の経営者等が講師となり、プロならではの視点で専門知識や情報、商売のコツなどを教えている、少人数制の勉強会です。

● **リノベーション**

対象となる建築・不動産を改修するだけでなく、新しい用途への変更を行います。雇用の創出やコミュニティの再生、エリアへの波及効果など、新たな価値を生み出します。

● **シャッター通り**

営業を休止してシャッターを下ろしたままの商店や事務所が多く見られる、商店街や街並みのことです。

商店街に期待される役割

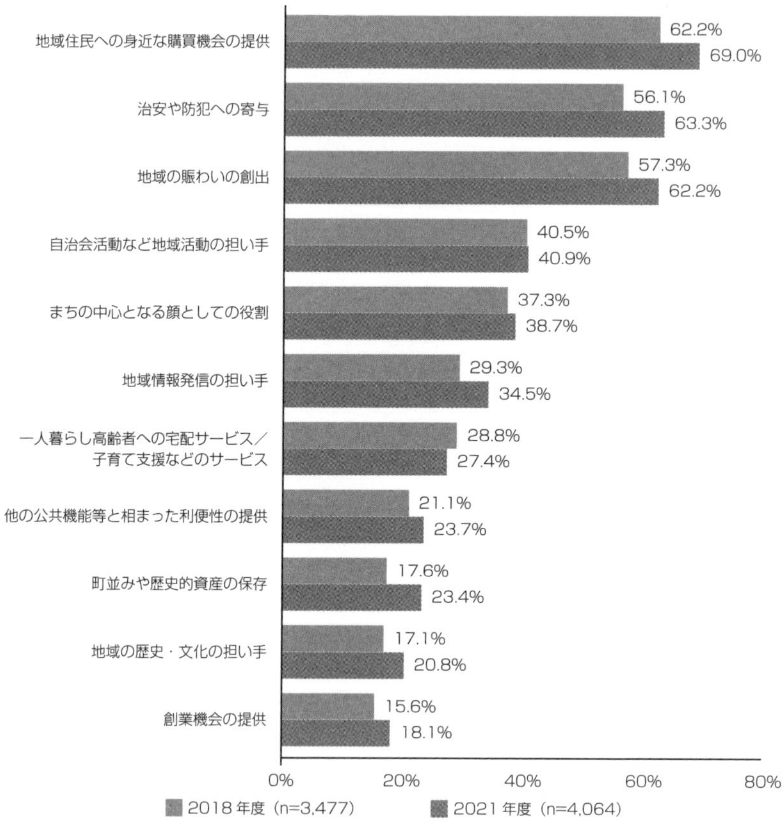

資料：中小企業庁「平成 30 年度商店街実態調査」、「令和 3 年度商店街実態調査」

中小企業白書・小規模企業白書の概要 2023

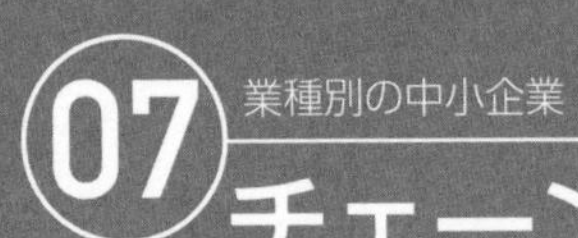

業種別の中小企業

チェーン店・フランチャイズ店と中小企業

チェーン店やフランチャイズ店は、本部企業によって各店舗が標準化されています。

チェーン店や**フランチャイズ店**は、地域で中小企業と競合している一方、フランチャイズ店を経営しているのも地域の個人や中小企業です。

◇チェーン店とフランチャイズ店

チェーン店やフランチャイズ店は、店舗経営のノウハウ、店内レイアウト、提供商品、応対サービス、従業員教育、パート・アルバイト教育といった、店舗経営に関わるすべての要素が標準化されており、全店舗で画一的な経営が行われます。独自の物流・情報システムを持ち、店舗内外の設計・施工や、内装、備品類などを標準化することで、出店コストを削減しています。

◇チェーン店

スーパーマーケット、ドラッグストア、飲食店などで、同じブランドを掲げている店舗が多くあります。同一ブランドで本社直営の店舗を多数経営しているのがチェーン店です。チェーン店が新店舗を開店するためには、周辺調査や物件確保、店舗責任者や従業員の教育、設備工事など、オープンまでに手間とコストが多くかかります。

本部統制が強く働いており、どの店舗でも画一的なブランド価値を提供しています。また、直営店であることから店舗責任者と本部の間でコミュニケーションがとりやすく、店舗責任者同士の情報交換も活発になります。

◇フランチャイズ店

フランチャイズ店とは「本社企業とのフランチャイズ契約によって運営されている加盟店」のことです。コンビニエンスストアの９割以上がフランチャイズ店であり、他の業種にも多く見られます。フランチャイズ店は、店舗経営者とその従業員・パート・アルバイトで構成されています。

加盟店は、契約金やロイヤリティを支払う必要があるものの、本社企業の店舗経営ノウハウをもとに一定の収益が期待できる上に、スピーディな事業展開が可能です。本社企業にとっても、店舗展開をスピーディにできるというのが大きなメリットです。

フランチャイズ店にも本部統制はありますが、店舗ごとに経営者がいるため、チェーン店よりは各店舗の特色が出やすいといえます。

◇チェーン店・フランチャイズ店の業務

チェーン店とフランチャイズ店の共通のメリットは、「仕入れの集中化」です。

本来ならば店舗ごとに行われる仕入業務を本部企業が一元的に実施することで、仕入れる商品の絶対量を大幅に増やすことができます。こうして仕入先との価格交渉を有利に進めて、質の高い商品をより安く仕入れています。商品点数も増やすことができます。

チェーン店やフランチャイズ店は、小売業だけでなく、ホテル、飲食店（ファミリーレストラン、ファストフード、居酒屋など）でも展開されています。

全国展開している場合は、知名度の向上や全店共通商品の周知を目的として、テレビCMや新聞広告など影響力の大きいメディアでプロモーションを行います。

小売業では、他社との差別化を図るため、もしくは価格面で他社よりも優位に立つために、自社専用商品を開発・販売しています。

飲食業では、セントラルキッチンによる一括大量調理を採用し、原材料コストの削減と品質の安定を図っています。調理経験のない学生アルバイトでも、手順に従えば料理を完成できるようにしています。

◇中小企業の対抗策

中小企業や小規模単独店がチェーン店・フランチャイズ店と戦うためには、同じ土俵に乗らないことが大切です。すなわち、「売れている商品を安く効率的に売る」という戦略とは異なる店舗をつくっていく必要があります。

なお、1商店街あたりのチェーン店舗は5.3店、チェーン店舗率は10%となっています。チェーン店舗のうち、商店街組合に加入しているのは約6割です。

アドバイス

中小企業診断士はフランチャイズへの加盟による創業や新分野進出の相談を受けることもあります。フランチャイズ出店ではフランチャイズ本部が店舗の立地条件から売上予測をシミュレーションして店舗工事費や経費も考慮した3年程度の事業計画を作成してくれます。相談ではその内容や契約内容をよく確認します。

のれん分け

日本では昔から、従業員（昔ならば奉公人）の功労に対するお礼も兼ねて、本店からの「のれん分け」という形で新たな店を設立し、多店舗化することが多々ありました。そして、資産の一部やノウハウの継承が行われたのです。この「のれん分け」によってできた店舗には、店舗経営者の経営自由度が高いという特徴がありました。

チェーンストア理論

チェーン店は、「本社で中央集権的に経営戦略や商品開発、財務、仕入れなどを行い、支店はオペレーションに専念する」ことで、経営を効率化しています。1962年に渥美俊一氏が、米国で学んだチェーンストア理論を普及させるための教育機構である「**ペガサスクラブ**」を設立しました。当時、30代の若手経営者だったダイエーの中内㓛氏、イトーヨーカ堂の伊藤雅俊氏やジャスコ（現イオングループ）の岡田卓也氏など、日本の小売業を代表するそうそうたるメンバーが渥美氏の指導を受け、自社経営を通じてチェーンストア理論の確立に注力しました。

テナントミックス

業種ぞろえ・店ぞろえの最適化のことです。商業集積を活性化するためには、テナント（業種業態）の最適な組み合わせを実現することが大切です。例えば、商店街で顧客ターゲットを設定し、それにふさわしいテナントの誘致を図ります。

下請取引構造の実態

中小製造業・中小建設業では、下請けとして業務を行っている企業が多数あります。

◇ 下請取引の内容

下請取引とは、自社より規模の大きな事業者から業務を受託することです。対象となる業務は、製造・修理・情報成果物作成・役務提供などです。製造業だけでなく、建設業や運送業界、IT 業界にも下請構造があります。下請取引の定義は、**下請代金支払遅延等防止法**（**下請法**）、**下請中小企業振興法**（**下請振興法**）でそれぞれ定められています。

下請法は、「下請取引に関して、発注者である親事業者が優越的地位を利用し、下請事業者との契約を有利に締結することを禁止する」ものです。対象となる下請取引の範囲ならびに親事業者の義務と禁止事項が定められています。下請振興法は、「親事業者の協力のもとに、下請中小企業の体質を強化し、下請性を脱した独立性のある企業への成長を促す」ことが目的です。

下請事業者の定義（下請代金支払遅延等防止法）

a. 物品の製造・修理委託及び政令で定める情報成果物作成・役務提供委託※

親事業者		下請事業者
資本金３億円超	→	資本金３億円以下(個人含む)
資本金１千万円超３億円以下	→	資本金１千万円以下(個人含む)

※政令で定める情報成果物作成委託……プログラム
　政令で定める役務提供委託……………運送、物品の倉庫における保管、情報処理

b. 情報成果物作成・役務提供委託(政令で定めるもの除く)

親事業者		下請事業者
資本金５千万円超	→	資本金５千万円以下(個人含む)
資本金１千万円超５千万円以下	→	資本金１千万円以下(個人含む)

資料： 公正取引委員会・中小企業庁「下請取引適正化推進講習会テキスト」(2019 年 11 月)より中小企業庁作成

中小企業白書 2020

◇ 下請代金の不払い

元請けと下請けのトラブルの中で最も多いのは、代金回収問題です。下請けとして仕事を受注するときは、しっかりと契約を交わしておかなければなりません。元請け、下請け、孫請け……と同じ仕事に関わる業者が増えると、下請段階が下に行くほどしわ寄せを受け、正当な報酬を得られない可能性が出てきます。

親事業者の義務と禁止事項（下請代金支払遅延等防止法）

義務	
・書面の交付義務 ・書類の作成・保存義務	・下請代金の支払期日を定める義務 ・遅延利息の支払義務

禁止事項	
・受領拒否の禁止 ・下請代金の支払遅延の禁止 ・下請代金の減額の禁止 ・返品の禁止 ・買いたたきの禁止 ・購入・利用強制の禁止	・報復措置の禁止 ・有償支給原材料等の対価の早期決済の禁止 ・割引困難な手形の交付の禁止 ・不当な経済上の利益の提供要請の禁止 ・不当な給付内容の変更・やり直しの禁止

公正取引委員会

下請けの資金支援

運輸・プラント企業の山九（さんきゅう）(株)は、2022年11月30日から、月平均6～7千件ある下請企業との取引をすべて現金支払いにしています。従来は手形やファクタリングで対応していたため、現金化を前倒しする下請企業には割引料が生じ、受け取る資金が減るという問題がありました。支払いの現金化により、協力会社である下請企業の資金繰りを支援しています。

下請けとの不正取引の例

(1) 金型取引

2018年12月から翌年1月にかけて、中小企業庁と公正取引委員会により、金型(かながた)の取引全般についての調査が行われました。調査の結果、型代金の支払方法、金型の所有の在り方、知財の取り扱いなどの事項について、部品の発注側企業と受注側の下請企業の双方が曖昧な認識のまま取引をしている実態が明らかとなりました。

(2) ソフトウェア業界

2022年に公正取引委員会が行ったソフトウェア業界の調査では、契約内容が明確でない、仕様変更への無償対応要求、優越的地位の濫用など、下請法違反行為の潜在的存在が明らかになりました。多重下請構造のもと、商流上は形式的に関与するものの、実際には何ら業務を行わずに利益を上げている「中抜き」事業者の実態も判明しています。

パートナーシップ宣言

企業規模の大小にかかわらず、企業が「発注者」の立場で自社の取引方針を宣言する取り組みです。企業は代表者の名前で、「サプライチェーン全体の共存共栄と新たな連携」、「振興基準の遵守」に重点的に取り組むことを宣言します。宣言のひな形には、「親事業者と下請事業者との望ましい取引慣行（下請中小企業振興法に基づく振興基準）を遵守し、取引先とのパートナーシップ構築の妨げとなる取引慣行や商慣行の是正に積極的に取り組みます」という文章が含まれています。多くの大企業がホームページに宣言を掲載しています。

● **OEM（Original Equipment Manufacturing）**

「相手先ブランドでの製造」のことです。生産者側の開発品を相手先のブランド名で供給します。発注者は、生産のための投資をせずに、自社ブランドの商品をつくることができます。

◇下請Gメンによる下請中小企業ヒアリング

2017年より、中小企業庁および地方経済産業局に「**下請Gメン**」が配置され、全国各地の下請中小企業に対し、下請取引についてのヒアリングを実施しています。下請Gメンが企業に足を運んでヒアリングすることにより、書面調査や電話での聞き取り調査ではつかみきれないない取引上の課題などの把握につながっています。例えば、取引適正化の取り組みの浸透状況や、働き方改革に起因するしわ寄せなど、下請事業者の取引実態を幅広く聴取。2020年1月末までに、累計11,623件の下請中小企業ヒアリングを実施しています。

系列取引

自動車産業などでは、親事業者と下請事業者が分業体制を構築して長期安定的な取引関係を築く中で、設備の貸与や技術提供のような協力関係を構築し、双方がメリットを得ています。下請事業者にとって、系列取引構造の崩壊は、安定的な受注が見込めなくなることを意味しますが、新規の取引先を獲得する機会と捉えることもできます。

トラック輸送における多重下請構造

経産省・国交省・農水省による2023年の調査によれば、7割のトラック輸送事業者が下請事業者を利用しています。自社のドライバー不足、荷主からの突発的な運送依頼などがあるためです。下請金額は受託金額のおおむね90%以上です。

Term

●元請け

元請けとは、発注者から直接仕事を請け負う業者のことです。そして下請けとは、元請けが顧客から請け負った仕事のすべて、または一部を請け負う企業のことです。下請けが発注者から仕事の指示を直接受けることはないのが一般的です。

COLUMN

重層下請構造

発注者から委託された業務を元請企業から下請企業、さらにその下層の企業が請ける構造のことです。建設業界では、大手建設会社が大きな工事を受注し、受注した工事を工区や工種で分割して、下請けとなる中堅企業に発注します。中堅企業は、その仕事をさらに分割して中小企業へ発注し、さらに零細企業へという流れもあります。このような構造はIT業界でも一般的です。

ある取引で発注側となる親事業者も、重層下請構造の中で、受注側の下請事業者となります。

建設業における下請比率は上昇を続けたのち、近年は50%後半で推移しています。

建設業における下請比率

資料：国土交通省「建設工事施工統計調査」

激変する世界・日本における今後の中小企業政策の方向性（中小企業庁）

業種別の中小企業

09 地場産業と産業集積による地域振興

市場の成熟化、消費者の購買意識・ニーズの変化や、製造業者の海外展開の進展、海外からの製品輸入の増加等により、地域の産業集積や地場産業に大きな変化が生じています。

◇地場産業とは

地場産業とは、地域の歴史、風土、経営資源等により、地域に根ざしている産業です。産業スタートの時期が古くて伝統があり、その地域独自の「特産品」を生産しています。特定の地域に、同一業種の中小零細企業が地域的企業集団を形成して集中立地し、周辺市町村にまで及んでいる場合も多々あります。生産・販売における分業体制ができ上がっていて、全国あるいは海外にまで知られています。なお、伝統産業は地場産業の中に含まれます。

◇地場産業の現状

生活スタイルの変容や産業構造の変化、経済のグローバル化によって、地場産業の衰退が進んでいます。国も「事業転換」、「事業の効率化」、「新分野進出」などの支援策を打ち出してきましたが、2000 年代以降は少子高齢化による内需縮小を受け、地場産業振興の方向性を「需要掘り起こし」、「販路開拓」、「輸出振興」に転換しています。

2006 年には「中小企業地域資源活用促進法」が制定され、地域資源を活用した新商品開発や販路開拓を幅広く支援する方向となっています。

Term

●**地場産業振興センター**

地場産業振興センターは、「所在地域における地場産業の健全な育成および発展に貢献し、活力ある地域経済社会の形成や地域住民の生活向上などに寄与する」ことを目的としています。地場産業振興センターは一般財団法人または公益財団法人で、全国に 20 か所（2023 年 6 月現在）あります。地場産業に関する新製品の開発研究、教育・研修、調査、経営相談、展示などへの支援を行っています。

◇産業集積とは

地理的に近接した特定の地域内に多数の企業が立地し、各企業が受発注取引や情報交流、連携等の企業間関係を生じている状態のことです。

産業特性や需要の内容に応じて分業体制が形成され、設備・技術・人材などが蓄積されてきました。例えば製造業では、製品の企画・開発、原材料の調達、生産、梱包、運送など多くの業務プロセスがあります。生産だけでも多くの工程が必要であり、それぞれに設備、技術とノウハウが必要です。小資本であり人材・資金面で制約のある中小企業にとって、近接地域内に関連工程の企業が多数存在する産業集積は、取引の上で重要な存立基盤となっています。

産業集積があることで、雇用機会が創出され、地域内に効率的な分業体制が構築されます。そして、地域内での経済循環が促進されます。専門技術と人材が蓄積され、地域ブランドの確立につながります。

しかしながら近年は、新興国からの競合製品の輸入増による需要の減少、生産拠点の海外移転などが、国内各地の産業集積に大きな影響を与え、集積の縮小が進んでいます。

なお、北イタリアやシリコンバレー（米国）など、世界的にも様々な形で産業集積が存在しています。

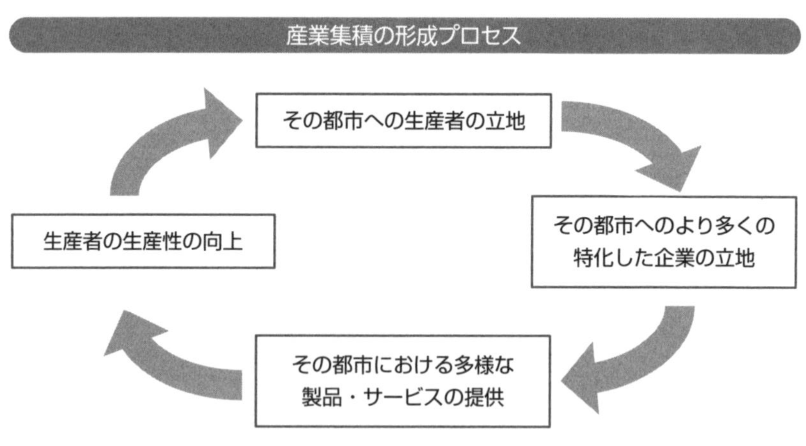

「日本の産業クラスター」アジアとその他の地域の産業集積比較―集積発展の要因―（アジア経済研究所）より一部修正

産業集積の類型

産業集積は、形成の歴史的背景や特徴によって、下表のようにいくつかのタイプに分類することができます。

そのほかにも、自然発生的に形成された世界有数のアニメーション産業集積として杉並区や練馬区が挙げられます。また、香川県のうどんや大分県湯布院町の温泉保養地なども、産業集積の例です。

産業集積の形態

形態	特徴	代表的な地域
企業城下町型	輸送機械、電気機械など大手企業の生産拠点周辺に、多数の部品等を生産する下請関連の中小企業が多数立地している。特定大企業への依存度が高い	広島、愛知県豊田市、福岡県北九州市など
産地型	特定の地域に、同一業種に属する企業が集中して立地し、その地域内の原材料、労働力、技術・技能などの経営資源が蓄積され、地場産業的特徴がある	福井県鯖江市、新潟県三条市及び燕市、北海道旭川市など
都市型	戦前からの産地基盤や軍需関連企業、戦中の疎開工場などを中心に、関連企業が都市圏に集中立地することで集積を形成している。機械金属関連の集積が多く、集積内での企業間分業、系列を超えた取引関係が構築されているケースも多い	東京都城南地域、群馬県太田地域、長野県諏訪地域、静岡県浜松地域、大阪府東大阪市など
誘致型（進出工場型）	自治体の企業誘致活動や政府の産業再配置計画の推進によって形成された集積である。もともと基盤技術的集積が少ない農村地帯などに工場が多数立地して形成された	東北・岩手県北上市、山梨県甲府地域、熊本県熊本地域など

地域の経済 2003（内閣府）

◇ 産業集積の発展

産業集積の継続的発展のためには、次のような環境が大切になります。

①地域での独立開業を促す仕組み
②製造機械や工具などの補助産業の成長
③アイデアの相乗効果・波及効果
④多くの企業の存在により需要の多様性に対応
⑤分業統括者（製品企画やマーケティング、関係者間の生産管理業務まで）の存在

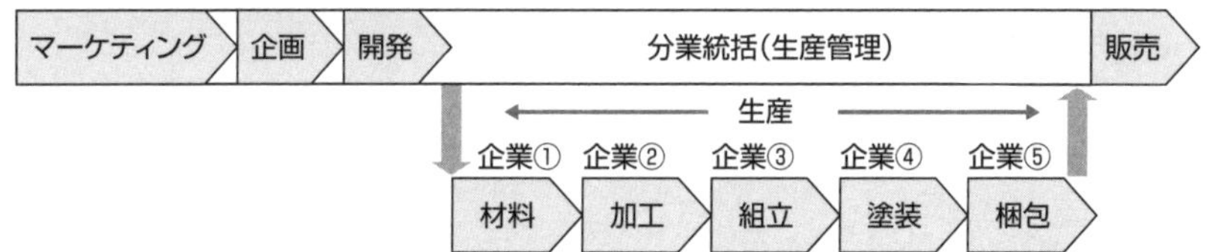

アドバイス

多くの中小企業で課題となっているのが**事業承継**です。後継者不在の企業が多いのは事実ですが、実は後継者がいても事業承継が進まないケースはよくあります。30 ～ 40 年社長として仕事をしてきた経営者は自らの体力の衰えを感じながらも、後継者の物足りなさが目につき、まだ自分が頑張らないと、と考えています。高齢経営者の心情も理解しつつ、家族会議に加わって事業承継を進めるのも診断士の仕事です。

Term

● **伝統産業**

古くから受け継がれてきた伝統的な技術や技法を使って、日本の文化や生活に根ざしたものを生み出す産業を指します。例えば、京都の西陣織、岩手の南部鉄器、石川の九谷焼（くたにやき）や輪島塗、佐賀の有田焼などが挙げられます。

10 業種別の中小企業

中小企業のネットワークと分業体制

経営資源に制約がある中小企業では、他の中小企業や各種組織とネットワークを組むことで、不足資源を相互に補完しています。

◇ 中小企業の連携

中小企業の連携でよく取り上げられるのは、「**技術に関する連携**」です。各企業がそれぞれの技術を出し合って、共同研究で問題を解決したり、新製品の開発につなげたりする取り組みです。

コアになる中小企業が異分野の中小企業や大学などと連携して新事業分野の開拓を図る「**新連携**」、農業分野と中小企業の連携をめざした「**農商工連携**」も、政府によって推進されています。

「**情報に関する連携**」は、市場や業界に関する情報を交換することで、より効率的な事業運営を行おうというものです。地域の中小企業団体や業界団体の活動を通したフェースツーフェースの情報交換も、情報に関するゆるやかな連携といえますが、より重要なのは取引ネットワークの中での情報共有です。

Term

● **農商工連携**

地域の特色ある農林水産物、美しい景観などの貴重な資源を有効に活用するため、農林漁業者と商工業者がお互いの技術やノウハウを持ち寄って、新しい商品やサービスの開発・提供、販路の拡大などに取り組むことです。農林漁業者が、農畜産物・水産物の生産だけでなく、食品加工（2 次産業）、流通・販売（3 次産業）にも取り組み、生産物の価値を向上させ、農林水産業を活性化させようとすることを「**6 次産業化**」といいます。

新連携の概念図

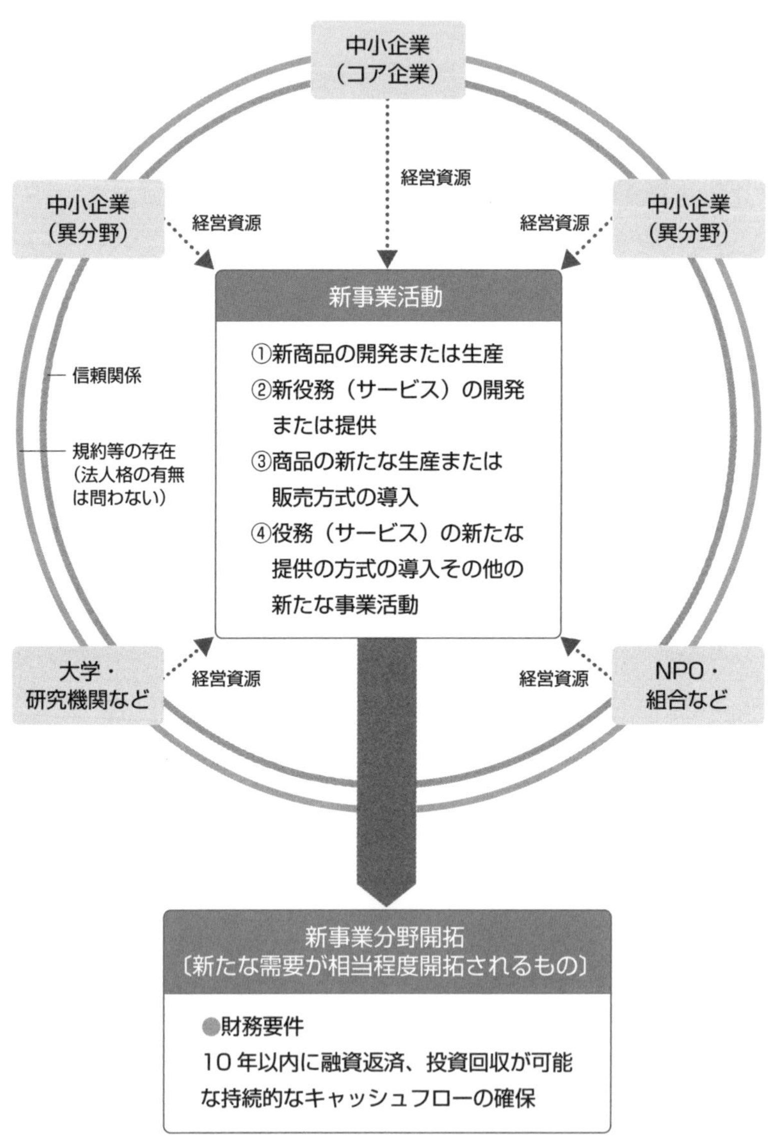

中小企業基盤整備機構ホームページ

連携相手を探す方法

連携先のそれぞれにメリットがなければ、事業連携は成功しません。自社の弱みを克服するとともに、他社にもプラスとなるような連携が行える相手先を探すには、商工会・商工会議所、公的機関、金融機関などに相談する方法もあります。

中小企業庁の調査によれば、事業連携活動を希望しつつ実現できていない企業は、その理由として、「最適な相手が見つからない」、「よい仲介者がいない」などを挙げています。

COLUMN

2023（令和5）年度の中小企業支援施策（抜粋）

中小企業のさらなる発展を目指して、国は様々な支援策を用意しています。

事業継続の後押し
・日本政策金融公庫における「新型コロナウイルス感染症特別貸付」等 ・民間金融機関を通じた資金繰り支援
取引環境の改善
・下請Gメンによるヒアリング
生産性向上・技術力の強化
・生産性向上のための設備導入、販路開拓、事業承継を継続的に支援 ・特定ものづくり基盤技術及び先端技術を活用した研究開発や試作品開発等の取組を支援 ・経営力向上計画を策定し、認定された事業者に対し、税制面や融資制度等の支援
デジタル化への対応と海外展開の促進
・基礎的なデジタルスキルを学べる教育コンテンツを整備 ・海外展開を図る中堅・中小企業に対して、事業計画策定、販路開拓、商談サポートまで支援

創業支援
・経営者保証を徴求しない新たな創業時の信用保証制度を開始 ・若年層向け起業家教育の導入を推進
事業承継・引継ぎ・再生等の支援
・全国の事業承継・引継ぎ支援センターにおいて、後継者不在の中小企業と事業譲受を希望する事業者とのマッチングを支援
強靱な地域経済と小規模事業者の持続的発展支援
・商店街等が行う、地域住民のニーズに沿った新たな需要を創出する施設の導入の一部を補助 ・中小企業者等が行う新商品・新技術・新サービスのテストマーケティングを支援
人材・雇用対策
・中小企業の人材確保、育成、魅力的な職場づくり等のポイントや関連施策等をまとめる

中小企業白書 2023 より抜粋

中小企業支援施策の認知

中小企業支援施策の周知について、中小企業庁では、支援施策のポイントをまとめたガイドブックやチラシ等を作成するほか、「**ミラサポplus**」を通じて最新の支援情報や補助金の申請のノウハウ、活用事例等をわかりやすくタイムリーに全国の中小企業に届けています。

次ページのコラムにあるとおり、各種の支援施策は中規模企業の8~9割以上、小規模事業者でも7~9割ほどに認知されており、周知活動が奏功していることがうかがえます。

異業種交流

自社の業種を越えた企業・グループとの交流を行うもので、自社の不足する経営資源を補う事業連携などにつながる可能性があります。異業種交流会から共同開発が始まって成功した例も少なくありません。

COLUMN

支援メニューの直近3年間の利用実績・理解度

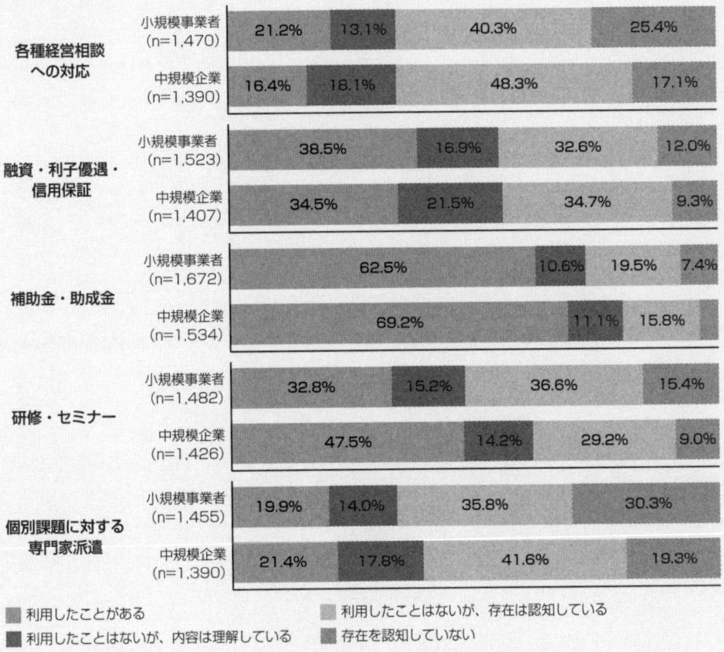

支援メニュー	区分	利用したことがある	利用したことはないが、内容は理解している	利用したことはないが、存在は認知している	存在を認知していない
各種経営相談への対応	小規模事業者 (n=1,470)	21.2%	13.1%	40.3%	25.4%
	中規模企業 (n=1,390)	16.4%	18.1%	48.3%	17.1%
融資・利子優遇・信用保証	小規模事業者 (n=1,523)	38.5%	16.9%	32.6%	12.0%
	中規模企業 (n=1,407)	34.5%	21.5%	34.7%	9.3%
補助金・助成金	小規模事業者 (n=1,672)	62.5%	10.6%	19.5%	7.4%
	中規模企業 (n=1,534)	69.2%	11.1%	15.8%	
研修・セミナー	小規模事業者 (n=1,482)	32.8%	15.2%	36.6%	15.4%
	中規模企業 (n=1,426)	47.5%	14.2%	29.2%	9.0%
個別課題に対する専門家派遣	小規模事業者 (n=1,455)	19.9%	14.0%	35.8%	30.3%
	中規模企業 (n=1,390)	21.4%	17.8%	41.6%	19.3%

資料：(株)野村総合研究所「中小企業の経営課題と公的支援ニーズに関するアンケート」

中小企業白書 2020

経営革新計画

事業者が、「新事業活動を行うことにより、経営の相当程度の向上を図る」ことを目的に策定する中期的な経営計画書です。この計画書を承認された企業には、政府系金融機関による低利融資制度などの支援策が用意されています。「経営の相当程度の向上」とは、付加価値額の伸びが 3 年間で 9%以上または 5 年間で 15%以上などとなっています。

④ 中小企業の課題

01 中小企業の課題

経営者の高齢化と事業承継

中小企業経営者の高齢化が進んでいます。経営者の高齢化による廃業や雇用喪失を防ぐため、事業承継を進めることが課題となっています。

◇中小企業経営者の高齢化

経営者の年齢分布のピークは、2000 年には 50 ～ 54 歳でしたが、2020 年には 70 ～ 74 歳となり、経営者の高齢化が進んできたことがわかります。2020 年になると、それ以前よりもピークがかなりなだらかになっていることから、高齢経営者の引退も進んでいるようです。しかしながら、70 歳以上の高齢経営者の比率はより高くなっており、事業承継の進んでいない企業も多いことがわかります。

経営者の高齢化の原因の 1 つは後継者の不在です。事業承継が進まず中小企業の廃業が続けば、日本の経済を支える貴重な雇用や技術が失われる可能性が高くなります。

中小企業経営者の高齢化

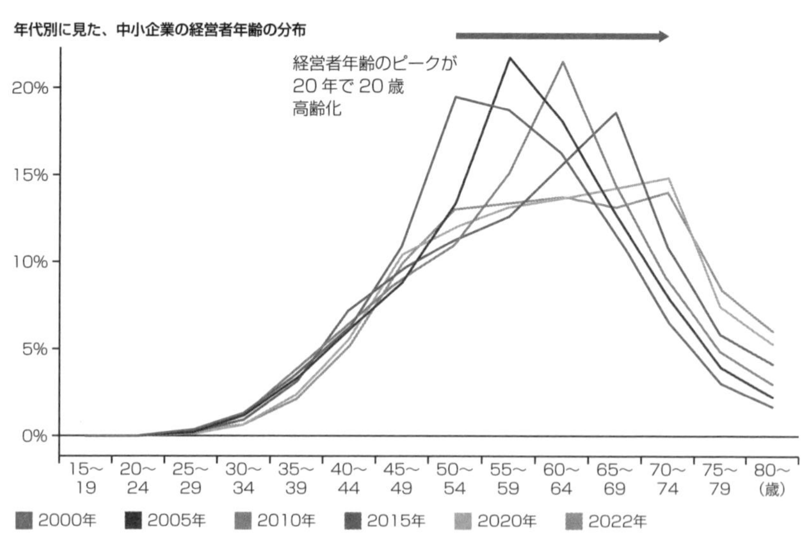

資料：(株) 帝国データバンク「企業概要ファイル」再編加工
(注)「2022 年」については、2022 年 11 月時点のデータを集計している。

中小企業白書 2023

廃業する事業者の６割は黒字であり、黒字での廃業が増えています。廃業の理由としては「事業承継の意向がない」、「事業に将来性がない」という場合も多いですが、３割は後継者難です。

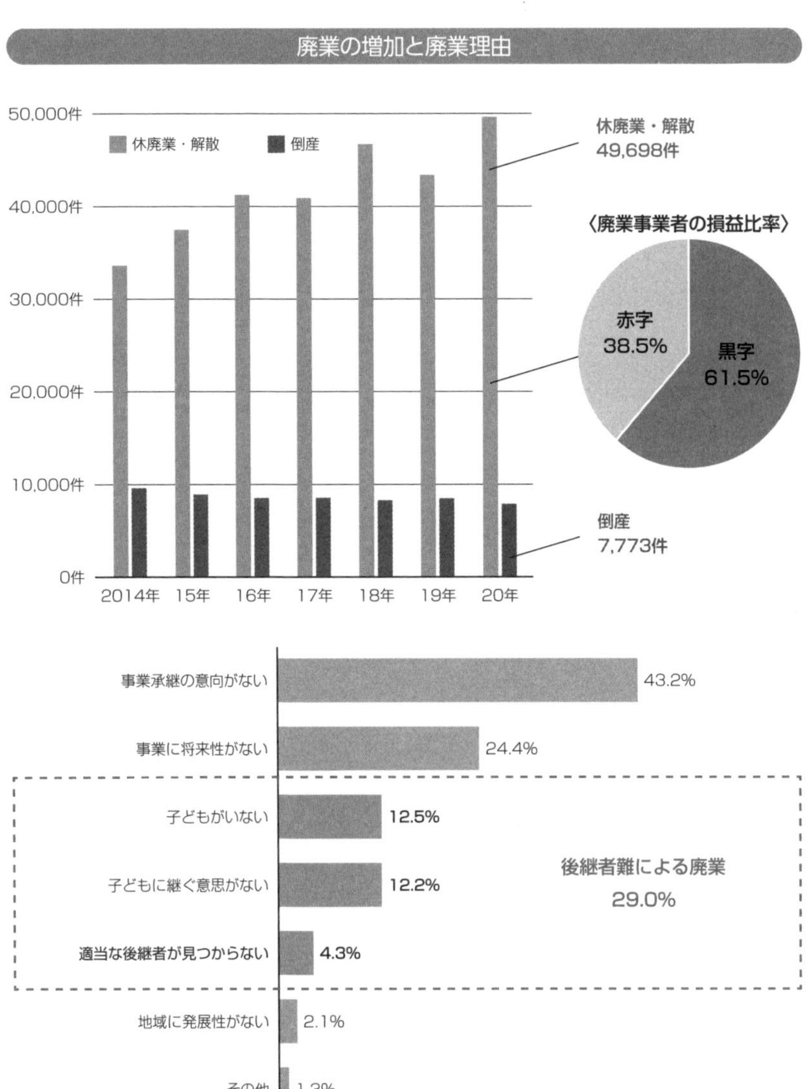

データで見る事業承継（中小企業庁）

◇中小企業の事業承継

事業承継とは、現経営者から後継者へと事業のバトンタッチを行うことです。ヒト・モノ・カネ・情報・ノウハウなど、会社の様々な財産を上手に引き継ぐことが重要です。

中小企業の事業承継においては、特有の問題があります。経営者の株式保有割合が高いこと、工場や事務所などの事業用不動産が経営者の名義になっている場合が多いことです。自社株式や事業用資産の後継者への集中、後継者以外の子への財産分与、後継者の株式購入や相続税対策に必要となる資金の確保などが課題となります。

事業承継に関わる中小企業特有の問題

中小企業の特性		事業承継への影響
経営者を中心に少数の同族関係者が、自社株の大半を保有（会社の所有と経営が一体）		後継者に社長の地位を譲るだけでなく、株式も譲る必要がある
資金調達を借入に頼る割合が高く、経営者個人が個人保証や担保を提供している		経営者が負担するリスクが大きい
経営者個人の資産を事業のために使用していることが多い		資産の引継ぎで、親族外への事業承継が困難

事業承継の方法には、**親族内承継**と**親族外承継**（従業員、第三者）があります。親族内承継とは、経営者の子をはじめとした親族に承継することです。心情面に加えて、「長期間の準備期間を確保しやすい」、「相続等による財産・株式の後継者移転が可能」といった利点があり、所有と経営の一体的な承継が期待できます。

従業員への承継では、経営能力のある人材を見極めて承継できる上に、長期間働いてきた従業員であれば経営方針等の一貫性も期待できます。社外の第三者への承継では、親族や社内に適任者がいない場合でも広く候補者を求めることができ、現経営者は会社売却の利益を得られます。かつては、中小企業の事業承継といえば親族内承継がほとんどでしたが、近年は従業員や第三者への承継が増えています。

事業承継の類型

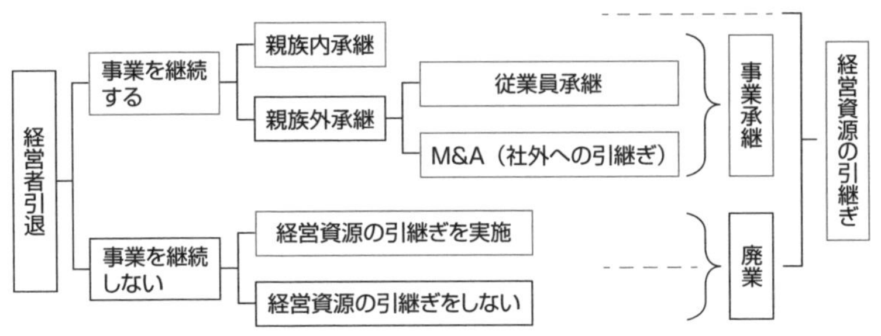

事業承継の種類（中小企業庁）より作成

事業承継の各類型の長所と短所

	親族内承継	親族外承継 （従業員など）	親族外承継 （第三者）
長所	・内外の関係者から心情的に受け入れられやすい ・後継者を早期に決定し、長期の準備期間を確保できる ・所有と経営の分離を回避できる	・親族内に後継者として適任者がいない場合でも、候補者を確保しやすい	・身近に後継者として適任者がいない場合でも、広く外部に候補者を求めることができる ・現オーナー経営者が会社売却の利益を獲得できる
短所	・親族内に経営能力と意欲がある者がいるとは限らない ・相続人が複数いる場合は、後継者の決定や経営権の集中が困難	・関係者から心情的に受け入れられにくい場合がある ・後継者候補に株式取得等の資金力がない場合が多い ・個人債務保証の引継ぎの問題がある	・希望の条件（従業員の雇用、価格等）を満たす買い手を見つけるのが困難

事業承継ガイドライン（中小企業庁）を参考に作成

◇ 事業承継の必要性

一般的な傾向として、高齢になると変化への適応力が低下します。経営者も高齢化が進むと、環境変化に合わせた事業の展開が難しくなりがちです。

経営者の年代が若いほど、試行錯誤（トライアンドエラー）を許容する組織風土の企業が多い、という傾向が見られます。また、経営者の年代が若い企業では、新事業分野への進出に積極的に取り組む傾向があります。さらに、若い経営者の企業ほど、長期的な視野に立つ経営を行って事業を拡大しようとする志向性が強くなっています。

事業承継を適切に実施し、次世代の後継者に引き継ぐことが、企業のさらなる成長につながるのです。

経営者年代別の「試行錯誤を許容する」企業風土

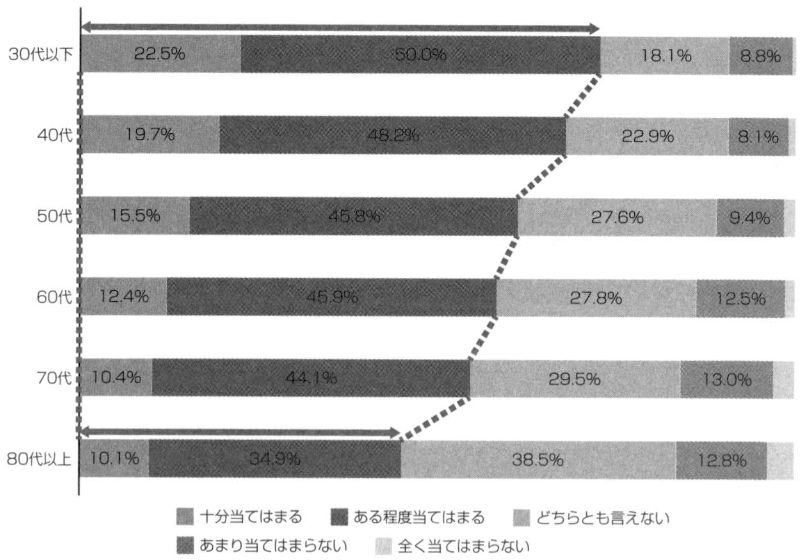

（資料）（株）東京商工リサーチ「中小企業の財務・経営及び事業承継に関するアンケート」
（出所）中小企業庁「2021 年度中小企業白書」第 2 部第 3 章第 1 節 事業承継を通じた企業の成長・発展 第 2-3-14 図，p. II-311

激変する世界・日本における今後の中小企業政策の方向性（中小企業庁）

◇増える休廃業

2022 年の休廃業・解散件数は 4 万 9,625 件で、2 年ぶりに増加しました。2020 年の 4 万 9,698 件にほぼ並ぶ高水準です。2022 年は企業倒産も 3 年ぶりに増加に転じています。

2021 年は、コロナ禍での政府や自治体、金融機関の手厚い資金繰り支援があったため、休廃業・解散、倒産は前年を下回りました。しかし、事業継続の判断の先送りにもつながったといわれています。

2021 年に休廃業・解散した企業の代表者年齢の構成は、70 代以上が 6 割超で、70 代の割合が最も高くなっています。

休廃業・解散企業の過半数が黒字ですが、その割合は低下傾向にあります。

休廃業・解散件数の推移

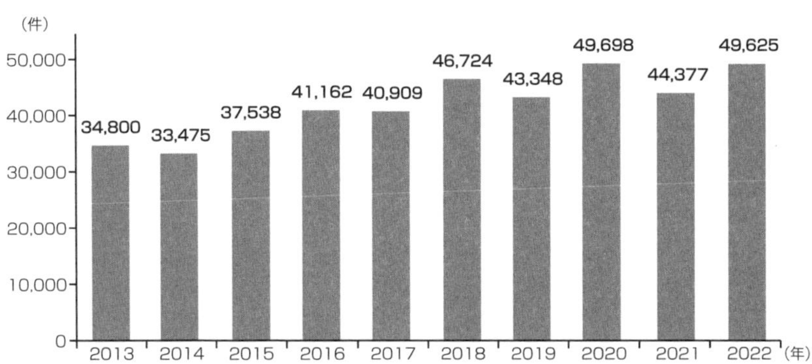

資料：(株)東京商工リサーチ「2021 年『休廃業・解散企業』動向調査」

中小企業白書 2023

デューデリジェンス（DD）

M&A において、対象企業のリスク等を精査するため、主に買い手側が士業等の専門家に依頼して実施する調査です。調査内容には、資産・負債等に関する財務調査（**財務 DD**）、株式・契約内容等に関する法務調査（**法務 DD**）、事業内容に関する調査（**事業 DD**）などがあります。

中小企業の課題

中小企業の M&A

中小企業においても、事業承継の手段の 1 つとして M&A が選択されるケースが急増しています。成長意欲の高い経営者が、「顧客・販売先」や「事業のノウハウ」、「役員・従業員」、「ブランド」を早く手に入れることを目的としています。

◇ M&A とは

M&A は「Mergers（合併）and Acquisitions（買収）」の略であり、合併や会社分割といった組織再編に加えて、株式譲渡や事業譲渡も含む「事業の引継ぎ」を意味しています。後継者不在等の中小企業の事業を、社外の第三者である後継者が引き継ぐ場合にも、M&A の手法が活用されます。

中小企業白書のデータでも、近年、M&A 件数は増加傾向で推移しており、2022 年には過去最多の 4,304 件となっています。M&A については未公表のものも存在するため、実際の M&A はさらに多いといわれています。

M&A件数の推移

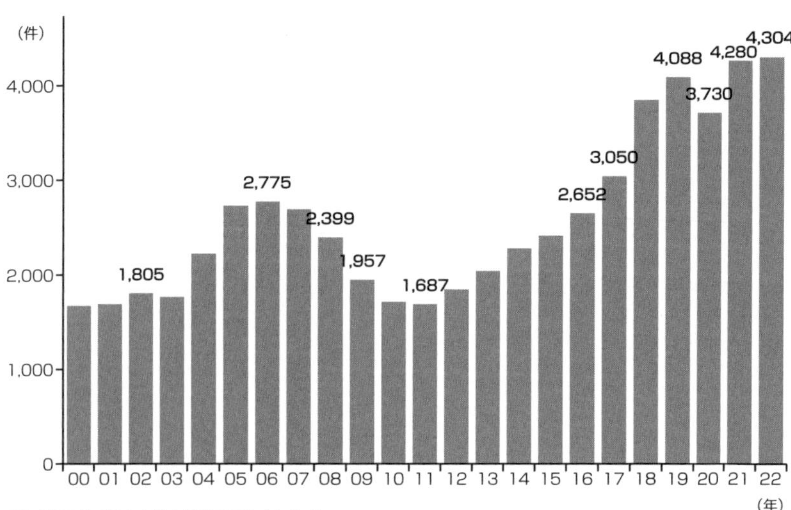

注）グラフは『中小企業白書 2023』より作成。
資料：（株）レコフデータ調べ

中小企業白書 2023

M&Aの買い手から見た相手先企業は、「自社より小規模かつ同業種である仕入先・協力会社」が多い傾向にあります。また、地域としては「同一都道府県、近隣都道府県など、比較的近隣の地域」を希望する傾向にあります。統合の効果を高めるための判断だと考えられます。

◇ 相手先企業の探し方

買い手側に相手先企業の探し方を尋ねたところ、「金融機関に探索を依頼する」企業が7割超と最も高く、次いで「専門仲介機関に探索を依頼する」企業が4割超となっています。M&A件数の増加に伴って、十分な知見・ノウハウなどを有しないM&A支援機関の参入が懸念されるようになったため、中小企業庁では、2021年8月に「**M&A支援機関登録制度**」を創設し、以後、中小企業が安心してM&Aに取り組める基盤の構築に取り組んでいます。2023（令和5）年2月16日時点で、登録されているフィナンシャル・アドバイザーおよび仲介業者は2,980者です。

M&A実施意向のある企業の相手先企業の探し方（買い手）

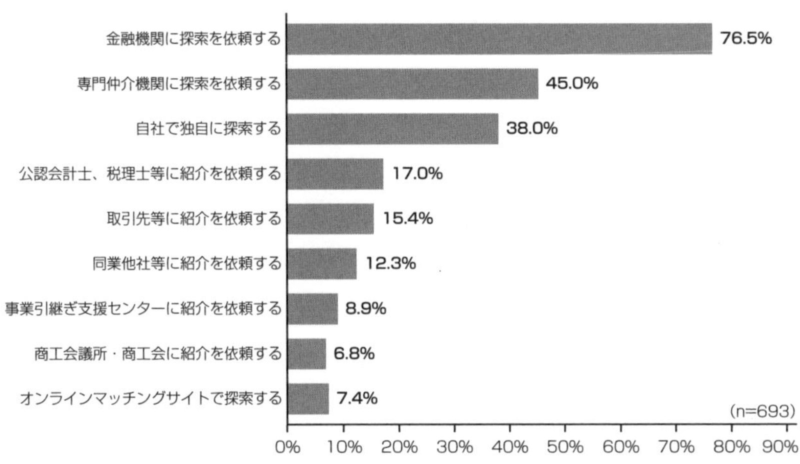

資料：(株)東京商工リサーチ「中小企業の財務・経営及び事業承継に関するアンケート」（2020年11月）
（注）1. M&A実施意向について、「買い手として意向あり」と回答した者を集計している。
2. 複数回答のため、合計は必ずしも100%にならない。

中小企業白書2022より作成

◇M&A の課題

買い手側の課題としては、「期待する効果が得られるかよくわからない」、「判断材料としての情報が不足している」、「相手先従業員等の理解が得られるか不安がある」などが上位に挙げられています。これらの解決のためには、M&A 支援機関による調査や情報収集、判断の助言などのサポートを受けることが大切です。また、M&A 前後の円滑な**統合作業**（**PMI**）も重要です。具体的には、従業員や取引先との信頼関係の維持・構築に意識的に取り組むことです。

売り手側の障壁としては、「経営者としての責任感や後ろめたさ」が最も多く、「仲介等の手数料が高い」といった課題も挙げられています。

売り手側が小規模企業の場合は、企業規模が小さいために経営者の従業員への影響力が強いことから、M&A 後の経営者の交代時に求心力が低下し、事業の円滑な引継ぎに支障が生じるリスクがあります。

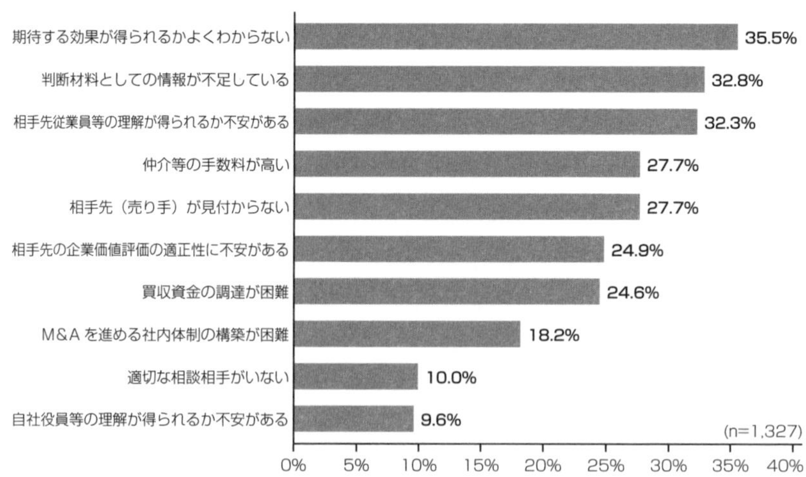

資料：(株)東京商工リサーチ「中小企業の財務・経営及び事業承継に関するアンケート」（2020 年 11 月）
（注）1. M&A の実施意向について、「買い手として意向あり」、「買い手・売り手とともに意向あり」と回答した者に対する質問。
2. 複数回答のため、合計は必ずしも 100%にならない。

中小企業白書 2022 より作成

先代経営者や従業員、取引先との信頼関係を構築するため、従業員向けの説明会開催や個別面談の実施、即効性のある就労環境改善策の投入などが大切になります。

売り手としての M&A の課題

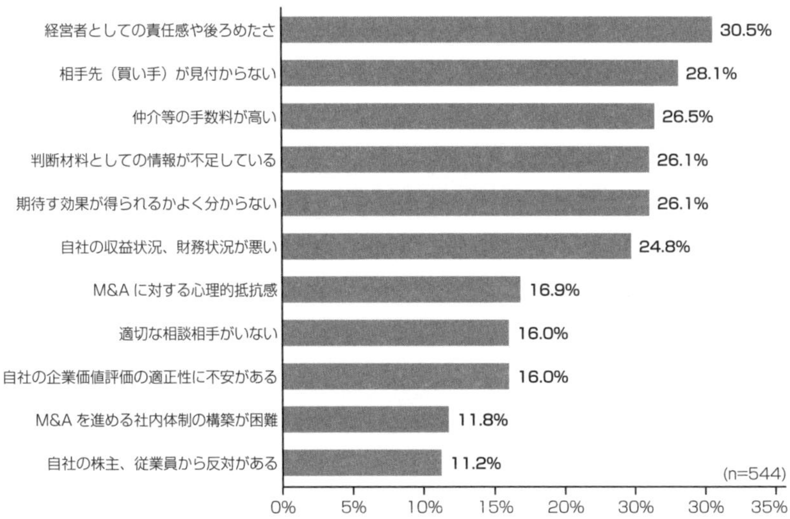

資料：(株)東京商工リサーチ「中小企業の財務・経営及び事業承継に関するアンケート」(2020 年 11 月)
(注) 1. M&A の実施意向について、「売り手として意向あり」、「買い手・売り手とともに意向あり」と回答した者に対する質問。
2. 複数回答のため、合計は必ずしも 100%にならない。

中小企業白書 2022 より作成

◇ M&A の目的

売り手側経営者の年齢が「60 歳代」や「70 歳以上」の場合、「事業の承継」を目的とする M&A の割合が最も高くなっています。経営者年齢が「40 歳代以下」の場合は、「事業の成長・発展」を目的とする割合が他の年代よりも高くなっており、企業の成長戦略として M&A が活用されています。

売り手側による相手先企業の探し方としては、「事業引継ぎ支援センター」や「商工会議所・商工会」に紹介を依頼する割合が相対的に高く、身近な公的機関に相談するケースが多くなっています。

◆中小 PMI ガイドライン

PMI（Post Merger Integration）とは、M&A 成立後の一定期間内に行う経営統合作業のことです。とはいえ、M&A 後に事業が円滑に継続され、さらなる成長に向けて発展していくためには、M&A 成立前から成立後にかけて着実に統合作業を行っていくことが大切です。しかし、中小企業にはこの PMI の重要性が十分に浸透していません。そこで中小企業庁では、中小企業の M&A における成功事例や失敗事例を分析し、2022（令和 4）年 3 月に「**中小 PMI ガイドライン**」をまとめています。

ガイドラインでは、PMI の主な構成要素を「経営統合」、「信頼関係構築」、「業務統合」の 3 領域と定義し、PMI の推進体制、各領域で求められる取り組みや手順などを示しています。また、M&A の検討段階から PMI に向けた準備を進めることや、M&A 成立後の集中実施期だけでなく継続的に取り組んでいくことの重要性が示されています。

中小 PMI の全体像

M&A 初期検討段階	M&A で何を目指すのか、どのような姿になっていたいのか、何が実現できれば成功といえるのかを明確にする。
M&A 成立前段階	経営統合作業を意識して、必要な情報を取得する。
経営統合集中実施期	経営統合の推進体制（役割の整理と分担）を構築する。 現状把握と取組方針の検討、実行と検証を行う。

中小企業白書 2022 より作成

事業承継・引継ぎ支援センター

事業承継・引継ぎ支援センターは、国が各都道府県に設置している公的相談窓口です。事業引継ぎの専門家が、親族内への承継、第三者への引継ぎなど、中小企業の事業承継に関するあらゆる相談に応じています。センターが運用する「**後継者人材バンク**」とのマッチングも行います。2022 年度末時点で相談件数 10 万件以上、引継ぎ成約 8 千件以上の実績があります。成約企業の約 7 割が小規模事業者です。

中小企業の課題

03 社員の高齢化と技能承継

我が国の総人口は、2023年1月現在1億2,477万人となっています。65歳以上人口は3,627万人（2022年9月）となり、総人口に占める割合は29.1%となりました。世界で最も高い割合です。

◇高齢化と若手の不足

我が国の65歳以上人口は、1950（昭和25）年には総人口の5%未満でしたが、1994（平成6）年には14%を超えました。高齢化率はその後も上昇を続けています。

一方で、生産年齢人口である15～64歳は、1995（平成7）年に8,716万人のピークを迎え、2023年2月時点では7,400万人で総人口の59.4%まで低下しています。中小企業の社員も高齢化が進み、特に規模の小さい企業の高齢化が進んでいます。

従業者数別の年齢構成比率

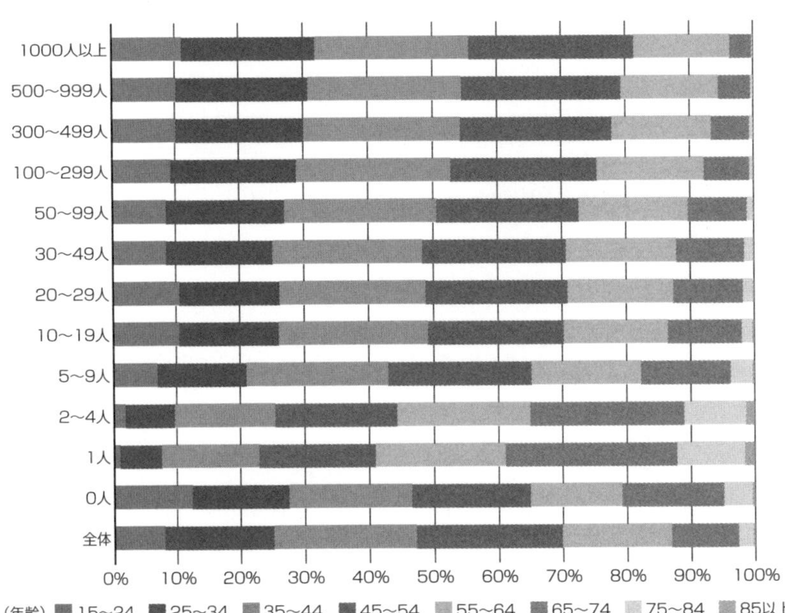

注）グラフは『2017就業構造基本調査』より作成。%表記は総務省のサイトより確認されたい。

※従業者0人は経営者のみ

2017就業構造基本調査（総務省統計局）より作成

我が国の人口の高齢化や従業者の高齢化に合わせて、これまで、65 歳以降の継続雇用延長や 65 歳までの定年延長を行う企業への助成措置の強化が行われてきました。2021 年には、65 歳以上の高齢就業者数が 18 年連続で増加して 909 万人となり、65 ～ 69 歳の就業者割合も 10 年連続で上昇しています。世界で最も高齢化が進む我が国において、高年齢者の働く機会の創出は大きな課題です。

2021 年 4 月には、事業主に対して 70 歳までの就業機会確保の努力義務を求める「**改正高年齢者雇用安定法**」が施行されました。同法では、65 歳から 70 歳までの就業機会を確保するため、「70 歳までの定年引上げ」、「定年制廃止」、「70 歳までの継続雇用制度（再雇用制度）導入」などの措置を講じることが努力義務とされました。

高年齢者の就業確保対応をしている企業の割合

高年齢者の就業確保内容	中小企業	大企業	全体
65 歳までの高年齢者雇用確保措置を実施済みの企業	99.9%	99.9%	99.9%
65 歳定年企業	22.8%	15.3%	22.2%
70 歳までの高年齢者就業確保措置を実施済みの企業	28.5%	20.4%	27.9%
66 歳以上まで働ける制度のある企業	41.0%	37.1%	40.7%
70 歳以上まで働ける制度のある企業	39.4%	35.1%	39.1%
定年制の廃止企業	4.2%	0.6%	3.9%

※従業員 21 ～ 300 人規模を「中小企業」、301 人以上規模を「大企業」としている。

令和 4 年「高年齢者雇用状況等報告」の集計結果（厚生労働省）より作成

収入のある仕事をしている 60 歳以上の人のうち、「働けるうちはいつまでも働きたい」と考える人は約 40%。75 歳位・80 歳位まで働きたいという人も含めると、約 90%もの人が就業意欲を持っています*。

*出典：2022 年版高齢社会白書（内閣府）。

中小企業は大企業に比べて、高齢になっても働き続けられる制度としている会社の割合が高くなっています。

◇高齢者雇用の課題と解決策

高齢従業者が増えていますが、65 歳以上の人と一緒に働くことをいとわない 20 ～ 30 代の従業員は、多いとはいえません。年齢が自分の両親よりも上なので、意識が合わないという思いが原因だと考えられます。

高年齢者に対する企業の見方は、一般的には「新たな業務の習得に時間を要する」、「体力的に無理が利かない」、「技能・経験を教えるのが不得意」、「過去のやり方にこだわりがち」などです。

高齢者を長く雇用している企業の中には、高齢者に無理なく活躍してもらうため、次のような工夫や配慮をしているところもあります。

①必要な専門性を見極め、合致する人材を社長自らの声かけで獲得
②年齢によらず、能力を最大限に発揮できる無理のない働き方を追求
・週 3 ～ 4 日の雇用契約とするなど、勤務日数を減らす
・けがや病気等で出勤できないときは、在宅勤務を可とする
③社員が自律的に能力を発揮できる適材適所の配置
・数値目標等は設定せず、社員の自主性に基づいて仕事をしてもらう
④日常的なコミュニケーション
・毎日午後 3 時の「コーヒータイム」、社長との定期的な食事会など

高年齢労働者に配慮した職場改善マニュアル

厚生労働省では、高年齢労働者にとっても働きやすい職場をつくるための「高年齢労働者に配慮した職場改善マニュアル～チェックリストと職場改善事項～」を公開しています。

https://www.mhlw.go.jp/new-info/kobetu/roudou/gyousei/anzen/dl/0903-1a.pdf

労働環境と働き方改革

我が国は、「少子高齢化に伴う生産年齢人口の減少」、「育児・介護との両立など、働く人のニーズの多様化」といった状況に直面しています。就業機会の拡大や、意欲・能力を存分に発揮できる環境づくりが、重要な課題となっています。

◇労働環境の改善

我が国には、「遅くまで残業する」、「休まず働く」といったことを美徳とする風潮があり、長年にわたって長時間労働が常態化していました。しかしながらそのような環境では、育児や介護との両立が難しく、場合によっては健康被害を招く恐れもあります。ワークライフバランスを実現し、健康的に働ける環境をつくるためには、長時間労働の是正が必要です。

また、正規社員と非正規社員の賃金格差も、欧米諸国の水準に比べて大きいといわれています。雇用形態による格差が解消されることで、働くことへのモチベーションが高まり、生産性向上につながることが期待されています。

◇働き方改革を進めるための法改正

2018 年 7 月公布の**働き方改革関連法**により、中小企業では 2019 年 4 月から「年 5 日の年次有給休暇の確実な取得」、2020 年 4 月から「時間外労働の上限規制」、2021 年 4 月から「同一労働同一賃金」が適用*されています。

(1) 年 5 日の年次有給休暇の確実な取得

使用者は、法定の年次有給休暇付与日数が 10 日以上となっているすべての労働者に対し、毎年 5 日の年次有給休暇を確実に取得させる必要があります。

(2) 時間外労働の上限規制

残業時間の上限は、原則として月 45 時間・年 360 時間とし、臨時的な特別の事情がなければこれを超えることはできません。

(3) 同一労働同一賃金

同一企業内において、正社員と非正規雇用労働者との間で、基本給や賞与などのあらゆる待遇について、不合理な待遇差を設けることが禁止されます。

***…が適用** 建設業・運送業へは「時間外労働の上限規制」の適用が猶予されていたが、2024 年 4 月から規制が適用される。

◇ 働き方改革の取り組み割合

働き方改革関連法は施行されていますが、なかなか対応できない企業もあります。従業員規模が小さいほど、「対応は困難」と回答した企業の割合が高くなっています。

働き方改革への対応状況（2020 年度）

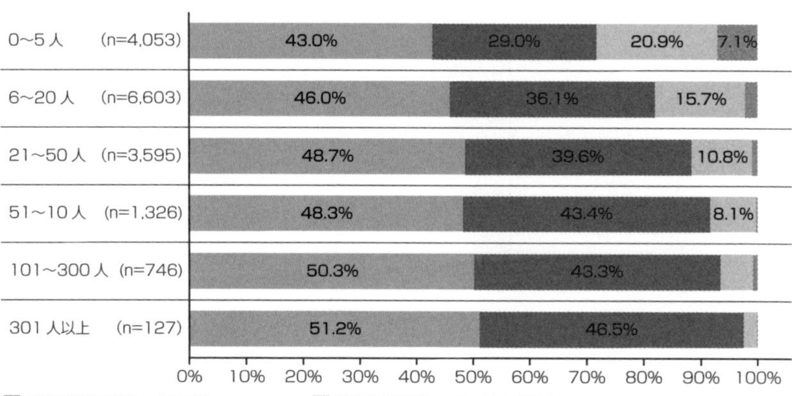

■ 対応が必要であり、対応済み　■ 対応が必要であるが、対応は困難
■ 対応が必要であり、対応方針を検討中　■ 対応が必要であるが、対応する予定はない

資料：(株)帝国データバンク「取引条件改善状況調査」

（注）1. 受注側事業者向けアンケートを集計したもの。

2. 働き方改革関連法に対する理解度の質問で、「年次有給休暇の確実な取得」、「時間外労働の上限規制」、「同一労働同一賃金の実施」のいずれか1つでも「十分に理解している」、「概ね理解している」と回答した企業に対して聞いたもの。

3. 対応状況に関する質問で、「対応の必要はない」、「対応の要否が分からない」と回答した企業を除いて集計している。

4. グラフは『中小企業白書 2021』を基に作成。掲載されていない%表記は中小企業庁のサイトより確認されたい。

中小企業白書 2021

働き方改革推進支援センター

全国 47 都道府県に設置されている**「働き方改革推進支援センター」**では、長時間労働の是正、同一労働同一賃金の実現、就業規則や賃金規定の見直し、助成金の活用、テレワーク対応など、働き方改革に関連する労務管理上の課題について、窓口での対面や電話・メールでの無料相談を行っています。

働き方改革への対応方針

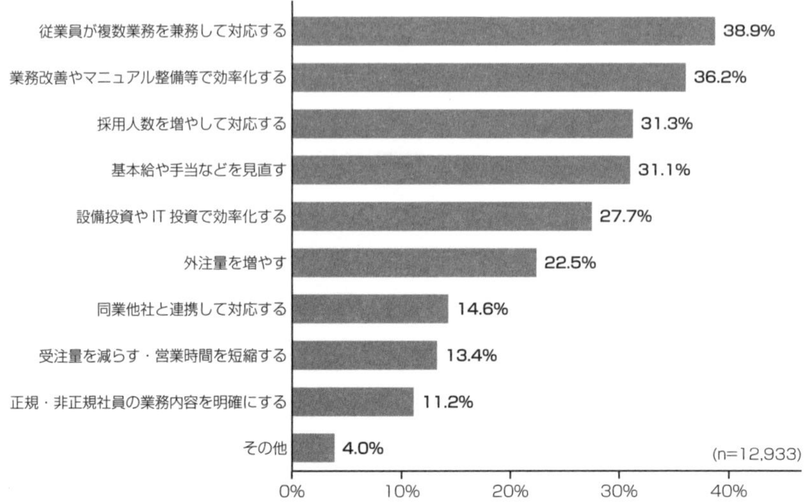

資料：(株)帝国データバンク「取引条件改善状況調査」

(注) 1. 受注側事業者向けアンケートを集計したもの。

2. 複数回答のため、合計は必ずしも100%にならない。

3. 働き方改革全般への対応状況に関する質問で、「対応が必要であり、対応済み」、「対応が必要であり、対応方針を検討中」と回答した企業に対して聞いたもの。

中小企業白書 2021

対応が困難な理由は、「仕事の繁閑の差が大きい」、「取引先からの短納期発注や急な対応の発生が多い」、「商慣習・業界の構造的な問題」などです。人手不足を解消できないために働き方改革が実行できない、とする企業も多数存在しています。

サブロク（36）協定

労働基準法では、労働時間は原則として1日8時間・1週40時間以内とされています。これを超えて、従業員に時間外労働（残業）をさせる場合には、①労働基準法第36条に基づく労使協定（36協定）の締結、②労働基準監督署への届出――が必要です。

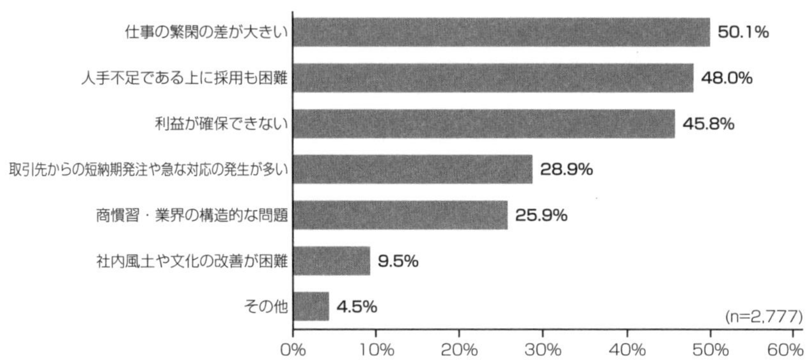

資料：(株)帝国データバンク「取引条件改善状況調査」
(注) 1. 受注側事業者向けアンケートを集計したもの。
2. 複数回答のため、合計は必ずしも100%にならない。
3. 働き方改革全般への対応状況に関する質問で、「対応が必要であるが、対応は困難」、「対応は必要であるが、対応する予定はない」と回答した企業に対して聞いたもの。

中小企業白書 2021

働き方改革を進め、「魅力ある職場→人材確保→業績向上」という好循環をつくることが大切です。職場環境の改善による魅力ある職場づくりが、人手不足解消につながります。

中小企業は限られた人数のため、各部署が助け合うことが大切です。ただし、効率よく仕事をしている部署の担当者が段取りの悪い部署をいつも助けて残業になるような場合は注意が必要です。工夫して頑張っている部署が割を食うような気持になることは避けなければいけません。自分の時間を大切にしたいと考える人は多いので、助けるのが当たり前という価値観の押し付けは退職につながる可能性もあります。

中小企業の課題

05 経営者保証と担保

経営者保証とは、中小企業が金融機関から融資を受けるとき、経営者個人が会社の連帯保証人となることです。企業からの返済ができなくなると、経営者個人が返済することを求められます。

◇経営者保証の問題点

経営者保証をしていると、会社の返済が滞ったときに、経営者自身の個人財産を処分してでも返済する義務があります。経営者保証は、外部株主の少ない中小企業において、「放漫経営あるいは経営者による会社資金の個人流用を防ぐための規律づけ」という意味合いがあります。また、経営者保証をすることにより、金融機関は融資をしやすくなり、企業は融資を受けやすくなるというメリットもあり、長年続けられてきました。

しかし、経営者保証は非常に責任が重く、「スタートアップの創業、経営者による思いきった事業展開、早期の事業再生を妨げる要因になっている」との指摘がありました。また、経営者保証は事業承継にも影響を与えています。特に、親族に適任者が見当たらず、従業員に経営を委ねる場合、従業員が連帯保証人になるのは心理的抵抗が大きいために辞退される原因ともなります。

株式会社などの法人の経営者や出資者は「**有限責任**」であり、仮に会社が倒産したとしても、事業のための借入金の債務が、経営者などの個人の財産にまで及ぶことはありません。しかし、連帯保証人となると話は別です。融資を受けた金額を会社が支払えなくなった場合は、社長個人に返済の義務が生じるのです。

倒産と破産

倒産とは、「業績不振によって債務の返済ができず、事業を継続できない状態」を指す言葉ですが、法的な定義はありません。**破産**は、清算を目的とした法的整理の手段の１つです。債務超過などによって継続的な経営が困難になった会社は、破産手続きを行うことで、原則的にすべての資産・負債が清算されます。破産した企業は倒産しているといえます。

経営者保証の影響

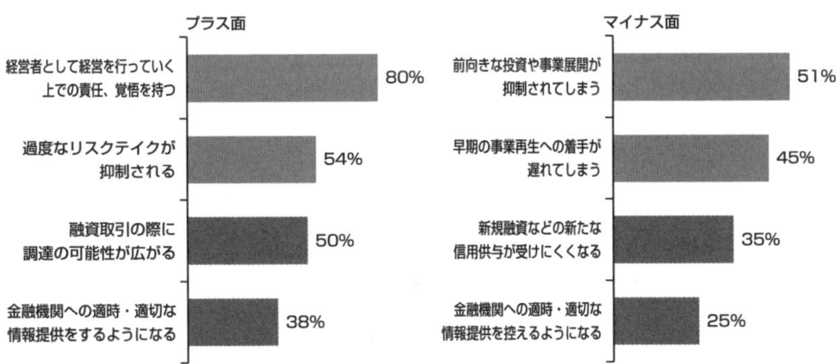

(注) 影響があると回答した割合は、「かなり影響がある」、「それなりに影響がある」と回答した者の割合の和。
調査対象は、地域銀行をメインバンクとする中小・小規模企業で、有効回答数は 9,371 社（選択肢ごとに変動あり)。調査時期は 2019 年 3 月。
(資料) 金融庁「金融機関の取組みの評価に関する企業アンケート調査」〔2019 年 11 月〕より作成。
(出所) 第 1 回 中小企業政策審議会 金融小委員会 資料 4「今後の間接金融のあり方について」p.21

激変する世界・日本における今後の中小企業政策の方向性（中小企業庁）

経営者保証の提供状況（2020 年度）

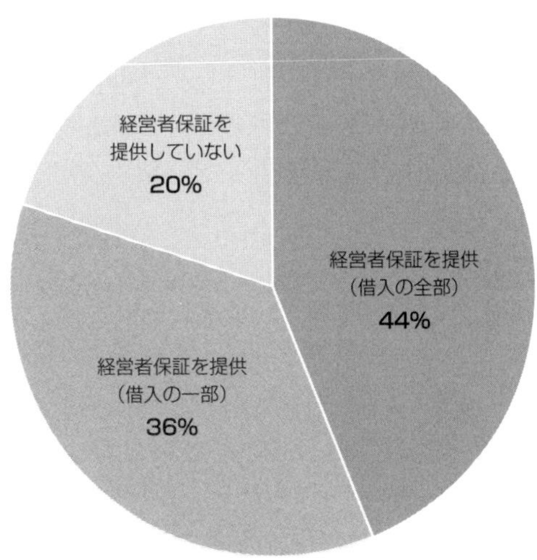

政府系金融機関及び信用保証協会におけるガイドラインの活用実績（中小企業庁）

◇経営者保証ガイドライン

このような問題の解決策として、全国銀行協会と日本商工会議所が2013年に「**経営者保証に関するガイドライン**」を策定しています。この「ガイドライン」には法的な拘束力はないものの、中小企業、経営者、金融機関などの関係者が自発的に尊重し、遵守することが期待されています。

次の要件を満たせば、事業者は経営者保証なしで融資を受けたり、すでに提供している経営者保証を見直したりできる可能性があります。

(1) 資産やお金のやり取りに関して、法人と経営者が明確に区分されている
(2) 財務基盤が強固であり、法人の資産や収益力で借入金の返済が可能
(3) 金融機関に対し、適時適切に財務情報が開示されている

◇経営者保証の状況

ガイドライン策定後の新規融資においても、経営者保証が外れている割合は低く、民間金融機関では3割程度です。借入金のある中小企業の7割が経営者保証を行っています。

2023年4月から、金融機関が事業資金の融資の際に個人保証を求める場合には、経営者に次の点を具体的に説明することが義務づけられました。

①どの部分が十分ではないために、保証契約が必要となるのか
②どのような改善を図れば、保証契約の変更・解除の可能性が高まるか

アドバイス

補助金申請をする場合は、補助対象となる条件、対象経費、審査項目・加点項目などをよく確認します。そして、審査項目としてリストアップされている内容はもれなく記載します。また、事業内容や市場環境については、業界に詳しくない審査員が読んでもわかるように丁寧に記載します。採択事例の申請内容が公開されている場合もあるので、参考にします。補助金申請の支援も中小企業診断士の仕事です。

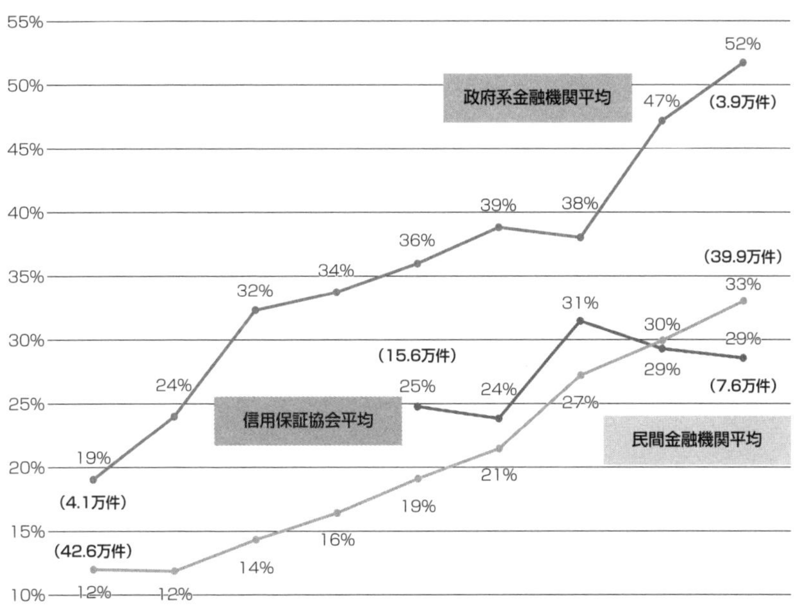

政府系金融機関及び信用保証協会におけるガイドラインの活用実績（中小企業庁）
https://www.chusho.meti.go.jp/kinyu/keieihosyou/

アドバイス

中小企業は顧客からの注文があれば、忙しくても断るのは難しく、つい受けてしまうものです。断ると注文が来なくなるのでは、という恐怖感があるからです。注文が多くても顧客からの注文情報が早ければ、計画を立ててスムーズに対応することもできます。仕事の効率を高めるだけでなく、顧客とのコミュニケーションを良くすることも働き方改革につながります。

中小企業の課題

融資を受けやすくする保証協会

中小企業が金融機関から融資を受ける際、公的機関である信用保証協会が中小企業などの債務を保証すると、金融機関からの融資を受けやすくなります。

◇信用保証協会とは

信用保証協会は、信用保証協会法に基づき、中小企業や小規模事業者の円滑な資金調達を支援することを目的に設立された公的機関です。

創業者や中小企業などが金融機関に借入の申し込みをしても、金融機関が返済のリスクを検討した結果として、事業者の求める金額の融資を受けることができない場合も少なくありません。

しかし、信用保証協会の債務保証があると、事業者の倒産などにより金融機関への借入金返済が困難になった場合でも、信用保証協会が金融機関に残債を**代位弁済（肩代わり返済）**するため、金融機関は貸付金の債権回収ができます。この制度によって、金融機関は中小企業者などに融資しやすくなり、融資枠の拡大も可能になります。この債務保証は無担保でも利用できます。

信用保証協会は、47都道府県と4市（横浜市、川崎市、名古屋市、岐阜市）にあり、事業者など（法人、個人事業主）に対して、地域密着型の保証業務を行っています。保証協会を利用する場合は、借入金額や借入期間などに応じた保証料を負担しなければなりません。

借入申請時には、信用保証協会と金融機関のそれぞれで審査があるため、信用保証協会の保証があっても、金融機関からの借入が必ず実行されるとは限りません。

責任共有制度

責任共有制度とは、信用保証協会の保証付き融資において、借入額に対する信用リスクの20%相当を金融機関が負担する制度であり、2007年10月に導入されました。信用保証協会保証付き融資は、借入金額に対して信用保証協会が原則として100%を保証していましたが、金融機関と信用保証協会の間で適切な責任共有を図ることにより、両者が連携して融資実行後の経営支援等を行うことが期待されています。

◇信用保証制度の仕組み

事業者が信用保証協会または金融機関へ保証を申し込むと、事業内容などにより、保証の諾否が決定されます。保証承諾後に事業者が信用保証料を支払うと、金融機関が融資を実行し、事業者は金融機関へ借入金元本の返済を続けます。返済が滞った場合は、信用保証協会が金融機関へ、事業者に代わって借入金を弁済（代位弁済）します。事業者は、代位弁済された借入金を信用保証協会へ返済します。

信用保証は保険ではないため、代位弁済後も債務自体はなくなりません。

東京都では、2022年度の代位弁済が前年度比59%増の515億円となりました。これは、ゼロゼロ融資の返済開始、公的給付の縮小、コスト高などで、行き詰まる企業が増えたためだと考えられます。

信用保証制度の仕組み

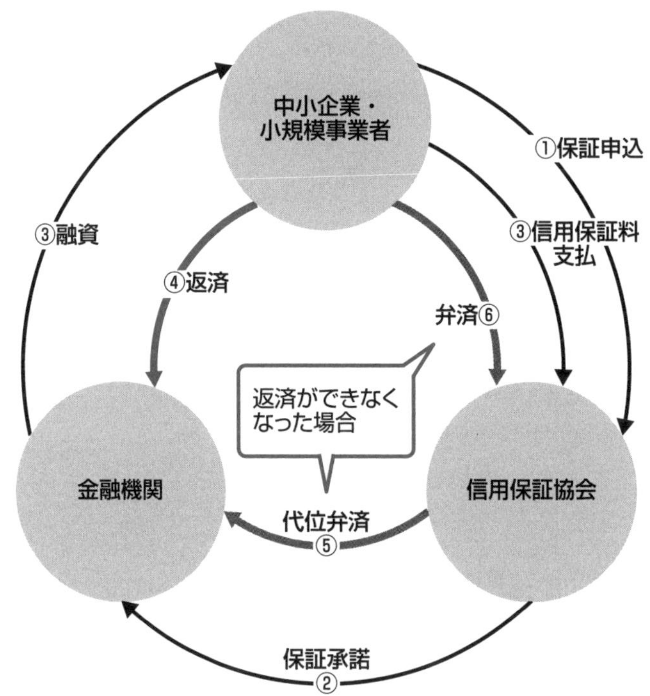

信用保証制度（（一社）全国信用保証協会連合会）

人手不足が続く中小企業

2022年2月に全国各地の商工会議所が行った調査によると、中小企業の6割が人手不足だと感じています。運輸業や建設業では、人手不足と回答した企業の割合が7割を超えています。対処法としては、「正社員を増やす」、「社員の能力開発による生産性向上」、「IT化、設備投資による業務効率化・自動化」、「業務プロセスの改善による効率化」が上位に入っています。

人手不足の状況

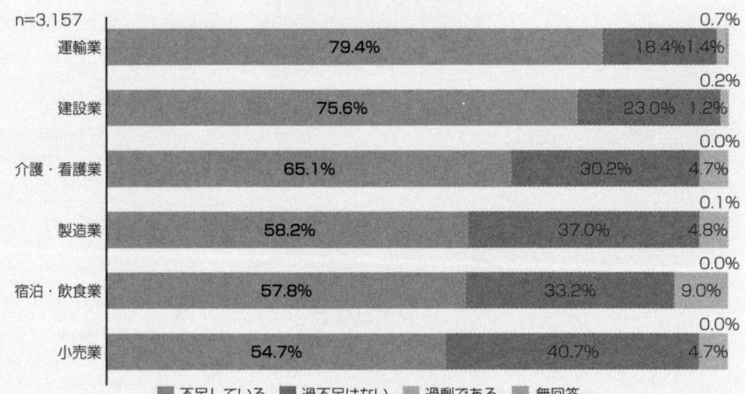

「人手不足の状況および従業員への研修・教育訓練に関する調査」調査結果（日本・東京商工会議所）より作成

人手不足への対応

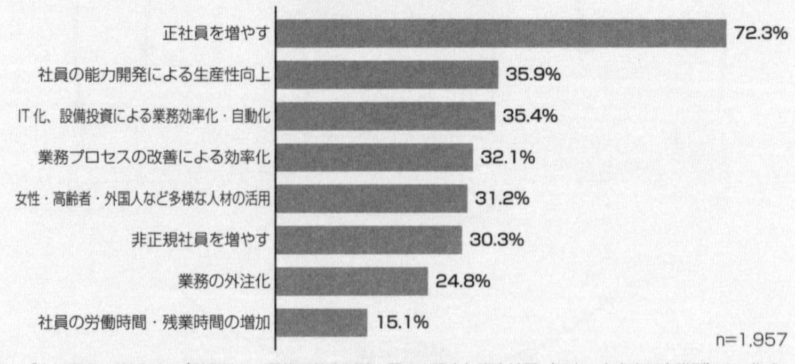

「人手不足の状況および従業員への研修・教育訓練に関する調査」調査結果（日本・東京商工会議所）より作成

07 中小企業の課題

デジタル化とICTによる効率化

労働人口の減少により、人材不足が加速しています。中小企業においても、業務効率化のためのデジタル化やICT活用が必要です。

◆中小企業のデジタル化とICT活用

コロナ禍をきっかけにして、インターネットを活用したテレワークが一般化しました。小売業では、店舗における人手不足対策などのために、自動レジの導入が進みつつあります。店員は顧客の相談や対応に注力し、IT機器を使ってその場で発注・決済等を行うことで売場を有効活用できます。建設業では、建設現場をドローンで撮影し、その映像や測量データを活用するなどで、測量と設計・施工計画の業務を効率化しています。飲食店では配膳ロボットが活躍しています。このように、すでに業務の現場ではデジタル化とICTの活用が急速に進んでいます。

しかしながら、IT人材が豊富とはいえない中小企業において、自社に最適なITツールを選択し、使いこなすことのハードルはまだまだ高いのが実情です。高価なシステムを入れても活用されず、本来解決すべき課題が置き去りになっている場合もあります。

ICT活用による効率化

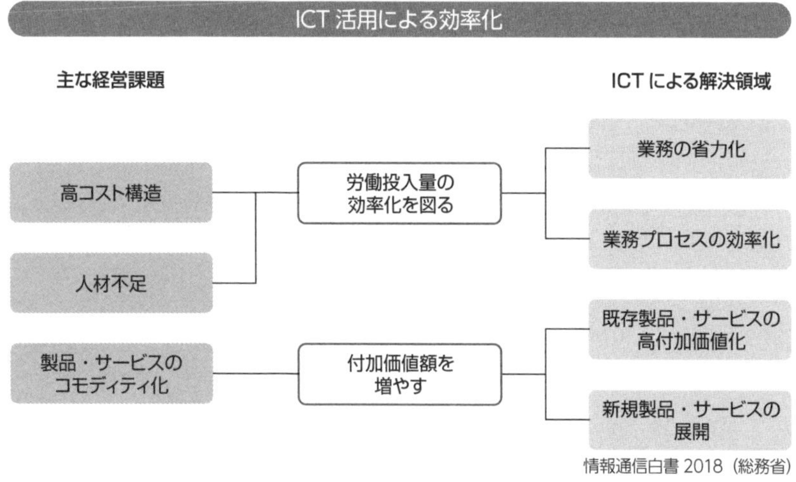

情報通信白書2018（総務省）

◇デジタル化、ICT 活用の課題

中小企業庁が公表した「2019 年版中小企業白書」によると、100 ～ 299 人規模の中小企業の約 54%には IoT・AI 導入の意向がありません。さらに、東京商工会議所が実施した中小企業の経営課題に関するアンケート結果でも、100 人以下の中小企業のうち約 4 割が IT ツールを利用していません。デジタル化の要員や費用を確保できないことが課題として挙げられています。そのほかに、デジタルスキルを学ぶ時間を確保できない、若手社員とミドル・ベテラン社員間のデジタルスキルの格差が大きい、ミドル・ベテラン社員の習得意識が低い、といった課題もあります。

経営層の IT 知識・スキル不足により、投資に消極的になっている場合もあります。中小企業では、専門性の高いスキルや知識を持つ優秀な人材を獲得するのは簡単ではありません。

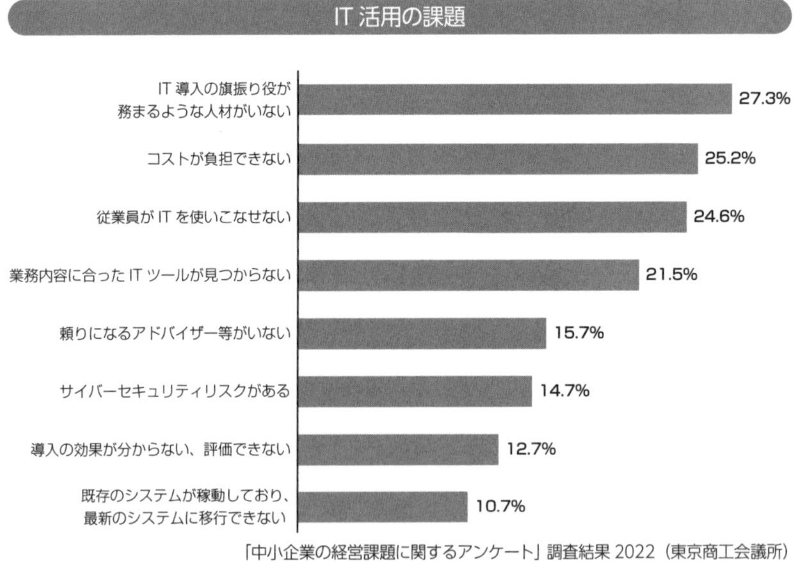

「中小企業の経営課題に関するアンケート」調査結果 2022（東京商工会議所）

中小企業白書の調査では、デジタル化の課題として、「アナログな文化・価値観が定着している」、「明確な目的・目標が定まっていない」、「組織の IT リテラシーが不足している」といった項目が上位を占めています。業種別に見ると、「卸売業」や「建設業」では「長年の取引慣行に妨げられている」、また「宿泊業、飲食サービス業」では「資金不足」を挙げる企業が 3 割強を占めています。

IT 人材の確保状況

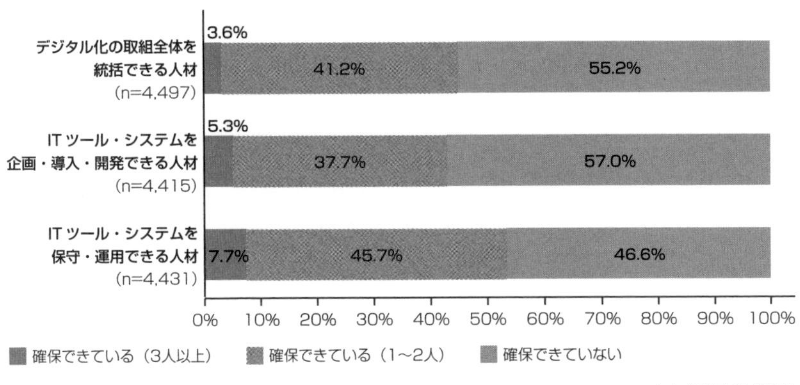

資料：(株)野村総合研究所「中小企業のデジタル化に関する調査」　中小企業白書 2021

デジタル化に向けた課題（全業種）

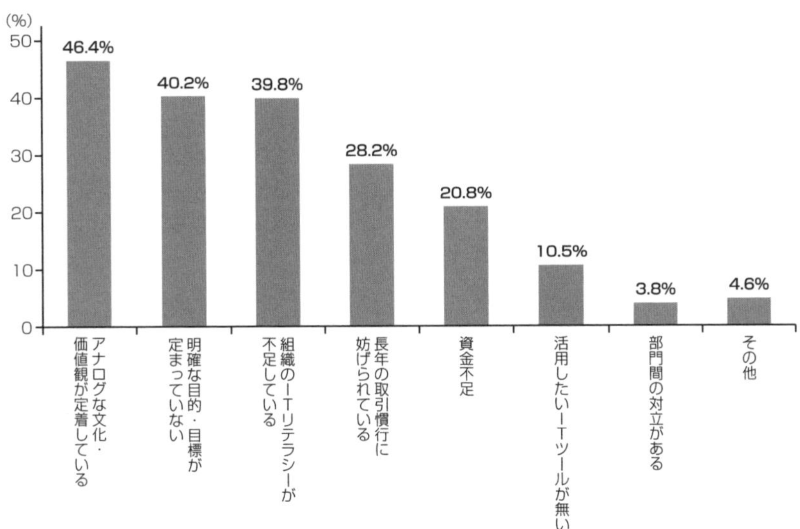

資料：(株)野村総合研究所「中小企業のデジタル化に関する調査」
(注) 複数回答のため合計が 100%とならない。　中小企業白書 2021 より作成

◇デジタル化のポイント

デジタル化で業務の効率を上げるには、「社員が使いやすいツールやシステムを導入する」、「研修や勉強会を開催する」ことが重要です。そして、デジタル化によってもたらされる利益増や業務効率向上といった効果を実感することも大切です。

デジタル化による競争力の強化やデータ利活用に取り組んでいる企業は、2015年から2021年にかけて、業績面にプラスの効果が現れています。

取り組み状況別に見た売上高の変化率

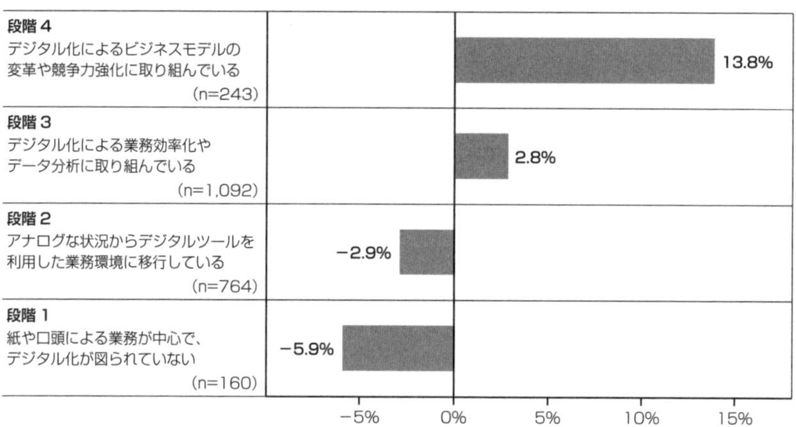

資料：(株)東京商工リサーチ「中小企業のデジタル化と情報資産の活用に関するアンケート」
(注) 1. 売上高の変化率とは、2021年と2015年の売上高を比較したもので、中央値を集計している。
2. 取り組み状況とは現在（2021年時点）におけるデジタル化の状況を指している。

中小企業白書 2022

ChatGPT

ChatGPT（チャットGPT）とは、入力された質問に対して、まるで人間のように自然な対話形式でAI（人工知能）が答えるチャットサービスです。開発元のOpenAI社によって2022年11月に公開されてから、回答精度の高さが注目を集め、利用者が増加しています。メールを作成したり、詩や小説を書いたり、プログラミングをすることもできます。

08 中小企業の課題
ノウハウと知財戦略

アイデアや創作物の中で、財産的な価値を持つものを知的財産（知財）といいます。これに一定の独占権を与えたものが知的財産権です。

◇知的財産とは

独自のアイデア、ノウハウや創作物は模倣されやすいので、創作者の権利を保護するために**知的財産権制度**があります。必要な要件を満たせば、独占権が与えられて保護されます。

知的財産権の中でもビジネスに深く関係するのが、**特許権**（発明）、**実用新案権**（考案）、**意匠権**（デザイン）、**商標権**（ブランド）の4つです。これらは**産業財産権**と呼ばれます。そのほかにも、著作権、育成者権（種苗法）、営業機密、商号などがあります。

この独占権を手に入れると、自社のアイデアや創作物などを誰かに勝手にマネされた場合は、差止請求や損害賠償請求ができるようになります。また、独占により、価格競争の回避や収益性の向上が期待できます。

知的財産権の種類（抜粋）

知的財産権の種類	知的財産の内容	保護期間
特許権 （特許法）	技術のアイデア　［発明］ ・物に関するもの ・方法に関するもの	出願の日から20年間
実用新案権 （実用新案法）	技術のアイデア　［考案］ ・物品の構造、形状についての考察	出願の日から10年間
意匠権 （意匠法）	物品のデザイン　［意匠］ ・デザインの形状、模様、色彩	登録の日から20年間
商標権 （商標法）	商品、サービスに使用するマーク　［商標］	登録の日から10年間 （更新可能）

中小企業経営者のための知的財産戦略マニュアル（東京都知的財産総合センター）より作成

◇知的財産の重要性

中小企業は、１つの技術・１つの製品・１つの商品が事業に占める割合が大きく、事業を支える中核技術が模倣されると、そのダメージは甚大です。そのため、中小企業・小規模事業者は大手企業にも増して、特許や商標などの知的財産について日頃から理解を深め、関心を持つことが大切です。

◇ノウハウを守るために

知的財産の登録は「早い者勝ち」が原則です。たとえ自社が先に開発した技術であっても、他社が先に特許を出願すると特許権は他社のものとなり、最悪の場合はその技術が使えなくなります。技術やノウハウを守るためには、特許を取得するだけでなく、いろいろな注意が必要です。

(1) 秘密保持契約の締結

商談で秘密情報を開示する場合、特に技術的な秘密情報を交換する場合は、秘密情報の第三者への開示禁止、秘密管理義務、目的外使用禁止を定めた秘密保持契約を締結します。

(2) 退職後の競業禁止

社員の退職時の誓約書等に、退職後の競業避止義務を課す条項を入れることも検討します。職業選択の自由を制限する恐れがあるため、その要件の検討には注意も必要です。

(3) 工程監査・工場見学時の注意

工程監査や工場見学では、相手に自社の重要情報を開示することになるため、その受け入れ可否は慎重に判断する必要があります。携帯電話、カメラの持ち込みを禁止とし、見学専用ラインを設けるなどで対処します。

(4) 特許出願しないノウハウ戦略

自社のオンリーワン技術を「ノウハウ」として秘密にするのか、「特許」として権利化するのかは、技術の特性やその市場などから判断します。特許を取得すると独占権は得られますが、技術が公開されるためです。

特許料の減免制度

2019年4月1日から、すべての中小企業の特許料（審査請求料、特許料1～10年分、国際出願に係る手数料）などを2分の1とする新たな減免制度が施行されています。

知財総合支援窓口

知的財産について、誰でも身近に相談できる場所として、全国47都道府県に「**知財総合支援窓口**」が設置されています。ここでは、知的財産に関するアイデア段階から事業展開、海外展開までの様々な課題について、無料・秘密厳守でアドバイスを行っています。

COLUMN

取引時の失敗と特許権侵害訴訟

(1) 取引時の失敗

大企業から部品の注文が多くあって商売も繁盛していたのに、だんだん発注量が減ってきた。調べてみると、その大企業は海外メーカーに同じ部品をつくらせて、安く輸入していることがわかった――というような事例もあります。独自技術を持ちながら特許を取得しておらず、顧客である大企業との取引において、秘密保持契約も交わしていませんでした。知的財産権の意識が低かったためです。あとで気づいても取り返しはつきません。

(2) 特許権侵害訴訟

特許権侵害訴訟件数の約6割は中小企業が提起しています。しかし、終局にまで至った判決では、中小企業の原告勝訴率は2割以下にとどまっており、対大企業の勝訴率では1割にも満たない状況です。

Term

● **弁理士**

弁理士は、知的財産権の取得・活用をサポートします。先行技術を調査し、発明や考案の権利化の可能性も判断します。発明や考案を権利化するための出願書類を作成し、特許庁に対して出願手続を行います。

経済のグローバル化と中小企業

中小企業には、海外進出している企業も多くあります。会社の規模が小さくても、特定の製品・サービスで世界的なシェアを持つ企業は少なくありません。

◇海外市場の成長

日本は超高齢社会に突入しており、GDPの伸び率も1995年頃から停滞しています。

これに対して、アジア地域のGDPは、2020年にはアジア以外の世界各国の合計GDPを追い抜いており、2030年には全世界の成長のおよそ60%を占めると予想されています。日本から近いアジアの新興国市場は、日本企業にとって非常に魅力的です。

◇中小企業の海外進出の課題

中小企業が海外進出をするためには多くの課題があります。販売先の確保、為替変動リスクの管理、必要資金の確保、信頼できる提携先・アドバイザーの確保、進出先の市場動向・ニーズの把握が重要です。これらの課題を解決することが、海外進出成功の鍵となります。

為替変動によって急激な売上・利益増となる場合には、税金も増えます。為替変動のリスクを適切に管理するのは難しいものです。また、海外のパートナーの信頼性を見極めるのも非常に難しい課題です。

市場動向についても、日本国内でヒットした製品・サービスが進出先でも成功するとは限りません。商品の強みを生かしながら、いかにして進出先の市場、ニーズに応えるかが重要です。

かつては、人件費などのコスト削減を図るべく、生産や仕入れの目的で海外進出する企業が多くありました。しかし近年は、東南アジア諸国でも人件費が上昇しており、その傾向は今後も続く見通しです。そのため、今日では現地市場での販売を目的として進出する企業が多くなっています。

海外進出の失敗原因としては、上記のほかに、「現地の人件費高騰」、「現地従業員の確保・育成・管理の困難」、「経済情勢の悪化」などが挙げられます。

事前の撤退戦略

海外進出をするときには、撤退に向けた戦略の策定も重要です。海外は制度も法律も異なるため、合弁契約や投資認可の有無が撤退の検討に大きく影響します。売上不振が続いているにもかかわらず、すぐに撤退できずに赤字を出し続けざるを得ないこともあります。大きなリスクを避けるためには、「継続か撤退かを判断する数値的根拠」を事前に明確にした上で事業展開を行うことが大切です。

パートナーの信頼性

提携先との不和要素としては、品質の悪さ、価値観の相違、経営権の問題、人物の調査不足などが報告されています。日本人と異なる考え方なのは当たり前ですが、スタートしてから問題にならないよう、事前の調査・準備が非常に重要です。また、海外進出後、長期的かつ安定的に事業拡大を行うためには、現地の人材獲得・育成が不可欠です。

海外展開の実施状況

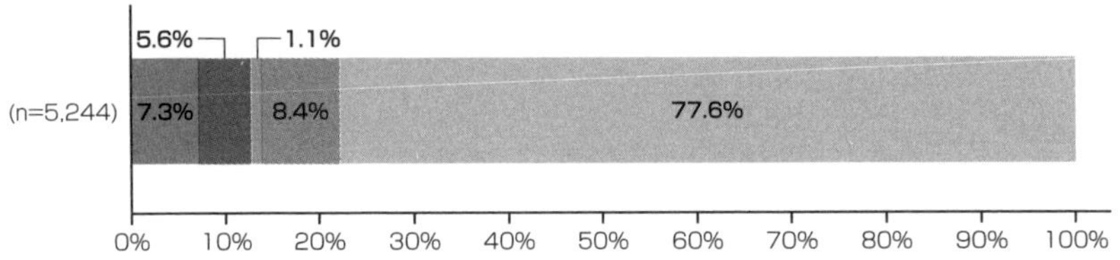

資料（株）東京商工リサーチ「中小企業の経営理念・経営戦略に関するアンケート」

中小企業白書 2022

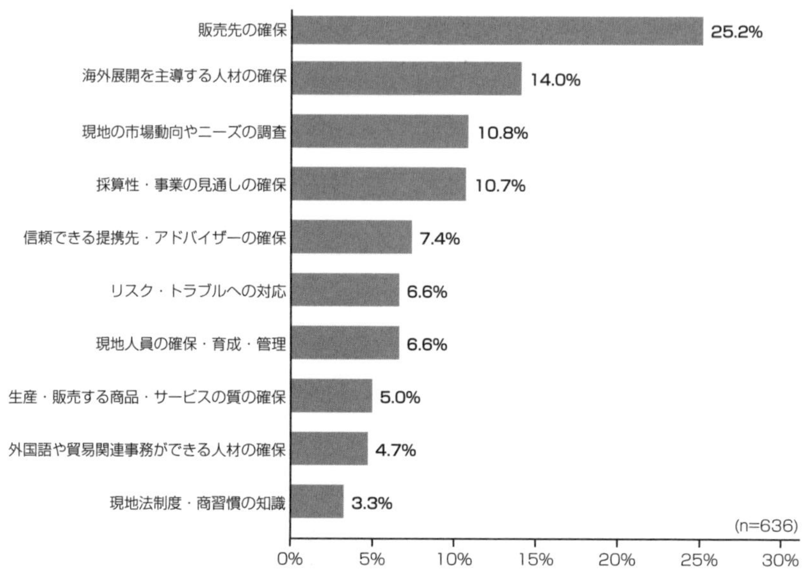

資料：(株)東京商工リサーチ「中小企業の経営理念・経営戦略に関するアンケート」
(注) ここでいう海外展開実施企業とは、海外展開の実施状況及び今後の意向について、「海外展開を行っており、今後は更に拡大を図る」、「海外展開を行っており、今後は現状を維持する」、「海外展開を行っているが、今後は縮小・撤退を検討する」と回答した企業を指す。

中小企業白書 2022

◇越境 EC の拡大

コロナ禍以降、生活様式の変化などにより、EC（**電子商取引**）の市場規模が世界的に拡大し、国境を越えた取引（**越境 EC**）が活発になっています。米国および中国の消費者による日本の事業者からのEC購入額は年々拡大しています。

国や公的機関では、中小企業の海外進出を様々な形で支援しています。中小企業庁では「**JAPAN ブランド育成支援等事業**」や、越境 EC 市場の急激な拡大を踏まえた緊急経済対策である「**デジタルツール等を活用した海外需要拡大事業**」といった、補助金制度による支援を行っています。

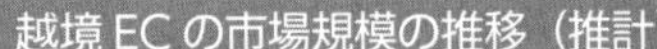

越境ECの市場規模の推移（推計）

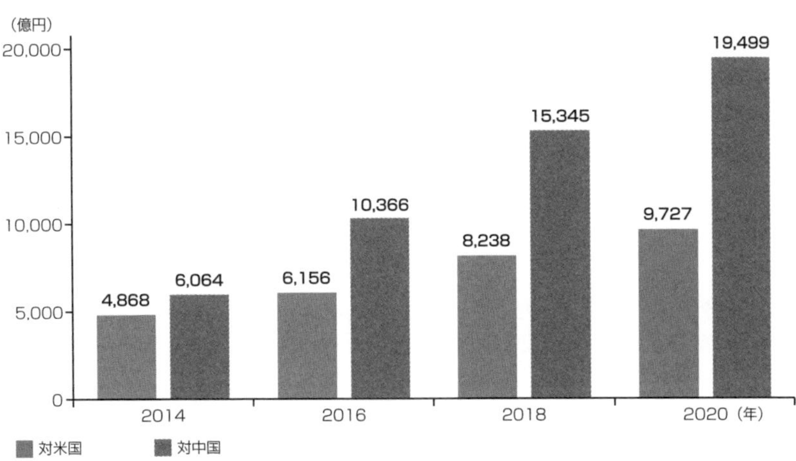

資料：経済産業省「電子商取引に関する市場調査」
（注）各種調査機関、文献及び越境ECを行っているEC事業者へのヒアリングなどにより算出された推計値である点に留意。

中小企業白書2022より作成

越境ECの利用状況

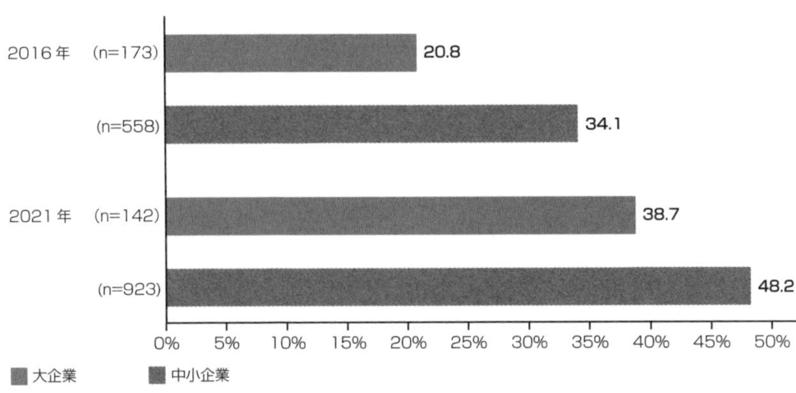

資料：(独)日本貿易振興機構「2021年度日本企業の海外事業展開に関するアンケート調査」（2022年2月）
（注）販売でECを利用している企業に占める、日本国内から海外への販売にEC（越境EC）を利用している企業の割合を示している。

中小企業白書2022より作成

経済のグローバル化により中小企業においても海外人材の活用が当たり前になってきています。筆者の顧問先でも半数の企業で海外人材が貴重な戦力として活躍しています。

日系企業の海外進出

外務省が在外公館などを通じて実施した「海外進出日系企業拠点数調査」によると、2020 年 10 月時点で、海外に進出している日系企業の数は 80,373 拠点となっています。

https://www.mofa.go.jp/mofaj/ecm/ec/page22_003410.html

海外展開に向けた支援策

(1) 国内・海外販路開拓強化支援事業

経済産業省が主導する海外展開支援事業の1つであり、地域経済の活性化を図る目的で、国内・海外の販路開拓をシームレスに支援する取り組みです。

海外展示会出展等を通じてブランドの確立や販路開拓に取り組む事業に対して、支援が実施されます。また、「中小企業海外展開現地支援プラットフォーム」の整備等により、海外進出後の課題対応も支援の対象となっています。

(2) 中小企業海外ビジネス人材育成塾

ジェトロ（独立行政法人日本貿易振興機構）が主催する、中小企業の海外ビジネス担当者を対象とした講座。海外市場の開拓に必要な知識・能力の育成や実践的な現場研修のプログラムを提供する取り組みです。

市場調査の知識や海外バイヤーとのコミュニケーション、海外ビジネス戦略・方針の策定といった、グローバル人材の育成に関わる支援が受けられます。

中小企業が活用できる多くの補助金

中小企業向けの補助金には、生産性向上、販路開拓、人手不足解消など、そのときどきの企業の経営課題の解決につながるものが用意されています。そして、中小企業を取り巻く環境の変化に合わせて、補助金の内容や金額が変化します。

補助金と助成金

補助金とは、国や自治体などが政策目的の達成のために企業や個人事業主を支援する制度です。採択された事業者は資金を得て、政策目的に沿った事業展開を行います。類似の制度として助成金があります。

助成金は定められた条件を満たせばほぼ必ず受け取れますが、補助金の場合は、申請に対して審査が行われて採択が決まります。補助金も助成金も、事業者が立替払いをして、あとから支給を受ける形になります。

中小企業が使える補助金

中小企業が使える代表的な補助金には以下のものがあります。

(1) 事業再構築補助金

コロナ禍の影響が残り、需要や売上の回復が期待しづらい中、経済社会の変化に対応して中小企業が行う事業再構築を支援するものです。具体的には、新分野展開や事業転換、業種転換、業態転換、事業再編を支援します。認定経営革新等支援機関（国の認定を受けた中小企業診断士、金融機関等）とともに事業計画を策定することが必要です。

(2) ものづくり・商業・サービス生産性向上促進補助金

ものづくり・商業・サービス生産性向上促進補助金（**ものづくり補助金**）は、革新的サービスの開発や試作、生産プロセス等の改善を行うため補助金です。設備投資等を支援して、中小企業の生産性の向上を支援します。

ものづくり補助金の飲食・小売業での活用例

・飲食・小売店と食品製造工場を所有。店舗に**需要予測システムを導入**することで、販売機会損失と廃棄量を削減。**新製品開発**とあわせて、工場の製造ラインに**AIを活用**した不良品検知の**システムを導入**し、**生産性と付加価値の向上**を目指す。

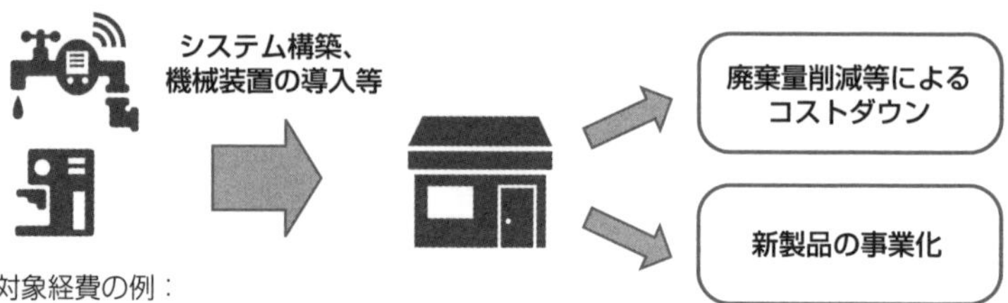

補助対象経費の例：
・AIを活用したシステム構築に要する費用
・新製品開発のための機械装置に要する費用
・需要予測システムに係るクラウドサービス利用費

中小企業白書 2022 より作成

(3) 小規模事業者持続化補助金

小規模事業者持続化補助金（**持続化補助金**）は、小規模事業者が、変化する経営環境の中で持続的に事業を発展させていくことを支援する補助金です。展示会への出展や新商品の開発、生産設備の導入、販路開拓等の取り組みが対象です。申請にあたっては、小規模事業者が地域の商工会・商工会議所の支援を受けて経営計画を作成することが求められています。

2021（令和 3）年度補正予算では、通常枠に加え、賃金引上げや雇用の増加による事業規模の拡大に取り組む小規模事業者を支援対象とする「成長・分配強化枠」、後継ぎ候補者が実施する新たな取り組みや創業後間もない小規模事業者を支援対象とする「**新陳代謝枠**」、免税事業者からインボイス発行事業者に転換する場合の環境変化への対応に取り組む小規模事業者を支援対象とする「**インボイス枠**」が新設され、環境変化に合わせた支援が行われています。

2023 年度版 中小企業施策利用ガイドブック

中小企業庁が毎年発行する「**中小企業施策利用ガイドブック**」（2023 年度から PDF 版のみ）には、中小企業を支援する施策に加えて、中小企業が使える補助金が掲載されています。

(4) サービス等生産性向上IT導入補助金

サービス等生産性向上IT導入補助金（**IT導入補助金**）は、中小企業・小規模事業者等が生産性の向上に資するITツールを導入するための事業費等の一部を補助し、中小企業・小規模事業者等の生産性向上を図るものです。

「**デジタル化基盤導入類型**」では、インボイス制度も見据えたデジタル化を一挙に推進するため、会計ソフト・受発注ソフト・決済ソフト・ECソフトの導入費用に加え、PC･タブレット、レジ･券売機等の導入費用も支援します。

(5) 事業承継・引継ぎ補助金

事業承継・引継ぎ補助金は、円滑な事業承継・事業引継ぎ（M&A）を後押しするため、事業承継・事業引継ぎ後の設備投資や販路開拓等の新たな取り組みを支援するものです。事業引継ぎ時の専門家活用費用等も支援します。事業承継・引継ぎに伴う廃業等についても支援します。

中小企業が使える代表的な補助金

名称	補助額／補助率	内容
事業再構築補助金	100万～1億円	中小企業等の事業再構築を支援する
	2分の1～4分の3	
ものづくり補助金	750万～3,000万円	生産性向上などのための設備投資を支援する
	2分の1～3分の2	
小規模事業者持続化補助金	50万～200万円	小規模事業者等の生産性向上および持続的な経営の発展を目的とする
	3分の2～4分の3	
IT導入補助金	30万～450万円	中小企業等の、ITツール導入にかかる経費の一部を補助する
	2分の1以内	
事業承継・引継ぎ補助金	100万～500万円（廃棄費はプラス150万円以内）	事業承継をきっかけに経営革新を行う中小企業者等を支援する
	2分の1以内	

ベンチャー企業と中小企業

ベンチャー企業とは、新技術や高度な知識を軸に、大企業では実施しにくい創造的・革新的な経営を展開する中小企業です。

ベンチャービジネスとは

ベンチャー企業は「急成長を志す企業」です。ゼロから事業を拡大させていくために、創業者だけでなくすべてのメンバーが、「全社一丸となって企業を成長させる」という強い意志を持っています。企業が成長する中で、資金も人材も不足しがちですが、それをうまくマネジメントしていかなければなりません。**ベンチャービジネス**とは、リスクを覚悟しつつも、冒険心を持って挑戦する事業です。

中小企業とベンチャー企業の違い

ベンチャー企業は、設立以来の歴史が浅く、常に成長を目指しています。「現状維持で利益が出ているからよい」などと満足せず、果敢にリスクに挑戦します。「冒険・挑戦」と「リスク」は表裏一体であり、失敗すれば経営危機に陥る可能性も高くなります。

大企業とベンチャー企業

大企業	ベンチャー企業
・安定感があるので倒産する心配が少ない ・福利厚生が充実している ・労働条件がよい ・給与水準が高い ・大きな仕事や企画など、上流工程の業務を経験できる	・成長力がある ・実力を評価してくれる ・中途入社によるハンデはない ・重要な仕事やポストを任せてもらえる ・ストックオプション等で大きな報酬を期待できる ・企画から現場まですべての仕事を経験できる

◇ ベンチャーキャピタルとは

ハイリターンを狙ったアグレッシブな投資を行う投資会社（**投資ファンド**）のことです。主に高い成長率を有する未上場企業に対し、成長のための資金を株式投資の形で提供します。

資金を投下すると同時に、経営コンサルティングを行い、投資先企業の価値向上を図ります。

未上場企業に対して「出資」という形態で資金を投じるため、企業育成という役割も大きく、投資担当者が投資先企業の社外取締役に就任して経営の一端を担うこともあります。

国内スタートアップの資金調達額の推移

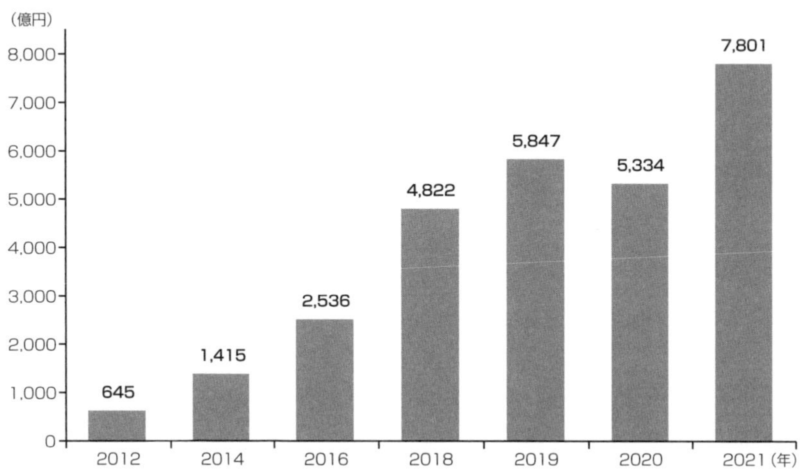

資料：INITIAL「JAPAN STARTUP FINANCE REPORT 2021」（2022年1月25日時点）

（注）ここでのスタートアップの定義は、「日本国内の未公開企業（外国人が起業した国内の会社及び日本人が起業した海外の会社を含む）」、「ユニークなテクノロジーや製品・サービス、ビジネスモデルをもち、事業成長のための投資を行い、事業成長拡大に取り組んでいる企業」、「これまでの世界（生活、社会、経済モデル、テクノロジーなど）を覆し、新たな世界への変革にチャレンジする企業」、その他、INITIALが対象と判断した企業となっている。

中小企業白書 2022

投資に際しては、綿密な**デューデリジェンス**（企業調査）を行い、その会社の将来性を判断し、技術・サービス評価や財務分析だけでなく、実際に経営者と何度も面談し、将来のビジョンについて議論をします。投資後は、投資した企業の企業価値を上げるために、資金面だけでなく、人材の紹介、国内外における販路の開拓、M&Aの検討等を行い、経営に深く関与します。日本におけるベンチャーキャピタルは、その多くが銀行、証券会社などの関連会社で、そのほかに事業会社系、商社系、通信系、政府系、独立系などがあります。

日本のベンチャーキャピタル投資額の対GDP比は0.03%であり、G7諸国の中ではイタリアに次いで低い状況です。投資額は増加傾向にあるものの、米国などと比較すると依然として大きな差があり、スタートアップの資金調達環境の整備が求められています。

ベンチャーキャピタル投資（対GDP比）の国際比較

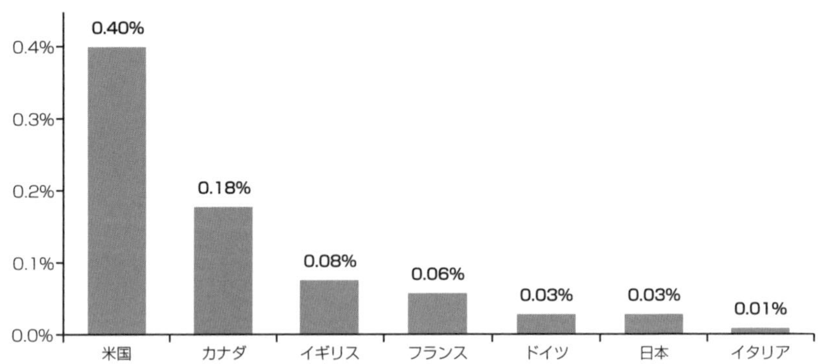

資料：OECD「Entrepreneurship at a Glance 2018」
（注）日本は2016年の数値、他の国は2017年の数値となっている点に留意。

中小企業白書 2022

大手電機メーカーや自動車メーカーも戦後にベンチャー企業としてスタートし、その後日本経済を支える大企業になりました。ベンチャー企業がそのような存在になり経済成長や雇用創出につながることが期待されています。

◇ベンチャー企業創出の課題

起業家に対して「起業にあたり最も影響を受けた人」を尋ねたところ、「身の回りにいた起業家」や「同じ思いの友人」との回答割合が高くなっており、身近に起業家や起業を目指す人がいる環境が、起業においては重要だといえます。日本では、起業を経験した人が身近にいる確率は欧米や中国の 30 ～ 40%に比べて 19%と低くなっています。

起業にあたり最も影響を受けた人

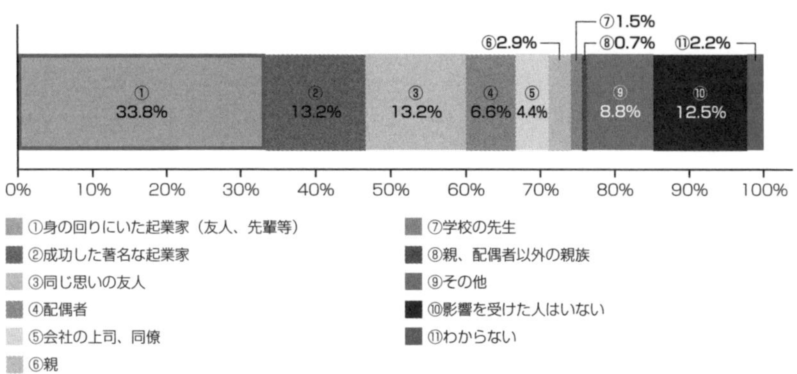

※グラフの中の%の数字は、小数点第二位で四捨五入したためトータルは 99.8%となる。
資料：一般財団法人ベンチャーエンタープライズセンター「ベンチャー白書 2021」
（注）アンケートの調査対象は、設立５年以内のベンチャー企業。

中小企業白書 2022

ベンチャー企業とスタートアップ

スタートアップとは、新しいビジネスモデルを開発し、ごく短時間のうちに急激な成長ならびにイグジット（**出口戦略**）による出資者の利益確定を狙う人々の集合体です。ベンチャー企業と同義語として使われることもありますが、本来は「イノベーションにより人々の生活や社会を変革するために立ち上げられ、社会に新たな価値を創出する企業」を指します。

⑫ 中小企業の課題
ビジネスインキュベーション

インキュベーションとは、創業初期の企業や起業家の支援を目的とするオフィス施設です。事務所スペースあるいはビジネスに関する相談やアドバイスなど、立ち上げ当初に不足しがちなリソースを補完するために開設されています。

◇インキュベーションとは

インキュベーション（incubation）とはもともと英語で“(卵などの)ふ化”の意味です。そこから転じて、新しいビジネスの成長・事業化を促進することを「(ビジネス) インキュベーション」と称し、そのための施設をインキュベーション施設と呼びます。インキュベーション施設では、事業スペースを提供する「**ハード支援**」、そして**インキュベーションマネージャー**（IM）と呼ばれる常駐の専門スタッフを通じて、行政手続きや環境整備、組織運営、資金繰りなど企業経営に関わる様々なサービスを提供する「**ソフト支援**」という2つの側面から、利用者のビジネスをサポートします。

利用者はインキュベーションマネージャーを通して、事業計画や経営ノウハウ、会計・経理、人材採用など、ビジネスのあらゆる側面に対する支援を受けることができます。資金調達に向けた金融機関その他の紹介、人材獲得や組織構築のアドバイス、他起業家とのビジネスマッチングなどの支援もあります。

◇インキュベーション施設

中小企業基盤整備機構（中小機構）は、2023年9月現在、全国で29の**インキュベーション施設**を運営し、500を超える起業家や新事業に取り組む企業が利用しています。そのほかに、自治体や商工会議所、大学などの公的機関が運営する拠点もあり、自治体によっては賃料補助制度もあります。

インキュベーション施設のデメリットとしては、「スペースの使い方に制約がある」、「申請手続きに手間がかかる」といった不自由さがあります。レイアウトの変更が可能な一般的な賃貸オフィスに比べて、自由度は低めです。また、正式に賃貸契約をするまでに事前審査や面接などの手順がある上、多くの提出書類をそろえる必要もあります。

インキュベーション施設では、利用期間が原則1年と決まっていますが、3～5年ほど延長できる施設もあります。

インキュベーション施設の利用費用は、運営者が公的機関か民間企業かで大きく異なります。公的機関が運営するオフィスは1m²あたり2,500～3,000円ほど、民間業者の場合は1m²あたり10,000～15,000円ほどが目安です（いずれも1か月分）。個室や固定席の数、スペースの特徴によっても費用は変わります。

東京都では、2015年にスタートした「**インキュベーション施設運営計画認定事業**」により、一定基準を満たしたオフィスをインキュベーション施設として認定し、補助金交付その他の運営上の支援をしています。

中小機構のビジネスインキュベーション事業

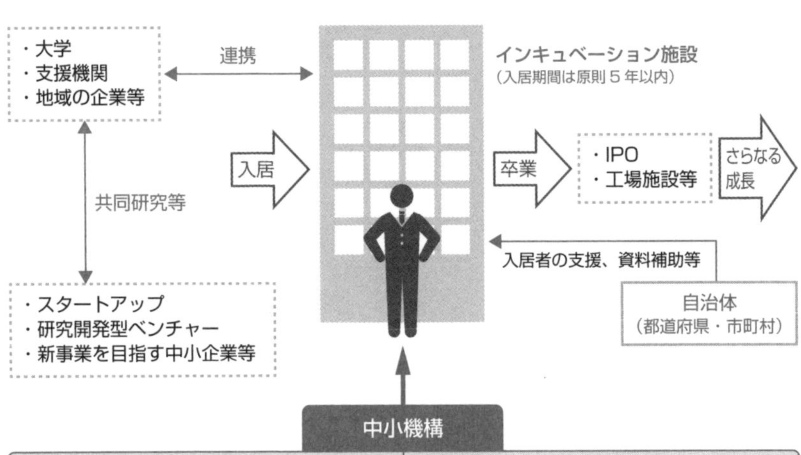

ハード支援	ソフト支援
オフィス　フリーアクセスフロア対応や個別空調などを備えた、スムーズに事業を開始できるオフィス ラボ　実験給排水設備や耐薬性素材の床など、実験研究を行う上で最適な環境 工場　天井高があり、耐荷重に優れ、三相電源を備えるなど、試作開発を行う上で最適な環境 ※その他に、会議室、商談室、リフレッシュコーナー等が無料で利用可能	各施設に常駐したIMが経営・技術・販路などの課題に対する相談・支援を行う 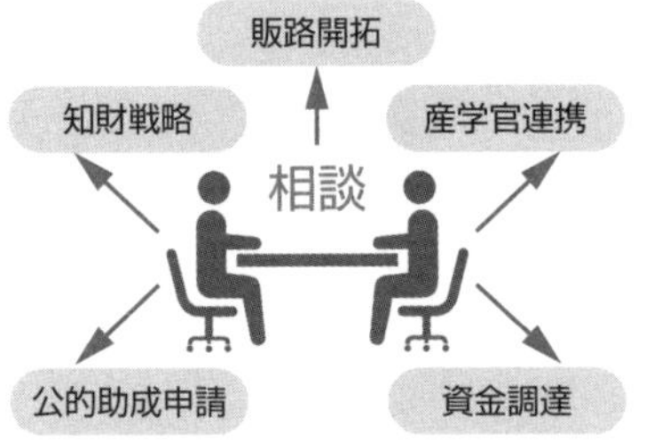

インキュベーション（中小機構）

中小企業の新分野進出

変化の激しい時代には、事業環境の変化に対して柔軟な対応をしていくことが必要です。新しい分野に進出することで、企業は成長の機会を得ることができます。

◇新分野進出の必要性

既存の市場や業界において競争が激化している場合、新しい需要や市場の開拓により、売上や利益を増やすことができる可能性があります。また、新しい分野に挑戦することで社員も成長することができます。

新分野に進出することは、企業にとって技術的な成長やイノベーションの機会にもなります。既存の技術や知識を応用するだけでなく、新たな技術やアプローチを開発することにより、企業は自身の技術力を向上させ、競争力を高めることができます。

また、1つの市場に大きく依存すると、需要の変動や規制の変更などが起きた場合に、企業は大きな影響を受ける可能性があります。新分野に進出することで、企業はリスクを分散することができます。

異なる分野や市場では、異なるニーズや要求が存在します。企業は新たな顧客のニーズに応えることで、顧客の多様化が可能となります。

新たな事業分野に進出していくほかに、既存の事業の中で新たな製品･サービスを検討する方法もあります。

◇新たな可能性

新しい分野では、新たなニーズや気づいていなかった競合が存在する可能性があります。新分野の市場を十分に理解して取り組む必要があります。

さらに、新分野での事業を行うためには、その分野の専門知識やスキルを持つ人材が必要です。新分野での競争力を確保するために、適切な人材を育成し、また新たに採用する必要があります。そして、これらのことを計画的に行うことが重要です。

新たに進出を検討している成長分野

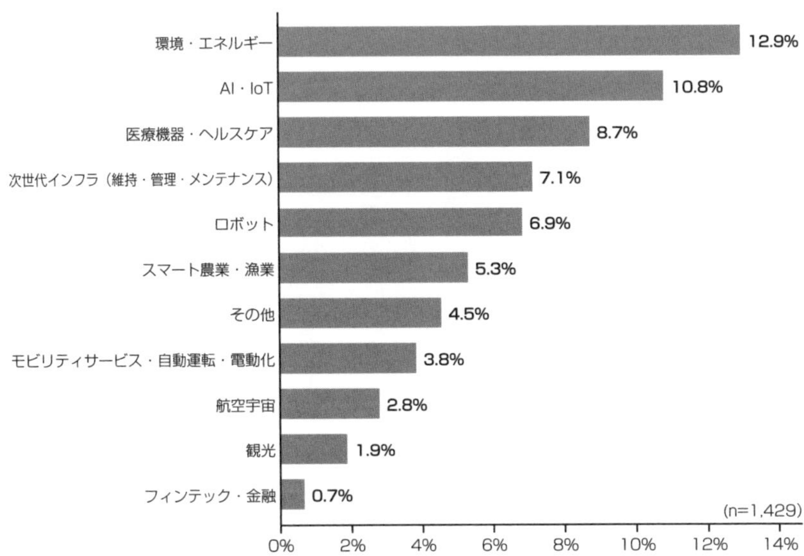

資料：(株)東京商工リサーチ「中小企業の付加価値向上に関するアンケート（2019年)」
（2020年版中小企業白書 第2-1-31図）

（注）1. 複数回答のため、合計は必ずしも100%にならない。
2. 新たに成長分野に進出を検討している企業数と進出を検討していない企業数の合計値（n=1,429）に対する回答の割合を集計している。

中小企業白書 2021

◇新分野進出の課題

中小企業が新分野に進出する際には、いくつかの課題があります。

中小企業は一般に手持ちのリソースや専門知識に制約があるため、新分野についての情報やノウハウを獲得することが難しい場合があります。さらに、新分野への進出には、追加の資金が必要になることがあります。新たな設備や技術の導入、マーケティング活動、研究開発などの費用がかかります。中小企業が新規事業を実施・検討しない理由としては、「既存事業の経営がおろそかになる」などの悪影響が挙げられています。

新規事業を実施・検討しない理由

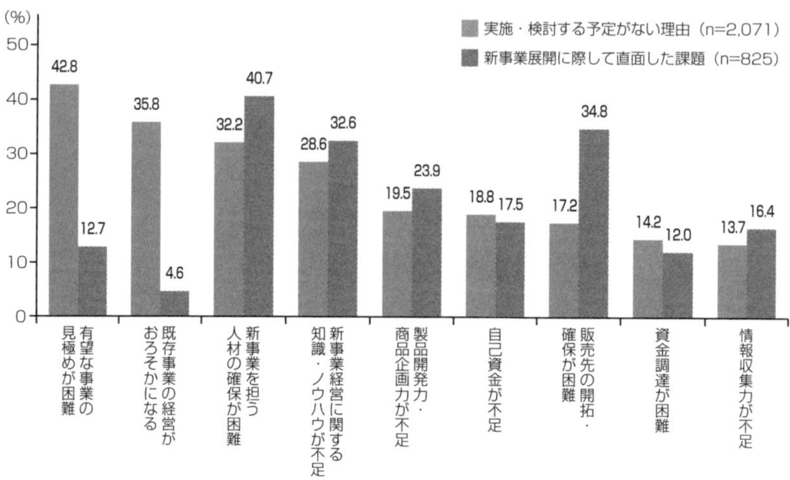

資料：中小企業庁委託「中小企業の新事業展開に関する調査」
　　（2012年11月、三菱UFJリサーチ&コンサルティング(株)）
（注）1. 実施・検討する予定がない理由は、新事業展開を実施・検討する予定がないと回答した企業を集計。
　　2. 新事業展開に際して直面した課題は、過去10年の間に新事業展開を実施した企業を集計。
（出所）中小企業庁「2013年版中小企業白書」第2部 第2章<第2-2-14図> p.114

激変する世界・日本における今後の中小企業政策の方向性（中小企業庁）

経営デザインシート

政府の知的財産戦略本部は、企業が自社の将来を構想するための思考補助ツールとして、「**経営デザインシート**」を作成・公開しています。このシートでは、自社の既存の事業を踏まえた上で、これからのありたい姿を描き、実現するための戦略を策定します。企業に加えて、地域金融機関・公的機関などの中小企業支援機関等でも利用されています。

シートおよびその活用例が次の場所で公開されています。

https://www.kantei.go.jp/jp/singi/titeki2/keiei_design/index.html

中小企業の経営診断

経営診断とは、経営の状況を客観的な視点から明らかにするものです。経営の課題を様々なデータやヒアリングから分析し、改善策を提示します。

◇経営診断とは

経営診断は、人間にたとえるなら健康診断と同じです。「健康ですよ」、「このままでは病気になりますよ」、「気づいていないかもしれませんが、すでに病気になっていますよ」ということをコンサルタントが明らかにし、経営者に伝えます。そして、改善するための方法を説明したり、一緒になって考えていきます。

さらには、改善内容とスケジュール、それを実行した場合の業績見込みまで、事業計画として作成します。

◇経営診断の内容

貸借対照表や損益計算書などの財務データから、過去の経営状況を確認します。確認のポイントは「安全性」、「成長性」、「収益性」、「競争力」などです。社内のデータを用いて、商品別や営業所別の売上や利益の状況なども確認します。これらにより、経営の課題を想定します。

その上で、経営環境の分析を行います。市場や顧客、競合などの外部環境と、企業内部の状況を確認します。外部環境は市場データやヒアリングにより分析します。内部環境は社内管理資料やヒアリングにより分析します。会社の強みや弱み、役職者や社員の能力、組織の問題なども明らかになります。工場や店舗を実際に視察したり、現場でのヒアリングを行うこともあります。これらにより、重要な課題を挙げていきます。

幹部とのミーティングも並行して進めながら、課題の原因をさぐり、対策を検討します。そして、対策の実行計画や対策の効果まで検討します。そうすることで、改善後の数値計画が作成可能になります。

経営診断報告書の目次（例）

1. 企業の概要
2. 事業の概要と特徴
3. 事業の現況
4. 経営環境分析
5. 事業面の課題
6. 今後の改善策
7. 改善の見込み

◇経営診断の効果

経営診断を行うことで、会社の課題が明確になり、「何から取り組むべきか」という優先順位も把握できます。現地視察や社員面談を通じて経営診断を行うため、財務諸表に表れない組織課題を見つけたり、データに表れない何らかの兆候をつかむこともできます。

経営診断報告書は、自社の経営改善に役立つだけでなく、金融機関に融資を依頼する際にも有効です。事業計画や資金計画などの作成に利用できます。

無料の自己診断

(独)中小企業基盤整備機構は、インターネット上での簡便な経営診断ツールを提供しています。決算書に記載された主な財務情報を入力するだけで、簡単に自己診断をすることができます。業界内での位置づけがすぐに把握できます。

財務分析は経営診断の一部分

財務データおよびそこから算定された財務指標は、これまでの経営の結果を表すものです。同規模企業や同業他社のデータとの比較で問題点を見つけることはできますが、その原因がどこにあるかは、財務データだけを見ていてもわかりません。商品力、営業力、開発力、工場・店舗運営……など様々な要因が絡んでいるからです。中小企業診断士は、このような問題を分析し、解決策を提案する専門家です。

⑤ 中小企業の可能性

中小企業の可能性

地域経済とコミュニティへの貢献

中小企業は、地域の経済や社会、環境の維持に大きな役割を果たしています。

◇中小企業の地域への貢献

一般的に企業の存在価値は、その算出する付加価値や生産性で評価されます。そうすると、大企業に比べて規模の小さい中小企業の経済的な役割は小さくなってしまいます。しかし、中小企業は地域に密着し、様々な活動を通して、また雇用や納税の点からも、地域社会に大きく貢献しているといえます。地域社会を維持していくために、中小企業は不可欠な存在です。

◇地方の課題

我が国の人口は2008年をピークに減少に転じています。2053年に1億人を割り込み、2065年には8,808万人にまで減少する見込みとなっています。地方においては、こうした人口減少が特に深刻であり、様々な課題が生じています。

こうした地域における社会貢献活動は、地域住民による自治活動が中心とはいえ、地域の中小企業も「学生の就業体験や見学の受け入れなどの学習活動」、「お祭りやイベントの支援」、「清掃や防犯活動などの環境保全」といった面では、以前から貢献してきました。近年は、福祉や教育などの面でも地域の課題に取り組む企業が増えています。

◇中小企業への期待

地域の中小企業やその従業員が社会貢献に取り組む動機は、「地域への密着性」、「職住の近接性」、「同じ住民としての一体性」といった中小企業の性質から生じたものだといわれています。

企業が地域社会活動を実践することで、「経営者や従業員が仕事へのやる気や誇りを持つ」、「地域での知名度が上がる」といった効果があり、人材の採用にも好影響を与えています。

人口密度の低い地域では地域の課題も深刻化しており、地域に根ざす小規模企業による地域課題解決への今後ますますの貢献が期待されています。

住民が感じる地域の課題

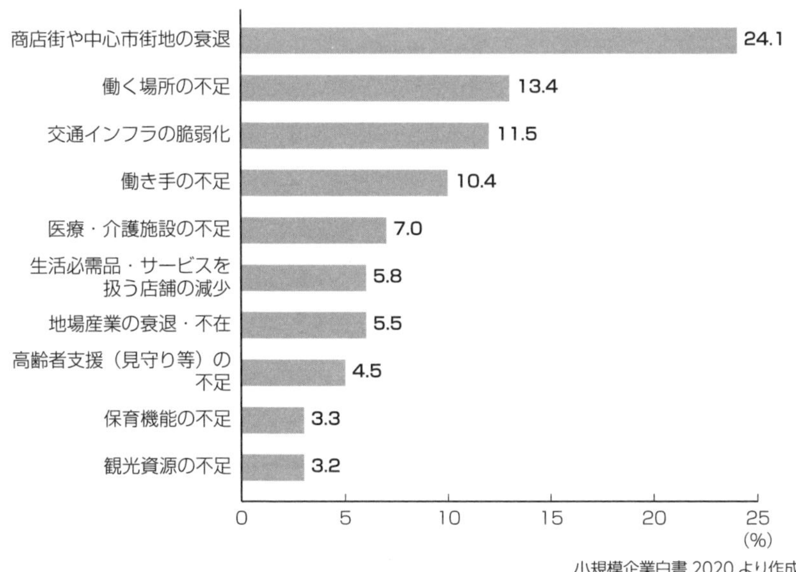

小規模企業白書 2020 より作成

地域課題解決への中心的役割が期待される者

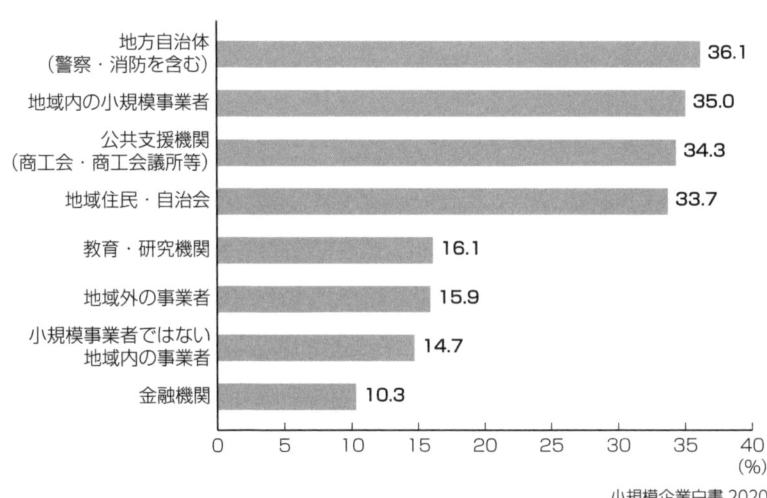

小規模企業白書 2020

事例　**地域コミュニティの維持・発展**

徳島県神山町では、外部からスキルのある人材を受け入れることで人口構造・構成を変化させ、地域の持続可能性を高めています。

具体的には、町内には雇用の場が少ないため、仕事を有する人に移住してもらいます。町内の空き家ごとに地元住民が希望する職種の人を呼び込む形を取っています。

2008 年から 2018 年までに 221 人の移住を受け入れており、職業もパン屋、ビストロ、カフェ、靴屋、写真家、ベンチャー起業家など多岐に渡っています。2010 年からは、町内の空き家を改装して都市部の IT 企業等のサテライトオフィスとして貸し出す「サテライトオフィス事業」を開始しています。

日本で一番大切にしたい会社

『日本で一番大切にしたい会社』(坂本光司著、あさ出版、2008年刊、シリーズ化されて2022年には8巻目を刊行) は、中小企業の事例が多く掲載されている書籍です。

一般的には、株式会社は株主のものであると理解されていますし、経営書にもそのように書かれています。そして、経営の目的も「顧客満足」とか「株主価値の最大化」といわれます。しかし本書の著者は、みんな勘違いしている、といいます。会社には、①社員とその家族、②下請企業の社員とその家族、③顧客、④地域社会あるいは地域住民、⑤株主、という5者に対する使命と責任があり、これら5者に対する使命と責任を果たすための行動が、本当の「経営」だ――と主張しています。社員が喜びを感じ、幸福になれて初めて、顧客に喜びを提供することができる。そして、顧客に喜びを提供できて初めて収益が上がり、株主を幸福にすることができる。だから、株主の幸せは目的ではなく結果である――というのが著者の主張です。コンサルタントとしてもハッと させられる視点です。

中小企業の経営力向上

中小企業は、経営力向上計画を事業所管大臣に申請して認定されると、即時償却などの中小企業経営力強化税制の適用や各種金融支援を受けることができます。

◇経営力向上計画

経営力向上計画は、人材育成、コスト管理等のマネジメントの向上や設備投資など、自社の経営力を向上するために立案・実施する計画です。

計画では、①企業の概要、②現状認識、③経営力向上の目標および経営力向上による経営の向上の程度を示す指標、④経営力向上の内容、⑤事業承継等の時期および内容（事業承継等を行う場合）などを記載します。計画申請においては、経営革新等支援機関のサポートを受けることが可能です。

認定を受けた企業は、次の支援措置を受けることができます。

①生産性を高めるための設備を取得した場合、中小企業経営強化税制（即時償却等）により税制面から支援
②計画に基づく事業に必要な資金繰りを支援（融資・信用保証等）
③認定事業者に対する補助金における優先採択
④他社から事業承継等を行った場合、不動産の権利移転に係る登録免許税・不動産取得税の軽減、および準備金の積立（損金算入）による法人税の軽減
⑤業法上の許認可の承継を可能にする等の法的支援

Term

● **中小企業経営強化税制**

中小企業の設備投資による企業力の強化や生産性向上を後押しする制度です。中小企業者が、中小企業等経営強化法の認定を受けた経営力向上計画に基づいて新たな設備を取得し、指定された事業にそれを利用すると、即時償却、または取得価格の最大 10% の税額控除という優遇が受けられる税制です。

中小企業の可能性

M&Aによる事業継続・事業拡大

近年、事業承継の選択肢、あるいは企業規模拡大や事業多角化の手段として、M&Aに対する関心が高まっています。

◇M&Aの動向

M&Aの件数は近年、増加傾向で推移しており、2019年には4,000件を超えて過去最高となりました。

「M&Aに対するイメージが10年前と比較してどのように変化したか」を中小企業経営者に尋ねたところ、「プラスのイメージになった」との回答が多く、中小企業のM&Aに対するイメージは確実に向上しているようです。

近年の事業承継では、親族内承継から親族外承継へのシフトが進んでいます。そして、個人事業者や起業家が買い手となり、M&Aを実施するケースも増えています。後継者人材バンクを活用して、大手企業を早期退職した個人が中小企業の経営資源を引き継ぐ事例もあります。

10年前と比較したM&Aに対するイメージの変化

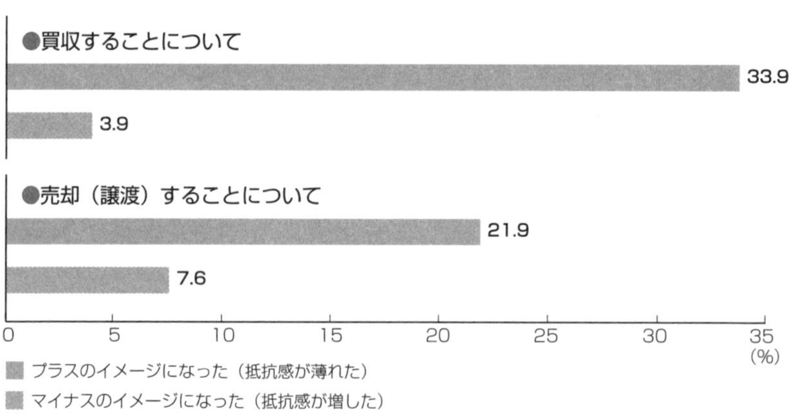

資料：（株）東京商工リサーチ「中小企業の財務・経営及び事業承継に関するアンケート」
（注）M&Aに対するイメージの変化について、「変わらない」と回答した者は表示していない。

中小企業白書 2021

◇買い手の目的と売り手の目的

買い手がM&Aを検討したきっかけとしては、「売上・市場シェアの拡大」が最も高く、次いで「新事業展開・異業種への参入」となっています。買い手側は、他社の経営資源を活用して企業規模の拡大や事業多角化を目指していることがわかります。また「人材の獲得」や「技術・ノウハウの獲得」なども上位となっています。

買い手は買収にあたって、「既存事業とのシナジー」、「事業の成長性や持続性」など事業そのものを重視するのはもちろん、「直近の売上・利益」や「借入等の負債状況」など財務面も重視しています。

売り手がM&Aを検討した目的は、経営者年齢が高い企業では「従業員の雇用の維持」や「後継者不在」といった事業承継に関連したものが高く、経営者年齢が若い企業では、「事業や株式売却による利益確保」の割合が高い傾向にあります。売り手側の経営者のほとんどが、売却・譲渡後の従業員の雇用維持を重視しています。

買い手としてのM&Aを検討したきっかけや目的

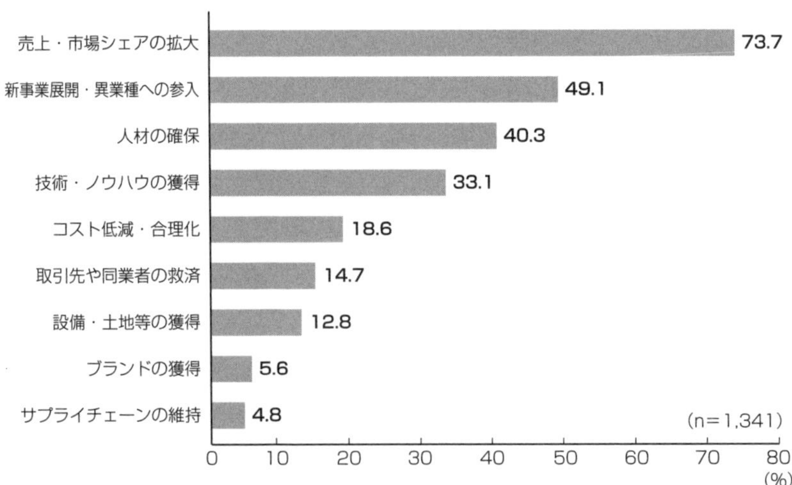

資料：(株)東京商工リサーチ「中小企業の財務・経営及び事業承継に関するアンケート」
(注) 1. M&Aの実施意向について、「買い手として意向あり」、「買い手・売り手ともに意向あり」と回答した者に対する質問。
2. 複数回答のため、合計は必ずしも100%にならない。

中小企業白書 2021

売り手としてのM&Aを検討したきっかけや目的

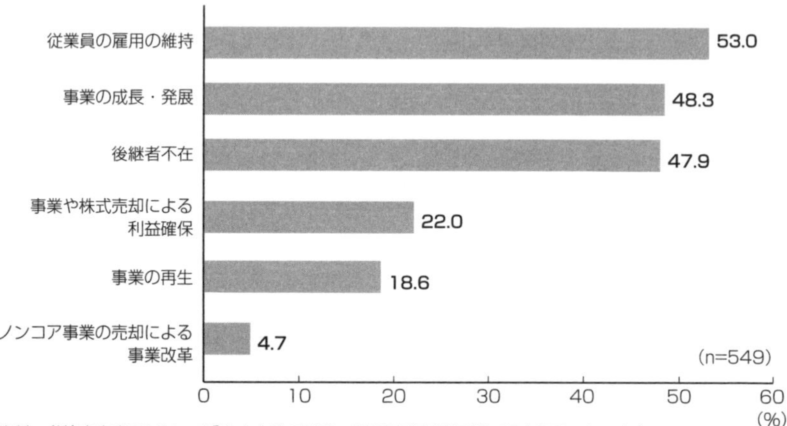

資料：(株)東京商工リサーチ「中小企業の財務・経営及び事業承継に関するアンケート」
(注) 1. M&Aの実施意向について、「売り手として意向あり」、「買い手・売り手ともに意向あり」と回答した者に対する質問。
2. 複数回答のため、合計は必ずしも100%にならない。

中小企業白書 2021

◇M&Aにおけるリスクへの対応

M&A後に、予期せぬ簿外債務が明らかになったり、期待していた効果を生み出すことができず、業績が悪化する恐れもあります。

M&Aの実施前に**デューデリジェンス**（**DD**）を行い、事前にリスクを可能な限り特定することが大切です。また、DDを事前に実施してもなお把握しきれない簿外債務や偶発債務の発現に備えておくことも重要です。

表明保証

M&Aにおいては、譲り渡し側が譲り受け側に対して、財務や法務等に関する開示事項に虚偽がないことを表明・保証し、譲り渡し側が当該保証に違反した場合には、譲り受け側が被る損害に対して金銭的な補償を行う義務を負う――という、いわゆる「**表明保証**」を行うことが増えています。一部の保険会社からは、小規模案件を含めて中小企業によるM&A向けの表明保証保険が提供され始めています。

◇中小 M&A の譲渡額の算定方法

中小 M&A での譲渡額の算定方法には、①「**簿価純資産法**」、②「**時価純資産法**」、③「**類似会社比較法**」があります。

①簿価純資産法は、貸借対照表の純資産を株式価値とする手法です。
②時価純資産法は、貸借対照表の資産・負債を時価評価し、貸借対照表に計上されていない簿外資産・負債も時価評価して、以上から算定した純資産を株式価値とする手法です。純資産に、数年分の利益を加算した金額を譲渡額とする場合もあります。
③類似会社比較法は、対象会社（譲り渡し側）に類似した上場会社の企業価値および財務指標から算定した評価倍率をもとに、対象会社の株式価値を算定する手法です。

これらの手法で算出された金額が、必ずそのまま譲渡額となるわけではなく、交渉等の結果、当事者同士が最終的に合意した金額が譲渡額となります。

M&A の手法には株式譲渡や事業譲渡などがある

・株式譲渡
譲り渡し側の株主が、保有している発行済株式を譲り受け側に譲渡します。株主が変わるだけで、会社組織はそのまま引き継ぎます。会社の資産や負債、従業員や社外の第三者との契約・許認可等は存続します。

・事業譲渡
譲り渡し側が有する事業の全部または一部を、譲り受け側に譲渡します。債権債務や雇用関係を含む契約関係を、1つひとつ、債権者や従業員の同意を取り付けて切り替えていかなければなりませんが、個別の事業・財産ごとの譲渡が可能です。

・合併
譲り渡し側の権利義務の全部を他の会社に包括的に承継させ、法的に1つの法人となります。組織内における雇用条件の調整や、事務処理手続きの一本化等が必要です。

リスクと事業継続計画（BCP）

我が国では毎年、地震、台風、集中豪雨等の自然災害が数多く発生しています。中小企業も、被害を少なくして事業が継続できる体制を整えておくことが大切です。

◇BCP（事業継続計画）とは

中小企業が災害で被害を受けて事業を中断すると、そのまま廃業や倒産につながりかねません。また、そういった事態に陥る企業が多くなると、被災地の地域経済はもとより、我が国の経済全体に深刻な影響が及びます。しかしながら多くの中小企業では、自然災害のリスクはわかっていても、備えができていないのが実情です。

BCP＊とは、企業が自然災害や火災、事故などの緊急事態に遭遇した場合に、損害を最小限にとどめ、事業の継続あるいは早期復旧のために行うべき活動や手段などを取り決めておく計画のことです。

◇事業継続力強化計画

事業継続力強化計画は、必要な災害対策などを記載したものです。優先して継続・復旧すべき中核事業を特定し、緊急時における中核事業の目標復旧時間を定めます。さらに、緊急時に提供できるサービスのレベルについて顧客とあらかじめ協議し、事業拠点や生産設備、仕入品調達等の代替策を用意しておきます。そしてこの計画をもとに、事業継続についてすべての従業員と理解を共有します。この計画について経済産業大臣の認定を受けた中小企業は、防災・減災設備に対する税制優遇、低利融資、補助金の加点措置等を受けることができます。

◇災害時の対策

中小企業庁では、災害で被害を受けた中小企業に対し、特別相談窓口の設置や災害復旧貸付の適用等、様々な復旧支援対策を迅速に行っています。とはいえ、それぞれの企業も事前に災害への備えをしっかりと固めておくことが大切です。

＊**BCP**　Business Continuity Plan の略。

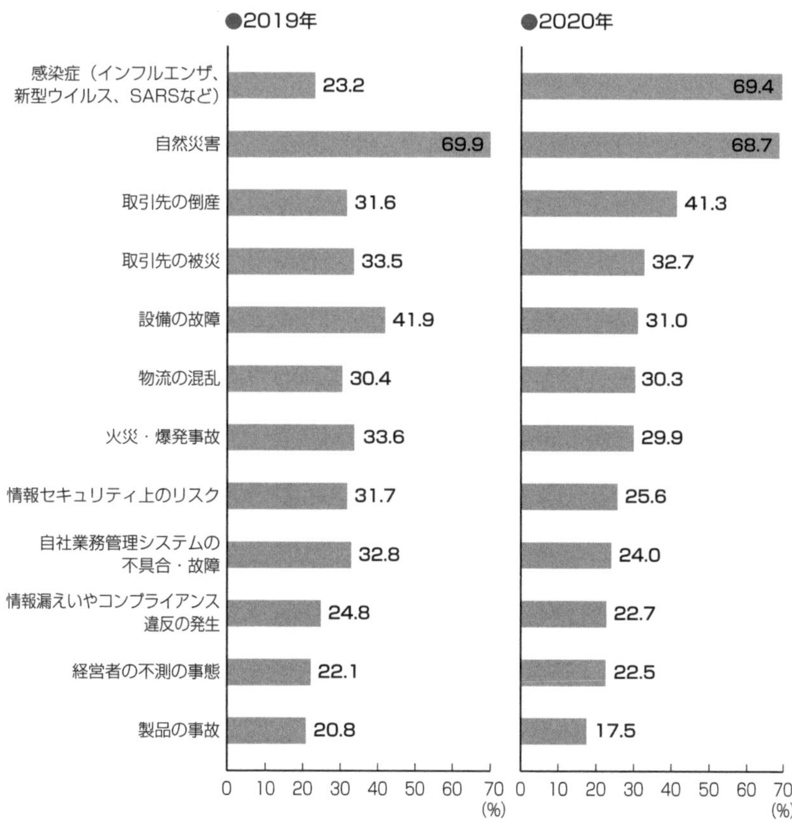

資料：（株）帝国データバンク「事業継続計画（BCP）に対する企業の意識調査」（2019年5月、2020年5月）
（注）1. 事業継続計画（BCP）を「策定している」「現在、策定中」「策定を検討している」のいずれかを回答した企業に聞いたもの。
2. 複数回答のため、合計しても100にならない。

中小企業白書 2022より作成

SDGs への対応

SDGs（Sustainable Development Goals）は、「持続可能な開発目標」として世界が達成を目指す国際目標です。国連に加盟する 193 か国が 2030 年までの達成を目指して取り組んでいます。

◇ SDGs のゴール

SDGs では、先進国を含むすべての国が取り組むべき普遍的な目標として、「貧困をなくす」、「飢餓をゼロに」、「すべての人に健康と福祉を」など 17 のゴールを掲げています。

SDGs の 17 のゴール

国際連合広報センター

◇ 中小企業の SDGs

多くの中小企業も SDGs に取り組んでいます。中小企業が SDGs に取り組むメリットとして、以下のものが挙げられます。

(1) 企業イメージ・信用度の向上

SDGsに取り組むことで、企業イメージが向上します。SDGsへの取り組みが「社会貢献を行う企業」であることの証明となり、取引先や顧客からの信頼度が上がることも期待できます。自社の商品やサービスがどのようにSDGsの目標と合致しているかを伝えることで、企業のPRにもつながります。

(2) 新規事業の創出や新規取引の増加

SDGsに対する取り組みが、新しい商品・サービスの提供や他社との連携、イノベーションの創出などにつながる可能性があります。企業利益の増加が期待できます。

(3) 従業員のモチベーション向上、人材採用への好影響

企業自体の魅力が高まれば、従業員もその企業で働くことに誇りを持ち、モチベーションが高まります。また、近年は学生が就職先の企業を選ぶ際に、企業の社会貢献度の高さを意識する傾向があります。社会貢献度の高い企業は、優秀な学生を採用しやすくなっているのです。

消費者のSDGsへの認知度の推移

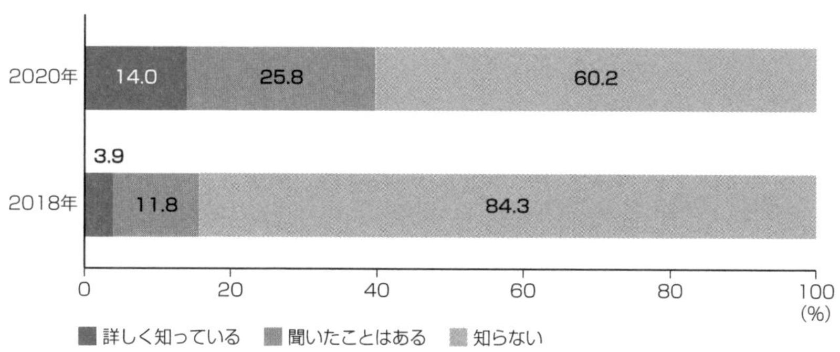

資料：企業広報戦略研究所「ESG/SDGsに関する意識調査」
（注）1. 全国の20～69歳の男女個人を対象に調査。
2. 有効回答数（n）は以下のとおり。2018年：n=10,000、2020年：n=10,500。

中小企業白書 2021

小規模事業者がSDGsに取り組む目的

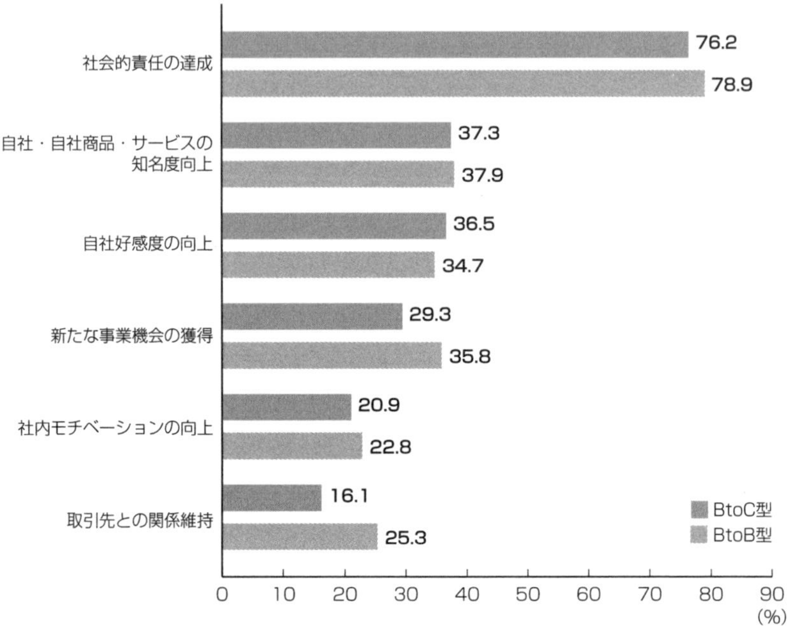

資料：三菱UFJリサーチ＆コンサルティング（株）「小規模事業者の環境変化への対応に関する調査」
（注）1. 複数回答のため、合計は必ずしも100%にならない。
2. SDGsへの認知度・取組状況で、「SDGSについてすでに取組を行っている」又は「SDGsについて取組を検討している」と回答した者について集計している。
3. 有効回答数（n）は以下のとおり。BtoC型：n=416、BtoB型：n=285。

小規模企業白書2021

SDGsウォッシュ

明確な定義はありませんが、次のような場合に使われます。「実態がないのに、SDGsに取り組んでいるように受け取れる表現を使う」、「実際の成果よりも誇大な報告を行う」、「都合のよい情報ばかり公表し、都合の悪い情報を隠す」など。

06 中小企業の可能性

就職先としての中小企業

中小企業の中には、ニッチな分野で高いシェアを占める企業、高度な技術力を誇る"知る人ぞ知る"先端企業、地元密着経営で安定的に業績を伸ばしている企業など、魅力的な会社がたくさんあります。しかしながら、知名度の低さなどから人が集まりにくく、総じて人材難に苦しんでいます。

中小企業に就職するメリット

中小企業は大企業に比べて人材も限られているため、若くして裁量権を与えられ、責任ある役職に抜てきされるチャンスがあります。また、大手企業では業務が細かく分業化されていることが多いのに対し、中小企業の場合は人数が少ないためにひとりの人が多くのことを担当します。「様々な仕事を幅広く経験できる」、「社長や経営陣との距離感が近く、仕事の流れが見えやすい」という面があります。そのほかにも、転勤が少ないという特徴もあります。

中小企業に就職するデメリット

社会的知名度が低く、給与・待遇面でも大企業と比べると劣る傾向があります。研修・教育制度が整っていない場合も多く、OJT が中心となるため、「指導者の能力によって OJT の効果に差が生じる」、「仕事を体系的に学びにくい」といった課題があります。また、規模が小さいため、仕事や上司が合わなくても「逃げ場」がありません。

働く場としての中小企業の特徴

- 企業全体およびその中での自分の位置や役割が見える（やりがいを持ちやすい）
- 自分の働き方の企業業績への影響が自覚できる（マイナスの評価もわかりやすい）
- 業界内での企業の位置がわかる
- 特定職務に専念しにくく、多様な仕事を求められる
- 活動拠点が限定されがち
- 給与・労働条件は大企業より劣る場合が多い（業績好調、経営者の方針等により例外もある）
- 自身の起業のために多くの経験を積める

◇中小企業への就職

中小企業で働くことに向いているのは、「自分の能力に応じて評価されたい人」、「多様な仕事に携わって仕事のスキルを早く高めたい人」、「転勤を望まない人」などです。安定よりも刺激と成長を求め、仕事のスキルを若いうちに身につけて「市場価値」を高めていきたい人が、中小企業向きだといえます。

就職にあたっては、"言っていること"よりも"やっていることの"確認が大切です。ホームページに掲載されている企業理念は"書いてあるだけ"の場合もあります。現役の社員に会って話を聞いたり、会社説明会や面接で知りたい事項を掘り下げることが、ミスマッチの防止に役立ちます。

事例　「職住近接」の暮らしを実現する門真市

職住近接の暮らしが実現できれば、通勤時間が短縮され家族と過ごす時間や自分の時間を増やすことができます。そのためには、地元に企業が多く存在し、雇用の機会が提供されていることが必要です。働く場がなければ、住人は他の場所まで働きに行かなくてはならないからです。

大阪市の北東に位置する門真市はパナソニックが本社を置く町として知られています。隣接する守口市にもかつては三洋電機の本社があり、高度成長期からバブル期にかけて門真市の多くの中小企業が下請工場として仕事を請負っていました。1990年代には門真市の中小製造業は1,300事業所に達していましたが、グローバル化による親会社の不振、生産の海外移転などで、下請けの仕事が激減し、下請け企業の減少による雇用機会の減少が課題になっていました。

門真市の中小製造業は、これまでの親会社に頼らず、新たな取引先を開拓するため、「門真市ものづくりネットワーク」を立ち上げ、企業同士の交流や連携に取り組んできました。現在は各企業が生産性日本一に向けて、刺激しあいながら生産性向上に取り組んでいます。

門真市はこの活動をサポートすることで、職住近接の暮らしを実現しようとしています。

参考文献

・中小企業白書　2015年版～2023年版（中小企業庁）
・小規模企業白書　2015年版～2023年版（中小企業庁）
・アメリカ、イギリス及びドイツにおける中小企業政策と会計検査等の状況」に関する調査研究業務　2021年　あずさ監査法人
・「パートナーシップ構築宣言」のひな形（経済産業省）
・「経営力向上」のヒント　～中小企業のための「会計」活用の手引き～（中小企業庁）
・「女性、外国人材の活躍に関する調査」調査結果2022年9月（日本・東京商工会議所）
・「人手不足の状況および従業員への研修・教育訓練に関する調査」調査結果（日本・東京商工会議所）
・「中堅・中小流通・サービス業の経営課題に関するアンケート」調査結果概要（東京商工会議所）
・「中小M＆Aガイドライン」について（中小企業庁）
・「中小企業の会計に関する基本要領」の概要（中小企業の会計に関する検討会）
・「中小企業の経営課題に関するアンケート」調査結果　2022年（東京商工会議所）
・「令和4年度消費者意識基本調査」の結果について（消費者庁）
・2004年　米国中小企業の実態と中小企業政策（中小企業基盤整備機構）
・2023年度版　中小企業施策利用ガイドブック（中小企業庁）
・2022年版　ものづくり白書（経済産業省）
・2022年版　社会保険労務士白書（全国社会保険労務士会連合会）
・アイデアと工夫でコロナ禍を乗り切る中堅・中小企業の取組み事例（日本政策金融公庫）
・インキュベーション（中小機構）
・ソフトウェア業の下請取引等に関する実態調査報告書（概要）（公正取引委員会）
・デジタル・トランスフォーメーション（DX）推進に向けた企業とIT人材の実態調査（独法　情報処理推進機構）
・ドイツにおける中小企業政策とケーススタディ（ジェトロ　デユッセルドルフ事務所）
・韓国中小・ベンチャー企業に対する 韓国政府の取組に関する調査　2018年（ジェトロソウル事務所）
・技能承継に取り組む中小製造業～技術と人材育成が匠の技を紡ぐ～（日本政策金融公庫総合研究所）

・経営課題を解決します（中小企業庁）
・経営者保証に関するガイドラインをご存じですか（経営者保証に関するガイドライン研究会事務局）
・経営者保証改革プログラム（経済産業省、金融庁、財務省）
・経営承継円滑化法申請マニュアル（経済産業省）
・経営力向上計画策定の手引き（中小企業庁）
・激変する世界・日本における今後の中小企業政策の方向性（中小企業庁）
・高年齢労働者に配慮した職場改善マニュアル（厚生労働省）
・国民生活事業の融資制度（日本政策金融公庫）
・産業別労働生産性水準の国際比較（公財 日本生産性本部 生産性総合研究センター）
・持続可能な開発目標（SDGs）活用ガイド（環境省）
・商工会議所とは（日本商工会議所）
・商店街実態調査報告書　令和４年3月（中小企業庁）
・小規模事業者へのサポート（日本政策金融公庫）
・製造業を巡る動向と今後の課題　2021 年9月（経済産業省）
・税理士は中小企業支援の主役です（日本税理士会連合会）
・全国イノベーション調査 2020 年調査統計報告（文部科学省）
・第 51 回海外事業活動基本調査概要　2021 年 7 月 1 日調査（経済産業省）
・地域未来牽引企業ハンドブック（経済産業省）
・中小 M&A ガイドライン　R2 年 3 月（中小企業庁）
・中小 PMI ガイドライン　令和 4 年 3 月（中小企業庁）
・中小サービス事業者の生産性向上のためのガイドライン（経済産業省）
・中小ものづくり企業における企業間連携実態調査 報告書（東京商工会議所）
・中小卸売業の生き残り戦略「3S+P」（日本政策金融公庫総合研究所）
・中小企業 BCP 支援ガイドブック　2018 年 3 月（中小企業庁）
・中小企業・小規模事業者の現状と課題　平成 28 年 10 月（中小企業庁）
・中小企業・小規模事業者の生産性向上について　平成 29 年 10 月（経済産業省）
・中小企業の会計に関する基本要領（中小企業庁）
・中小企業の海外進出－平成 30 年間の軌跡－（商工金融　2020.7）
・中小企業の経営課題に関するアンケート調査結果　2020 年（東京商工会議所）
・中小企業の人材確保・育成 10 カ条（東京商工会議所）
・中小企業を取り巻く現状・課題（新製品・サービスの創出）H30（東京都産業労働局）
・中小企業活性化協議会の活動状況について ～2022 年度活動状況分析～（中小企業庁）
・中小企業関連法制の変遷（中小企業庁）

・中小企業経営者のための知的財産戦略マニュアル（東京都知的財産総合センター）
・中小企業経営者のため技術流出防止マニュアル（東京都知的財産総合センター）
・中小企業憲章（中小企業庁）
・中小企業実態基本調査　令和3年調査の概況（中小企業庁）
・令和4年度　第1次試験（一般財団法人　中小企業診断協会）
・令和4年度　第2次試験（一般財団法人　中小企業診断協会）
・中小企業診断士制度の概要（中小企業庁）
・中小企業税制（令和4年度版）（中小企業庁）
・中小商業・サービス業の現状と課題（日本政策金融公庫総合研究所）
・中小情報サービス業の現状と課題（日本政策金融公庫総合研究所）
・東京の中小企業の現状　サービス産業編　R元年度（東京都産業労働局）
・東京の中小企業の現状　製造業編　R3年度（東京都産業労働局）
・東京の中小企業の現状　流通業編　R2年度（東京都産業労働局）
・平成28年度中小企業海外事業活動（中小企業基盤整備機構）
・令和4年賃金構造基本統計調査の概況（厚生労働省）
・米国の中小企業政策と中小企業を取り巻く環境について　2010年（ジェトロ　ニューヨークセンター）
・令和3年度　商店街実態調査報告書（中小企業庁）
・令和3年度「能力開発基本調査」の結果（厚生労働省）
・よくわかる中小企業　2020年4月　ミネルヴァ書房　関智宏編著
・日本経済新聞
・日経トップリーダー（日経BP）

Index

索引

あ行

アーケード……149
青色申告……18,20
新たな借換保証制度……48
異業種交流……166
意匠権……199
インキュベーション……214
インキュベーション施設……214
インキュベーション施設運営計画認定事業……215
インキュベーションマネージャー……214
インボイス枠……208
売上……80
売上高急成長企業……36
売掛金回収難……45
越境EC……204
オーナー企業……21
オーナー経営企業……21
卸売業……127

か行

会計……77
会計参与……106
改正高年齢者雇用安定法……182
過剰在庫……45
肩代わり返済……192
合併……229
金型取引……156
株式譲渡……229
完全支配関係……14
危機感の欠如……45
起業家……38
起業活動者……40
企業活力強化貸付……115
起業希望者……38
起業計画率……40
起業準備者……38
企業城下町型……161
技術に関する連携……163
銀行……82
金融機関……110
クラウドファンディング……37,85
経営改善計画策定支援事業……120
経営革新計画……167
経営自己診断システム……78
経営指導員……99
経営者保証……114,188
経営者保証に関するガイドライン……190
経営診断……219
経営診断報告書……220
経営セーフティ共済……97
経営デザインシート……218
経営力向上計画……80,225
経済協力開発機構……33
系列取引……157
建築……139
建設業……138
建設業許可……140

建設DX……143
減免制度……201
後継者人材バンク……180
公設試験研究機関……100
公設試……100
公認会計士……106
高年齢労働者に配慮した職場改善
マニュアル……183
個客……88
国内・海外販路開拓強化支援事業……206
個人事業税……18
個人事業主……18
雇用調整助成金……47
コロナ禍……47
コロナ借換保証……48

さ行

サービス業……126,130
サービス等生産性向上IT導入補助金
……209
在宅勤務……60
裁判外紛争解決手続……109
債務償還能力……84
財務分析……220
財務DD……175
雑収入……80
サブロク（36）協定……186
産業財産権……199
産業集積……160
産地型……161
自営業……17
支援メニュー……93,96
時価純資産法……229
時間外労働の上限規制……184
事業継続計画……230
事業継続力強化計画……230
事業再構築補助金……14,207
事業再生……49
事業承継……162,172
事業承継・引継ぎ支援センター……180
事業承継・引継ぎ補助金……209
事業譲渡……229
事業所得……18
事業DD……175
資金調達……82
持続化給付金……47
持続化補助金……208
下請け……134
下請振興法……154
下請代金支払遅延等防止法……154
下請中小企業振興法……154
下請法……154
下請取引……134,154
下請Gメン……157
実用新案権……199
地場産業……159
地場産業振興センター……159
社会保険労務士……107
社会保険労務士試験……109
社長……120,121
シャッター通り……149
社労士……107
就業規則……107
住工混在問題……137
重層下請構造……158
収入……80
小規模企業……13
小規模企業共済……97

小規模企業振興基本法 …… 50
小規模基本法 …… 50
小規模事業者経営改善資金貸付制度 …… 83
小規模事業者支援法 …… 50
小規模事業者持続化補助金 …… 208
商工会 …… 98
商工会議所 …… 98
商工会議所法 …… 98
商工会法 …… 98
商工会連合会 …… 99
商社 …… 128
上場企業 …… 17
商店街 …… 144,149
消費税 …… 20
商標権 …… 199
商品開発 …… 88
情報に関する連携 …… 163
常用雇用者 …… 11
職住近接 …… 236
女性起業家 …… 37
助成金 …… 207
所得 …… 80
所得税 …… 18
新規開業資金 …… 42
新企業育成貸付 …… 115
人材育成 …… 68
人材採用 …… 63
人事評価制度 …… 60
進出工場型 …… 161
新創業融資制度 …… 42,117
親族外承継 …… 172
親族内承継 …… 172
新陳代謝枠 …… 208
信用金庫 …… 82,110
信用組合 …… 82,110
信用の低下 …… 45
信用保証協会 …… 84,192
信用保証制度 …… 193
新連携 …… 163
スタートアップ …… 213
生活関連サービス業 …… 130
生産性 …… 29
成熟期 …… 36
成長期 …… 35
制度融資 …… 82
税理士 …… 104
税理士試験 …… 105
税理士名簿 …… 105
セーフティネット貸付 …… 115
責任共有制度 …… 192
設備投資過大 …… 45
ゼロゼロ融資 …… 47
専門サービス業 …… 130
創業期 …… 35
総合起業活動指数 …… 40
相談相手 …… 91
組織 …… 59
ソフトウェア業界 …… 156
ソフト支援 …… 214
ゾンビ企業 …… 48

た行

代位弁済 …… 192
大規模小売店舗法 …… 144,145
大規模小売店舗立地法 …… 144,145
大店法 …… 145
大店立地法 …… 145
多重下請構造 …… 157

多能工……72
担保……87
地域未来牽引企業……25
チェーンストア理論……153
チェーン店……151
知財……199
知財総合支援窓口……201
知的財産……199
知的財産権制度……199
地方銀行……82,110
中央値……61
中小卸売業……127
中小会計要領……77
中小企業……10,13,124
中小企業海外ビジネス人材育成塾……206
中小企業活性化協議会……49
中小企業基盤整備機構……76,94
中小企業基本法……13,50
中小企業経営強化税制……80,225
中小企業経営力強化支援法……119
中小企業憲章……52
中小企業支援施策……165
中小企業施策利用ガイドブック……208
中小企業実態基本調査……78
中小企業診断士……101
中小企業診断士試験……101
中小企業信用リスク情報データベース……78
中小企業大学校……97
中小企業庁……94
中小企業等経営強化法……80,119
中小企業倒産防止共済制度……97
中小企業の会計に関する基本要領……77
中小企業の人材確保・育成10カ条……73
中小機構……94
中小製造業……132
中小PMIガイドライン……180
超過累進課税……20
定款……20
出口戦略……213
デジタル化……195,198
デジタル化基盤導入類型……209
デジタルツール等を活用した海外需要拡大事業……204
テナントミックス……153
デフォルト企業……86
デューデリジェンス……175,212,228
テレワーク……60
電子商取引……204
伝統産業……162
同一労働同一賃金……184
統合作業……178
倒産……44,188
同時性……130
投資ファンド……211
東証プライム……17
同族会社……21,23
特定社会保険労務士……108
都市型……161
都市銀行……82,110
特許権……199
特許権侵害訴訟……201
特許料……201
土木……139
取引数量最小化の原理……129

な行

日本公庫……115
日本商工会議所……99
日本政策金融公庫……82,115
日本で一番大切にしたい会社……224
日本標準産業分類……126
認定経営革新等支援機関……119
根抵当権……87
農商工連携……163
のれん分け……153
ノンバンク……83

は行

ハード支援……214
パートナーシップ宣言……156
破産……188
働き方改革……137
働き方改革関連法……184
働き方改革推進支援センター……185
はばたく中小企業・小規模事業者300社……24
販売不振……45
販路開拓……74
ビジネスインキュベーション……214
ビジネスローン……85
一人親方……142
秘密保持契約……200
表明保証……228
ファクタリング……85
ファミリー企業……21
ファミリービジネス……21
付加価値額……32
不確実性プール原理……128
副業起業希望者……38
副業起業準備者……38
複合サービス事業……126
フランチャイズ店……151
フリーランス……17
プロパー融資……82
粉飾決算……78
ペガサスクラブ……153
ベンチャー企業……210,213
ベンチャーキャピタル……211
ベンチャービジネス……210
弁理士……201
法人事業税……19,81
法人住民税……19
法人税……19
放漫経営……45
法務DD……175
簿価純資産法……229
補助金……207

ま行

まちゼミ……149
マル経融資……83
ミラサポplus……97,166
無形性……130
メインバンク……87
元請け……157
ものづくり補助金……207
ものづくり・商業・サービス生産性向上促進補助金……207

や行

有限責任……188
誘致型……161
ヨーロッパ小企業憲章……53

よろず支援拠点 …… 53

ら行

離職率 …… 66
リスケ …… 48
リスケジューリング …… 48
リノベーション …… 149
リファラル採用 …… 60
類似会社比較法 …… 229
累進課税 …… 20
連鎖倒産 …… 45
労働生産性 …… 29
労働分配率 …… 34
労働力 …… 32

アルファベット

ADR …… 109
BCP …… 230
ChatGPT …… 198
CRD …… 78
DD …… 175,228
EC …… 204
GEM …… 40
ICT活用 …… 195
IM …… 214
IT導入補助金 …… 209
JAPANブランド育成支援等事業 …… 204
M&A …… 176,226
M&A支援機関登録制度 …… 177
OECD …… 33
OEM …… 156
OFF-JT …… 69
OJT …… 69
PMI …… 178,180
SDGs …… 232
SDGsウォッシュ …… 234
TEA …… 40

数字

1号業務 …… 108
2号業務 …… 108
3号業務 …… 108
6次産業化 …… 163
36協定 …… 186

●**著者紹介**

阿部 守（あべ まもる）

MABコンサルティング代表、東京国際大学非常勤講師（中小企業論、生産管理論）、一般財団法人塗装品質機構理事、中小企業診断士、構造設計一級建築士

九州工業大学大学院開発土木工学専攻修了。旭硝子株式会社（現AGC）を経てコンサルタントとして独立。

著書

『最新住宅業界の動向とカラクリがよ～くわかる本［第４版］』

『最新建設業界の動向とカラクリがよ～くわかる本［第４版］』

『最新土木業界の動向とカラクリがよ～くわかる本［第３版］』

『改革・改善のための戦略デザイン　建設業DX』

（以上、秀和システム）、その他

表紙、本扉、本文画像：瑠璃、emma　/　PIXTA

図解入門ビジネス
中小企業の基本と仕組みがよくわかる本

発行日　2023年10月20日　　第1版第1刷

著　者　阿部　守

発行者　斉藤　和邦
発行所　株式会社　秀和システム
〒135-0016
東京都江東区東陽2-4-2　新宮ビル2階
Tel 03-6264-3105（販売）　Fax 03-6264-3094
印刷所　三松堂印刷株式会社　　Printed in Japan

ISBN978-4-7980-6898-5 C0033

定価はカバーに表示してあります。
乱丁本・落丁本はお取りかえいたします。
本書に関するご質問については、ご質問の内容と住所、氏名、電話番号を明記のうえ、当社編集部宛FAXまたは書面にてお送りください。お電話によるご質問は受け付けておりませんのであらかじめご了承ください。